PROTECCIÓN DE MENORES Y DISCAPACITADOS

PROTECCIÓN DE MENORES Y DISCAPACITADOS

Dirección

Mónica Herranz Ballesteros
Nayiber Febles Pozo

Coordinación

Sílvia Pereira Puigvert

COLEX 2023

GOBIERNO DE ESPAÑA
MINISTERIO DE CIENCIA E INNOVACIÓN

AGENCIA ESTATAL DE INVESTIGACIÓN

Proyecto PID2020-114611RB-I00 Financiado por el MCIN/AEI «Protección del menor en las crisis familiares internacionales. (Análisis del Derecho Internacional Privado español y de la Unión Europea)» concedido por el Ministerio de Ciencia e Innovación.

Calle Costa Rica, número 5, 3.º B (local comercial)
A Coruña, C.P. 15004
info@colex.es
www.colex.es

I.S.B.N.: 978-84-1359-982-3
Depósito legal: C 1129-2023

SUMARIO

PRÓLOGO

Antonio del Moral García

LA SUSTRACCIÓN INTERNACIONAL DE MENORES EN LA ENCRUCIJADA

Luis Francisco Carrillo Pozo

PROYECTOS MIGRATORIOS INCOMPLETOS. COMPETENCIA JUDICIAL INTERNACIONAL DE LOS TRIBUNALES ESPAÑOLES EN SUPUESTOS DE HOGARES TRASNACIONALES

Mónica Herranz Ballesteros

EL INTERÉS SUPERIOR DEL MENOR: UN AUTÉNTICO PRINCIPIO EN LA PROTECCIÓN INTERNACIONAL DE MENORES

Nayiber Febles Pozo

¿LAS NACIONALIZACIONES MASIVAS SON UNA BUENA MEDIDA DE PROTECCIÓN DE MENORES?

Lidia Moreno Blesa

EL MATRIMONIO FORZADO DE MENORES: UNA MIRADA AUSENTE A LOS CONCEPTOS MÁS POLÉMICOS

Encarnación Abad Arenas

ANULACIÓN DE LAUDOS ARBITRALES Y PROTECCIÓN DEL PATRIMONIO DE PERSONAS MENORES DE EDAD. APUNTES PARA ESPAÑA A COLACIÓN DEL ASUNTO *BAZ V. BBA* DE LA *HIGH COURT OF SINGAPUR*

Diego Agulló Agulló

PROTECCIÓN DEL MENOR INFRACTOR: GARANTÍAS Y DERECHOS INHERENTES A LA JUSTICIA JUVENIL

Elisabet Cueto Santa Eugenia

LA PROTECCIÓN INTERNACIONAL DE ADULTOS VULNERABLES: SOLUCIONES DEL CONVENIO DE LA HAYA 2000 Y ARGUMENTOS SOBRE LA (NECESARIA) ADHESIÓN DE ESPAÑA

Marina Vargas Gómez-Urrutia

LAS MANIFESTACIONES DE VIOLENCIA HACIA LA PERSONA ADULTA MAYOR EN SITUACIÓN DE DISCAPACIDAD EN CUBA. UNA MIRADA A SUS FACTORES DE RIESGO DESDE EL LENTE CRIMINOLÓGICO

Iracema Gálvez Puebla
Joanna Pereira Pérez
Dariana Lázara Martínez Hernández

PRÓLOGO

Antonio del Moral García
Magistrado del Tribunal Supremo

Recibo con cierto orgullo y, a la vez, con nostalgia, la invitación para prologar esta obra colectiva que, desde diversas perspectivas jurídicas, dirige la mirada a tres grupos de población cuyo denominador común es la vulnerabilidad: menores, discapaces, mayores.

Con orgullo, porque siempre se agradece —y no deja de sorprenderme— que se fijen en mí para, de alguna manera, aunque sea muy modesta, unir mi nombre a esta obra colectiva en que los autores han volcado ilusionados sus esfuerzos para alumbrar un producto bibliográfico de interés y con aportaciones interesantes, actuales y variadas, aunque ligadas siempre a la enunciada temática. Reflejan el fecundo fruto de unas jornadas enmarcadas en un Proyecto de Investigación[1]. La oportunidad de convertirte —y acudo a un símil propio de mi trabajo profesional—, no en *coautor*, ni siquiera en *cooperador necesario*, pero sí, al menos, en *cómplice* de la obra, honra. Y, además de *cómplice*, siguiendo con la imagen penal, en *receptador*, al beneficiarme de los conocimientos y estudios de los *autores* en sentido estricto. Les agradezco desde aquí el encargo, a la vez que les felicito.

Y con nostalgia, porque me trae a la memoria épocas pretéritas en que, desempeñándome como Fiscal, invertí tiempo, estudio, afanes profesionales, y mucha dedicación a la materia de menores. En los últimos años de la década de los ochenta y durante un quinquenio aproximadamente, asumí la coordinación de los fiscales de menores (entonces, apenas cuatro que compartíamos esa labor con las tareas más clásicas del Ministerio Público en los Juzgados de Instrucción y Tribunales penales) en la Fiscalía de Madrid. A subrayar alguna idea relacionada con el papel del Fiscal en esa materia dedicaré estas líneas introductorias.

---

1 PID2020 -114611RB-I00, «Protección del menor en las crisis familiares internacionales (análisis del Derecho internacional privado español y de la Unión Europea)» concedido por el Ministerio de Ciencia e Innovación.

Soy consciente —lo acreditan serios estudios estadísticos— de que el *lector de prólogos* es una especie en peligro de extinción: va disminuyendo su número de forma alarmante. Incluso en lo que podría ser su público más fiel —los autores del libro prologado— se producen bajas. No quiero contribuir a esa tendencia imparable que, de todas formas, tampoco creo que traiga consecuencias relevantes para la humanidad. Con ese objetivo tendré muy presentes dos recomendaciones.

Los prólogos breves ayudan al mantenimiento de ese reducto de incondicionales lectores de prólogos.

Por otra parte, la *sociedad protectora de prologuistas* aconseja huir de los tópicos de rigor (aunque intuyo que alguno se ha colado ya en los párrafos anteriores), al tiempo que encarece vivamente evitar que esas primeras páginas de la obra se limiten a un repaso del índice, adornándolo con alguna glosa superficial que nada aporta: siempre será más profundo el estudio en sí contenido en el texto.

La deliciosa película «Sentido y Sensibilidad», basada en la novela homónima de Jane Austin, una historia romántica –«de amor y lujo», según la castiza y plástica expresión— que sirve para que se luzcan Emma Thompsom y Hugh Grant, recoge una escena en que uno de los personajes, Margaret Dashwood, una adolescente acostumbrada a presenciar largas conversaciones intrascendentes, vacías, frívolas, repletas de frases hechas, sonrisas artificiales y comentarios banales y convencionales, se ve sorprendida por la irrupción de uno de los protagonistas. En un momento dado dirá de él «*Me agrada mucho: cuando habla, dice cosas*» (no sé si la expresión y el contexto son exactos; hablo de memoria).

Se puede hablar sin decir nada. O hablar diciendo *cosas*. Se puede escribir diciendo *cosas* o sencillamente rellenar unas páginas por compromiso. Intentaré en este, seguramente vano y fatuo, intento de reivindicar a los prologuistas, decir *cosas*. O, mejor, decir una *cosa* para no traicionar el consejo de brevedad. Tiene que ver con el recuerdo profesional que he traído a colación: el papel que el Fiscal está llamado a desplegar en ese triple escenario: protección y tutela de menores, discapacitados y mayores vulnerables. Lo palpé en primera persona esos años dedicado a la materia de menores, tanto en protección como en lo que entonces se llamaba reforma. Y lo escuché muchas veces desde que ingresé en esa carrera a la que he dedicado veinticinco años de mi vida. Esa quiere ser mi modestísima aportación a esta obra: recordar que la legislación atribuye en esos campos unas especiales funciones al Ministerio Público y tratar de desentrañar el sentido de esa llamada que se hace a esa Institución.

Utilizando la conocida terminología de GOLDSCHMIDT el Fiscal se presenta en los ordenamientos actuales como una institución «proteiforme», con competencias y funciones aparentemente muy dispersas y deslavazadas: junto a su conocido protagonismo en el ejercicio de las acciones penales, veremos fiscales en los procesos de tutela de honor o la intimidad, ejercitando acciones colectivas en materia de consumo, visitando residencias de ancianos, relacionándose con la Administración para supervisar sus misiones en el campo de la tutela y protección de menores, interviniendo en el mundo de la discapacidad de forma proactiva, o apareciendo en los procesos contenciosos en que se ventilan derechos fundamentales, así como en el amparo constitucional. Esa variopinta pluralidad de competencias no es una miscelánea incoherente. Obedece a un concepto constitucional del Ministerio Fiscal. El largo listado de competencias que enumera su Estatuto Orgánico —entre las que se encuentra la de *intervenir en los procesos civiles que determine la Ley cuando esté comprometido el interés social o cuando puedan afectar a personas menores, incapaces o desvalidas...* —no consiste en una yuxtaposición inconexa derivada de un legislador despistado que echa mano del Ministerio Fiscal cuando no encuentra otro órgano a quien endosar una tarea necesaria. La presencia del Fiscal en tantos ámbitos tan dispersos y tan aparentemente dispares enlaza con las misiones que le atribuye el art. 124 de la Constitución —defensa del interés social y de la legalidad ante los tribunales, así como de la independencia judicial y de los derechos de los ciudadanos—. La asunción por el Fiscal de competencias relevantes en campos tan alejados entre sí como el sostenimiento de la acción penal, la protección de menores, o la intervención en determinados procesos laborales no constituye un capricho del legislador que podía haber acudido a cualquier otra institución. El denominador común de todas esas misiones, su lazo de conexión no es la simple referencia a la Administración de Justicia, aunque es dato importante que retener. Existe otra idea de mayor hondura que llega de forma más directa a lo que es o debe ser la médula de la institución.

En mi opinión, el Fiscal queda diseñado en el modelo constitucional, como un órgano que ha de representar a la Sociedad ante los Tribunales: es un auténtico abogado, no del Estado, sino de la Sociedad. El Fiscal, por mandato constitucional, ha de asumir ante los Jueces y Tribunales la representación y defensa de esos intereses sociales que, de un lado, normalmente no pueden residenciarse en una persona en concreto; y que, de otro lado, sí que afectan a toda la sociedad como tal. Desde esta perspectiva se explican de una forma integrada todas las funciones que el ordenamiento atribuye al Fiscal. Así —como se ha escrito— cuando el Fiscal está ejercitando la acción penal, solicitando el castigo de quien ha cometido un delito, está asumiendo ese interés en que al autor de un delito se le imponga una pena; interés que no es sólo de la víctima del delito, sino también de toda la Sociedad. Del mismo modo, cuando el Fiscal solicita la absolución de una persona acusada sin base suficiente, también asume ese interés de toda la Sociedad en que un inocente no sea castigado. Se convierte de esa forma en el principal valedor de la presunción constitucional de inocencia. La Sociedad persigue en el proceso penal un interés propio, colectivo, pero dual: el castigo del culpable; y el de la libertad y absolución del inocente, entendiendo por tal a todo aquel cuya culpabilidad no ha quedado acreditada.

En materia de protección de menores —otro de los grandes ámbitos de actuación del Fiscal progresivamente potenciado por la legislación— no sólo están en juego intereses particulares, sino también el interés de toda la Sociedad que no es ajena a la formación, cuidado y desarrollo de cualquier menor y que no puede permanecer insensible ante cualquier situaciones que puedan perjudicarle. De ahí las facultades que se conceden en esta temática al Ministerio Público desde los procesos de familia, hasta el tratamiento del menor infractor. Y con esa idea —función tuitiva del fiscal— conectan los otros dos ámbitos en que incidirán estas páginas: mayores, discapaces.

Un razonamiento similar justifica la actuación activa y beligerante del Fiscal en el campo de los derechos fundamentales y libertades públicas. El interés social por la exquisita tutela de tales derechos es de primer orden, aunque se trate de derechos individuales, y exige la presencia del Fiscal apoyando la posición del ciudadano afectado en uno de esos derechos: su importancia en un Estado Democrático de Derecho hace que no se trate ya de un tema meramente individual.

Por eso el Fiscal no ha de cambiar ni su mentalidad ni sus principios de actuación para intervenir en materias tan aparentemente dispares, pues todas tienen una abrazadera común. Sus atribuciones en materia de menores o en el ámbito contencioso-administrativo, o la legitimación que le otorga la legislación en materia de consumo, ámbito clásico del derecho privado, no constituyen un apéndice extraño y ajeno a sus tradicionales misiones: en todas el Fiscal ha de actuar guiado por la defensa apasionada de los intereses sociales tal y como quedan dibujados en la legislación. Todos los campos en que aparecen o pueden aparecer con facilidad intereses sociales difusos —medio ambiente, consumo— conforman un terreno bien abonado para previsiones legislativas.

Esta visión integrada e integradora de las funciones del Fiscal excluye la imagen deformada del Ministerio Público como órgano exclusivamente encargado de instar la represión de los delincuentes. Y desde esa plataforma se entiende igualmente que el Fiscal no se convierta en un órgano esquizofrénico que ahora actúa como acusador implacable; y, momentos después, como protector y representante de las personas desvalidas. Al desempeñar cada uno de sus cometidos el Fiscal siempre tiene el mismo norte: la defensa de lo que en cada caso resulta ser el interés asumido por la Sociedad y plasmado en las leyes. Defensa que normalmente ha de llevar a cabo ante los Tribunales. Estas razones justifican la querencia que siempre he tenido a esa concepción del Fiscal como defensor de la Sociedad ante los Tribunales. Es —valga la expresión pese a la simplificación que comporta— el abogado de oficio, institucional, de la Sociedad. Se diferencia así con claridad del Abogado del Estado: es el Abogado de la Sociedad ante los Juzgados y Tribunales. Y su actuación extraprocesal (en los campos ahora analizados es amplia) tiene como último horizonte la jurisdicción: cuando detecta situaciones que exigen una respuesta eficaz para ser corregidas, acudirá a los Tribunales con legitimación propia, pero en nombre y defensa de la Sociedad.

En su actuación no propiamente procesal, la forma definitiva de reaccionar del Ministerio Fiscal no es la de ordenar, sino la de acudir a la jurisdicción. La materia de menores es un ejemplo adecuado. La misión de ejercer la superior vigilancia de la actuación de la Administración en este campo (art. 174 del Código Civil) no plasma en una capacidad de dirección o en el establecimiento de un sometimiento de la Autoridad Administrativa a las directrices del Ministerio Fiscal. Ante posibles divergencias el Fiscal acudirá a la jurisdicción, reclamando por la actuación —o falta de actuación— de la administración frente a la que discrepa.

En todo caso el Fiscal es un profesional de derecho: el principio de legalidad marca su actuación. Eso también condiciona el carácter de las funciones que se le han de atribuir: estamos ante un experto en derecho cuya actuación ha de ajustarse al principio de legalidad. No es una institución de protección o asistencia social.

Queda así plasmada la *cosa* que quería decir: este apunte sobre el Ministerio Público. Dejo ya al lector (si es que ha habido alguno) enfrascarse en las muchas más *cosas*, enjundiosas y valiosas, que se encuentran en los textos que siguen.

LA SUSTRACCIÓN INTERNACIONAL DE MENORES EN LA ENCRUCIJADA[1]

Luis Francisco Carrillo Pozo
Profesor de Derecho internacional privado
Universidad de Almería
luiscarr@ual.es

---

1 El presente trabajo se adscribe al Proyecto PID2020-114611RB-I00, «Protección del menor en las crisis familiares internacionales. (Análisis del Derecho Internacional Privado español y de la Unión Europea)» concedido por el Ministerio de Ciencia e Innovación. Constituye la reelaboración de la ponencia de idéntico título presentada en las III Jornadas Internacionales Sistemas Jurídicos de Europa e Iberoamérica: Tendencias actuales, organizadas por la UNED, UAL y UdG y celebradas en forma telemática los días 15 y 16 de diciembre de 2022. La bibliografía sobre este tema es inabarcable. Confío en la benevolencia del lector, que sabrá disculpar las inevitables carencias. Muchas veces las referencias con el resultado de un juicio absolutamente subjetivo, y no aspiro a que guste a todos lo que a mí me parece bueno. De la misma manera, con frecuencia, trabajos de calidad incontestable se quedan en el fondo de la memoria, sin ser citados. A los anónimos, pues, mis disculpas y mi agradecimiento. Todas las páginas web referidas han sido consultadas por última vez el día 20 de marzo de 2023.

Parece como si todos los problemas del mundo se arreglaran emanando normas. Todos quieren dejar su impronta, hacer como si hicieran, algo definitivo y útil. Y, si no se logran estos objetivos, que al menos sea llamativo. El tema de la protección de los menores constituye un buen ejemplo. Desde las declaraciones de derechos —bastante genéricas— hasta la disciplina internacional privatista de los aspectos más complicados, tenemos normas para todos los gustos (no necesariamente contradictorias, o sea, reiterativas sin más), que, en la medida en que quedan subordinadas a la realización del principio básico del interés del menor, conceden tanto margen al intérprete que abocamos a un sistema de soluciones imprevisibles, el triunfo de la tópica. Que algunas de esas normas se solapen en cuanto al ámbito material no es un detalle despreciable, mas no extremadamente grave, porque, si bien es cierto que, cuando surja algún problema, la primera —ardua— tarea debería ser dilucidar cuál es el régimen aplicable, quedarse con uno y excluir todos los demás, no es menos cierto que en la vida real, allí donde se sobrevive al margen de escrúpulos técnicos, la duda se resuelve mediante el procedimiento de la acumulación, es decir, que a fuer de repetitivos los instrumentos pueden operar conjuntamente (y de ahí esas demandas, contestaciones y resoluciones judiciales donde se amontonan normas de forma aluvional)[2]. A propósito de esas reglas/principios interesan sobremanera las orientaciones jurisprudenciales, que adquieren transcendental importancia porque pueden llegar a corregir su operatividad. Los principios generales son útiles para amoldar las fórmulas legales a las transformaciones sociales y a las circunstancias del caso sin necesidad de cambiar la ley, pero en ellos anida el germen de la incertidumbre: cuando uno afronta un tema de menores, a veces da la impresión de estar introduciéndose en algo más complejo que un laberinto, porque un laberinto es previsible por ser lineal; aquí, sin embargo, todo es dudoso.

Si lo dicho hasta aquí vale con carácter general, en el tema del secuestro de menores que me propongo tratar, por no estar claro no lo está ni siquiera

---

Por lo demás, siguiendo las recomendaciones de los evaluadores de la Aneca, transcribiré el texto de las normas y de las sentencias, aunque sean conocidas y/o estén disponibles con facilidad, y optaré por la palabra más larga, las fórmulas lingüísticas más extensas: ya que les gustan los artículos con muchas páginas y odian la concisión, ya que levitan del gusto ante lo superfluo, haré lo posible por contribuir a su orgásmico placer. Confío en que el avisado lector seguirá disculpándome, y en que ellos me agradecerán el dispendio de espacio.

2 *Cfr*. BORRÁS RODRÍGUEZ, A.: «El «interés del menor» como factor de progreso y unificación del Derecho internacional privado, discurso de ingreso en la Academia de Jurisprudencia y Legislación de Cataluña», 25 de noviembre de 1993, p. 52, explicando la compatibilidad entre los convenios de La Haya y Luxemburgo de 1980, en la medida en que cada uno se dedica a un aspecto concreto (restablecimiento inmediato de la situación de hecho/eficacia extraterritorial de resoluciones). De todas formas, nuestro país tuvo que ser advertido de las deficiencias detectadas en la aplicación del sistema diseñado en el CLH 1980, utilizado como instrumento idóneo para solicitar el *exequatur* de las decisiones extranjeras.

el objetivo al que debe tender el operador jurídico[3]: hablar del interés del menor es decir todo y nada a la vez, y deja paso a la confrontación de principios contrapuestos (estabilidad o retorno inmediato; bienestar individual o disuasión general). Es cierto que todo en esta materia aparece presidido por la referencia a tal interés, que inspira la elaboración de las normas y, con decisiva intensidad, su interpretación; no en vano, como tal aparece en el frontispicio de la Convención de 20 de noviembre de 1989 sobre derechos del niño (art. 3.1)[4], que viene a ser el norte compartido por prácticamente todas las jurisdicciones[5]. Pero resulta más fácil hablar de él que concretar en qué consiste. En un entorno de conflicto (léase crisis conyugal o de pareja) su identificación no es tarea sencilla, por más que el punto de partida esté bien establecido: cuando hay una ruptura se rompe con la pareja, no con los hijos, que, en consecuencia, deben mantener los contactos con ambos progenitores. Es lo que viene a subrayar el art. 9 de la misma Convención (también en la CDFUE): no se puede separar a aquellos de los padres, los Estados Partes deben respetar el derecho del niño que esté separado de uno o de ambos a mantener relaciones personales y contacto directo con ambos de modo regular, *salvo* si ello es contrario a ese interés superior, y —el punto central para lo que aquí interesa— «(...) adoptarán medidas para luchar contra los traslados ilícitos de niños al extranjero y la retención ilícita de niños en el extranjero», incentivando la conclusión de convenios a tal fin (art. 11)[6]. «Luchar contra»

---

3 Es más, la misma ubicación sistemática, su inclusión en el bloque temático protección de menores es discutible, cuando hay regulaciones que prevalentemente protegen es la imperatividad de las soluciones legales, es decir, un interés general superior al interés particular.

4 «En todas las medidas concernientes a los niños que tomen las instituciones públicas o privadas de bienestar social, los tribunales, las autoridades administrativas o los órganos legislativos, una consideración primordial a que se atenderá será el interés superior del niño».

5 El art. 24 CDFUE en el mismo sentido dice que «1. Los menores tienen derecho a la protección y a los cuidados necesarios para su bienestar. Pueden expresar su opinión libremente. Ésta será tenida en cuenta en relación con los asuntos que les afecten, en función de su edad y de su madurez. 2. En todos los actos relativos a los menores llevados a cabo por las autoridades públicas o instituciones privadas, el interés superior del menor constituirá una consideración primordial. 3. Todo menor tiene derecho a mantener de forma periódica relaciones personales y contactos directos con su padre y con su madre, salvo si son contrarios a sus intereses». Como recuerda A. Fernández Pérez —recogiendo el *General comment n.º 14 (2013) on the right of the child to have his or her best interests taken as a primary consideration (art. 3, para. 1)*, a cargo del *Committee on the Rights of the Child*—, la idea de interés del menor abarca tres dimensiones, la sustantiva (que sus intereses sean tenidos en cuenta), la interpretativa (como elemento informador de la interpretación de las normas) y la procedimental (derecho a ser informado y oído): «Aproximación al interés superior del menor en el derecho internacional privado español», en *Boletín Mexicano de Derecho Comparado*, 151, 2018, pp. 10 ss. en particular.

6 Los arts. 10 y 35 abundan en la misma idea: derecho a mantener contactos y relaciones personales con los padres que viven en Estados distintos. En la jurisprudencia española estas ideas han sido aludidas con frecuencia para llegar a la solución considerada mas adecuada. Al respecto véase la recopilación de Magro Servet, V.: «Suspensión del régimen de visitas entre padre e hija por interés superior del menor en casos de violencia», en *Revista de Derecho de*

es prevenir y reprimir, y ahí es claro que las soluciones unilaterales no funcionan, porque no bastan. En un entorno verdaderamente internacional, donde la custodia compartida es inviable, el primer paso es garantizar el contacto mediante el ejercicio de los derechos de visita, pacífico para ambos padres, sin obstáculos a su efectividad y minimizando el riesgo de desplazamientos o retenciones ilícitas que saquen al menor de su ambiente usual: es la única estrategia *win-win*[7]. Tal sería el sentido de las reglas del art. 21 del convenio de La Haya sobre aspectos civiles de la sustracción internacional de menores y 35 CLH 1996. Un sistema equilibrado de contactos reduce el riesgo de litigios, pero no evita que el progenitor insatisfecho adopte comportamientos al margen de las previsiones legales, y cuando su reacción sea un desplazamiento ilícito habrá que buscar remedios expeditivos, porque las dilaciones son aliadas del infractor[8]. El tema es bien conocido y no hace falta dedicarle demasiado espacio: comparecen en este punto el CLH 1980, cuyo éxito ha oscurecido al de Luxemburgo de 1980 relativo al reconocimiento y la ejecución de decisiones en materia de custodia de menores, así como al restablecimiento de dicha custodia[9]; sobre él se proyectan el RBII bis

familia, 2023 (versión *online*). Como la sala de lo civil del TS no se puede pronunciar en materia de secuestro, sus pronunciamientos eventualmente relevantes en este tema se encuentran en sentencias sobre atribución de guarda y custodia o uso de la vivienda familiar. Es paradójicamente la sala de lo penal la que ha dictado resoluciones con hondo calado en asuntos de Derecho internacional privado; la sentencia de 23 de abril de 2021 realiza una extraordinaria exposición de precedentes y objetivos, y una exégesis de los distintos instrumentos.

Por otra parte, España ha firmado el Convenio europeo sobre relaciones personales con menores, de 15 de mayo de 2003, que viene a sentar los mismos objetivos: mantenimiento de relaciones (art. 4), audiencia al menor (art. 6), obligación de reconocer y ejecutar las resoluciones extranjeras (art. 14). Destacable la previsión de cautelas específicas en el art. 10 encaminadas a la prevención de traslados ilícitos. Afortunadamente no ha sido ratificado, porque su art. 19 desplaza diversas normas del 11 del CLH 1980, complicando aun más si cabe el panorama jurídico.

7 *Cfr*. Borrás Rodríguez, A.: «La evolución de la protección del niño en el Derecho internacional privado desde el Convenio de Nueva York de 1989», en Aldecoa Lizárraga, F. y Forner Delaygua, J. J.: *La protección de los niños en el Derecho internacional y en las relaciones internacionales*, Madrid, 2010, p. 23.

8 Esto ya fue puesto de relieve en uno de los primeros estudios sobre el tema: Shapira, A: «Private International Law Aspects of Child Custody and Child Kidnapping Cases», en *Recueil des cours*, vol. 214, 1989, pp. 149 ss. el tiempo es la esencial del procedimiento, escribe gráficamente M. C. Baruffi en «A child-friendly area of freedom, security and justice: work in progress in international child abduction cases», en *Journal of Private International Law*, 2018, pp. 385 ss.

9 El CLH 1980 vale en la medida en que los Estados (sus autoridades) cooperen. *Comity* y reciprocidad son la clave. Si no tienen voluntad de darle cumplimiento, no funciona. Basta dejar pasar el tiempo para que las situaciones ilegales se consoliden. Buena prueba de ello es la preocupación expresada por el Parlamento europeo en su resolución 8 de julio de 2020, sobre la sustracción internacional y nacional de menores de la Unión por sus progenitores en Japón (2020/2621(RSP)), que califica de alarmante el número de casos sin resolver que implican a progenitores nacionales de la UE y japoneses.

—aun eficaz— y el ter, más incisivos aun en la implementación de esa política de restablecimiento semiautomático del *status quo ante*[10]. Todos tienen en común la equiparación de interés del menor y retorno, que lógicamente pasa por —*rectius*, depende de— un procedimiento rápido[11]. La vida en el sistema diseñado por el CLH 1980 es muy cómoda: las fórmulas automáticas tienen esa ventaja, evitan ponderaciones. Pero cuando irrumpe el TEDH exigiendo la atención individualizada de cada caso, y cuando algunos Tribunales constitucionales abundan en esa misma orientación, la placidez de lo automático se ve alterada hasta el extremo de que es legítimo preguntarse si ese esquema sigue valiendo. ¿Es realmente posible un procedimiento sumario? ¿Acaso la inevitable pérdida o debilitamiento de la celeridad no debería incidir en la respuesta final?

Intentaré poner de relieve que el sistema convencional tal y como fue diseñado ha muerto. No es que se pueda modificar la norma y se logre la vuelta a la placidez, sino que la placidez es imposible. A tal efecto me detendré por un momento en el vigente RBII ter, para pasar después a exponer algunas experiencias jurisprudenciales paradigmáticas.

I. La respuesta de la UE al problema del secuestro de menores. Del CLH 1980 al RBII ter: haciendo equilibrios

Es sabido que cuando se trabajaba en el RBII bis se barajaron diversas opciones en punto a sustracción de menores: elaborar un modelo distinto al de la Conferencia de La Haya, seguir con él sin más (al fin y al cabo, prácticamente todos los países de la UE ya lo habían ratificado cuando se inicia este siglo) o tomarlo como punto de partida pero reforzando la cooperación, asumiendo que la supresión del *exequatur* comportaría una mayor efectividad del CLH 1980[12]. Esta última fue el camino seguido, y el reglamento 2019/1111 no ha hecho más que intentar conti-

10 La misma idea de rapidez aparece en todos los textos internacionales, pero siempre dependiente de lo que dispongan los ordenamientos nacionales y lo que hagan los jueces. El art. 7 del Convenio Europeo sobre el Ejercicio de los Derechos de los Niños, de 25 de enero de 1996, bajo el título «Obligación de actuar con prontitud» es elocuente al disponer que «En los procedimientos que afecten a un niño, la autoridad judicial deberá actuar con prontitud para evitar toda demora inútil y deberán existir procedimientos encaminados a asegurar una rápida ejecución de las decisiones. En los casos urgentes, la autoridad judicial estará facultada, cuando proceda, para tomar decisiones que sean inmediatamente ejecutivas».

11 Por lo demás, la Convención interamericana sobre restitución internacional de menores parte de principios idénticos y recoge métodos muy similares.

12 La respuesta que se da desde la Conferencia de La Haya a los problemas detectados fue elaborar una Guía de buenas prácticas. El tema está expuesto en RODRÍGUEZ PINEAU, E.: «La oposición al retorno del menor secuestrado: movimientos en Bruselas y La Haya», en *REEI*, 2018, p. 9.

nuar el modelo[13]. Al final lo que tenemos son textos esencialmente alineados que comparten objetivos, filosofía y —con el matiz que referiré *infra*— método (por supuesto, el Convenio de La Haya de 1996 va en la misma línea cuando regula la competencia judicial internacional en la materia), no desmentido por el hecho de que se hayan incorporado modificaciones que afectan a la audiencia de las partes y del menor y acentúan la cooperación entre autoridades[14].

La filosofía del texto, como decía, es la misma del CLH 1980, que sigue siendo el instrumento capital que plasma la subyacente a todas las declaraciones internacionales. El interés del menor como principio es una constante. Ya hemos visto *supra* que el recurso a conceptos generales tiene la ventaja de permitir respuestas ajustadas (materialmente justas) en cada caso, realizar en cada momento y circunstancia histórica los objetivos perseguidos por el ordenamiento, amoldándolo sin necesidad de descender a negociar, redactar y actualizar prolijas regulaciones. Si a eso le unimos un sistema de reconocimiento que opere sin trabas, se garantiza la estabilidad en la disciplina de las situaciones jurídicas. Viene ello a colación porque, si bien la expresión «interés del menor» no aparece en ningún punto del CLH 1980, no es menos cierto que ha quedado incorporado en el informe oficial anexo, pero de una forma peculiar, porque viene encapsulado, lo que no es indiferente, ya que se ha perdido la flexibilidad al reducir las facultades de integración (léase ductilidad/adaptación a las peculiaridades del caso concreto) inherentes a su carácter genérico, cristalizándolo en el tan mencionado restablecimiento del estado anterior[15]. De esta manera, el sistema identifica en abstracto cuál es el interés del menor, y encomienda al juez del Estado de la residencia habitual su verificación en el caso particular en estudio, sin posibilidad de alteración de ese reparto de competencia[16].

13 Al respecto *vid.* MCELEAVY, P.: «The New Child Abduction Regime in the European Union: Symbiotic Relationship or Forced Partnership?», en *Journal of Private International Law*, 2005, pp. 8 ss.

14 Aunque no todo es CLH 1980. La transcendencia del RBII ter no es baladí: no se pierda de vista que más de la mitad de las solicitudes de retorno son intracomunitarias (las estadísticas más recientes disponibles en la página web de la Conferencia corresponden a 2015: pueden verse en el documento The Seventh Meeting of the Special Commission on the Practical Operation of the 1980 Hague Child Abduction Convention and the 1996 Hague Child Protection Convention-October 2017).

15 Es evidente que, puestos a concretar el contenido del concepto, resulta menos absurdo equiparar interés del menor con retorno que con no retorno: CUARTERO RUBIO, V.: «La sustracción internacional de menores ante el juez: a vueltas con la racionalidad del Convenio de La Haya de 1980 y la ponderación», en CUARTERO RUBIO, V./VELASCO RETAMOSA, J. M. (dirs.): *La vida familiar internacional en una Europa compleja: Cuestiones abiertas y problemas de la práctica*, Valencia, 2021, p. 326.

16 *Cfr.* MARI, L.: «L'interesse superiore del minore nel quadro dello spazio giuridico europeo (a proposito di recenti casi di sottrazione internazionale di minori)», en *Studi Urbinati, A — Scienze Giuridiche, Politiche ed Economiche*, 2013, p 113.

En una primera aproximación estaremos de acuerdo en que casi cualquier consideración palidece frente a la única finalidad perseguida, esto es, tal regreso y permanencia en el Estado de la residencia habitual legal[17/18],. Siendo tan claro el objetivo, todo lo que enturbie ese resultado debería ser excepcional, y eso vale para las causas de denegación de las solicitudes de retorno de los arts. 12, 13 y 20. Por supuesto que la lectura positiva de lo anterior es la eficiencia: las presunciones (y si son *iuris et de iure* más aún) aligeran la tarea argumentativa y facilitan el logro de una respuesta inmediata (la limitación temporal del procedimiento de restitución no casa con un examen de fondo). En definitiva, se diseña un entramado de normas que deberían posibilitar el remedio de los casos de secuestro de menores en un plazo tan breve que ese incidente vendría a ser un paréntesis no traumático que abre la puerta sin interferencias a ulteriores debates sobre cuál es en el caso concreto el interés del menor (porque con el regreso no acaba el conflicto, es claro). De algún modo, se aplaza la discusión, conscientes de que la respuesta que se ofrece no es una verdadera solución.

El matiz prealudido se refiere a que en la UE se añaden dos principios básicos de construcción, el criterio de proximidad en el diseño de la competencia judicial (recuérdese que el CLH 1980 no incorpora ningún foro, que sí existe en el de 1996[19]) y la idea de confianza recíproca en cuanto a eficacia extraterritorial. Como resultado de todo lo anterior, se desemboca en la atribución a los tribunales de la residencia habitual de los menores previa al secuestro del control casi absoluto de lo que les concierne, y una recepción prácticamente incondicionada de los productos jurídicos extranjeros: competencia judicial internacional y eficacia extraterritorial de resoluciones quedan seriamente afectadas. Veamos alguna de las implicaciones de ambas cosas:

• Desde el momento en que se ha asumido que los tribunales de la residencia habitual del menor son los que están en las mejores condiciones de realizar los objetivos inherentes a la tutela de sus intereses, se convierten en el eje del sistema de competencia judicial internacional. La consecuencia deseada, positiva, de esa disciplina (exclusiva) es que se desincentivan

17 El informe oficial anexo al convenio, obra de E. Pérez Vera, pone de relieve el peligro inherente en la utilización de ese concepto, que ha servido a veces para dar cobertura a interpretaciones particularistas. Por eso se evitan referencias explícitas sin excluir «el paradigma social que proclama la necesidad de tener en cuenta el interés de los menores para resolver todos los problemas que les afectan» y se limita a plasmar el objetivo del retorno (apartado 23), que responde a una concepción determinada del interés superior del menor (apartado 25).

18 El convenio de Luxemburgo de 1980 sigue una estela similar, equiparando interés del menor con reconocimiento y ejecución de decisiones.

19 En este sentido, el CLH 1980 funciona como un no-proceso, un instrumento para la protección cautelar del foro de competencia principal en cuanto al fondo, o sea, el de la residencia habitual del menor: *cfr*. Cuartero Rubio, V.: «La sustracción internacional de menores..., *op. cit.*», p. 331.

las maniobras oportunistas de los secuestradores, que no deben encontrar amparo en el Estado al que se han trasladado; no obstante, no se elimina el riesgo de discusiones en torno a la residencia habitual del menor, con posible conflicto positivo (teniendo en cuenta de que el art. 9 RBII ter permite retenerla en tanto en cuanto no se haya adquirido una en el Estado al que haya sido transferido, momento cuya precisión no es fácil[20]) o negativo de competencia[21], y el consiguiente riesgo de quiebra del derecho a la tutela judicial. De todas formas, la derivada más problemática y específica de la materia en consideración es que con frecuencia el secuestrador no tendrá oportunidad de intervenir en el proceso sobre responsabilidad parental que se ventile ante los tribunales de la residencia habitual *legal* del menor, más que nada porque puede enfrentarse a una pena de cárcel tan pronto pise el territorio de ese Estado (por ejemplo, los casos citados más abajo ventilados por el Constitucional alemán, o el asunto *Neulinger*)[22]. En esta tesitura, la emanación del certificado para resoluciones privilegiadas del art. 47 RBII ter (sobre este tema volveré de inmediato) se torna problemática, en la medida en que depende de que se haya dado a todas las partes afectadas la oportunidad de ser oídas, y eso depende a su vez de la implementación de técnicas de comunicación a distancia. La afirmación de la imposibilidad de esas audiencias lleva a discusiones sobre la validez del certificado, como las que referiré en seguida, y que suponen la negación de la confianza recíproca y por ello de los objetivos.

---

20 Hay cosas que son inevitables, y perder la competencia sobre cuestiones de responsabilidad parental es una de ellas. Con envidiable pragmatismo la SAP de Pontevedra de 17 de abril de 2018 evidencia que «...una inicial sustracción ilícita, mantenida en el tiempo genera, cuando crea una situación de estabilidad, un estado también protegible por el ordenamiento, especialmente cuando trasluce una defensa del interés del menor, que no está viciado por aquella inicial sustracción ilícita».

21 Un ejemplo reciente es el litigio que desemboca en la STEDH de 14 de febrero de 2023 (*Byčenko v. Lithuania*, asunto n.º 10477/21): niño que se traslada desde Lituania a Holanda junto con su madre; el padre, residente aun en Lituania, solicita a los tribunales propios que emanen una orden fijando la residencia del menor junto con el actor. Se rechaza la demanda alegando que la competencia corresponde a los órganos judiciales holandeses. Mas cuando se acciona ante estos últimos, se afirma que, dada la ilicitud del traslado, siguen siendo competentes, *ex* art. 9 RBII bis, los jueces lituanos.
Por supuesto, como evidencia este caso, tampoco queda excluido el riesgo de discusiones en torno a la concurrencia o no de los elementos de hecho en los que se funda el juicio de legalidad o ilegalidad de un traslado (en ese caso era controvertida la anuencia del padre).

22 Y esto tiene poco remedio: en España, recuérdese, el delito de sustracción de menores del art. 225 bis CP es perseguible de oficio y no hay forma legal de archivar las actuaciones (el proceso de mediación no es causa para ello). En nuestro país serían impensables los *undertakings* conocidos en el sistema inglés que pueden suponer, entre otras cosas, el compromiso de no iniciar, mantener o continuar con ninguna acción penal contra el secuestrador. El único «alivio» es que debe ser entendido en relación con los convenios de los que España es parte, de forma que no debería aplicarse a los niños de más de 16 años (*cfr*. De La Rosa Cortina, J. M.: *Sustracción parental de menores. Aspectos civiles, penales, procesales e internacionales*, Valencia, 2010, p. 371).

• La consagración del predominio de los tribunales de la residencia habitual legal del menor se traduce asimismo en la configuración del mecanismo de prevalencia, o sea, la atribución de la última palabra en punto a responsabilidad parental a sus jueces. Es el mismo modelo del RBII bis, desconocido sin embargo en los demás instrumentos de cooperación[23]. Como se recordará, el art. 29 RBII ter prevé que en caso de emanación de una resolución que rechace la restitución del menor por alguno de los motivos recogidos en el art. 13.1.b (peligro físico o psíquico o exposición a una situación intolerable)[24] o 13.2 (negativa del menor con suficiente juicio) CLH 1980, prevalece la dictada en cuanto al fondo del asunto por el tribunal con competencia exclusiva en la materia y que comporte la restitución del niño (alteración del régimen de responsabilidad parental con atribución de la guarda y custodia al progenitor frustrado, por ejemplo, como se hace en el ordenamiento inglés a modo de sanción del secuestro)[25]. Dicho de otra forma, se traza una línea continua entre sistema de competencia judicial internacional y régimen de reconocimiento y ejecución de decisiones, prefiriéndose la resolución sobre el fondo de los tribunales con competencia exclusiva (los de la residencia habitual) a la resolución sobre no retorno del menor, basada en alguno de los motivos del art. 13 CLH 1980, que bajo ningún concepto ha podido pronunciarse sobre respon-

23 Ya en la sentencia del TJ de 11 de julio de 2008 (Rinau) se subrayaba en relación con el art. 11.6 RBII bis (equivalente al actual 29.3 RBI ter) que la obligación del órgano judicial que deniegue la restitución de un menor de remitir toda la documentación al tribunal competente en cuanto al fondo «tienen por objeto no sólo garantizar la restitución inmediata del menor al Estado miembro en el que tenía su residencia habitual inmediatamente antes de su traslado o retención ilícitos, sino también *permitir al órgano jurisdiccional de origen evaluar las razones y las pruebas sobre las que se fundamenta la resolución de no restitución*» (la cursiva es propia): queda claro que el control corresponde a este último juez, así como el carácter central de la residencia habitual del niño.

24 Téngase en cuenta que la utilización de esta causa viene restringida por el art. 27.3 RBII ter, a tenor del cual se prohíbe denegar la restitución del menor únicamente sobre tal base si la parte que solicita la restitución demuestra al órgano jurisdiccional, o si consta de otro modo al órgano jurisdiccional, que se ha dispuesto lo necesario para garantizar la protección del menor tras su restitución. No es sino la exaltación (otra más) del papel central del lugar de residencia habitual legal del niño. Ciertamente, la implementación de la norma es tan difícil que no parece que vaya a poder ser utilizada con profusión, porque el único compromiso del juez que esté llamado a decidir sobre la devolución es dar audiencia al solicitante, y procurar (ninguna obligación en el apartado 4 del art. 27) comunicarse con el órgano judicial de residencia habitual antes de su traslado. Que ese solicitante conozca que se han adoptado medidas de protección es imposible si no es porque ha requerido la adopción de medidas cautelares, cuyo ajuste a las circunstancias del caso concreto (o sea, si las medidas son o no suficientes) no se puede dar por descontado si el nivel de conocimiento disponible no es pleno. En segundo lugar, no podemos dejar de lado las dilaciones que comporta este procedimiento.

25 Con lo cual se priva de sentido al sistema de recursos establecido en su caso en el país a donde ha sido trasladado el menor. Su único efecto es dilatorio. En Bélgica, por ejemplo, no se permite recurrir una resolución denegatoria dictada al amparo del art. 13 CLH 1980 (art. 1322.6 Código judicial).

sabilidad parental[26]. Lo malo es que de esta forma se realiza una enmienda a la totalidad al equilibrio alcanzado, al romper la relativa estabilidad lograda en el CLH a la hora de repartir competencias (retorno/fondo) entre los distintos tribunales[27]. En segundo lugar, ya he apuntado que se diseña un sistema privilegiado de reconocimiento y ejecución de resoluciones —continuación del RBII bis— en el que prácticamente desaparecen las posibilidades de denegación (art. 50 RBII ter), limitadas a la inconciliabilidad de decisiones, e inviable si se trata de hacerles frente en base a motivos de fondo. Una vez que un juez decide rellenar el formulario VI se pone en marcha un procedimiento restitutorio imparable, basado exclusivamente en las parcas afirmaciones de un juez (competente, en efecto) cuya veracidad es difícilmente controlable. Por ejemplo, y por referirme a cuestiones estructurales, no hay manera de verificar si se ha dado la oportunidad de ser oídas a todas las partes, si el menor es capaz o no de formarse un juicio, si se le ha concedido audiencia o no; no es que no se deba controlar, es que no se puede en base al formulario en cuestión. Evidentemente, la confianza ciega no se impone por caprichoso voluntarismo, y llega un momento en que salta por los aires, como veremos de inmediato.

• Una lectura somera permite pensar que el diseño reglamentario es delicado, incluso frágil. Baste a este respecto apuntar la cuestión controvertida —o, al menos, problemática—, del plazo de tiempo concedido para resolver (art. 24, seis semanas), completamente irreal y sistemáticamente violado. Sobre este extremo volveré en su debido momento.

A modo de conclusión parcial: lo anterior traza un esquema que aspira a la máxima celeridad y automaticidad, pero que encierra en su propio seno fermentos de implosión que permiten dudar sobre las posibilidades reales de llevarlo a la práctica. Vamos a ver cómo se añaden componentes externos que terminan por cuestionarlo.

II. La posición del TEDH: de Neulinger a la bendición de las dilaciones

No fue hasta 2010 que se cuestionó el ajuste del CLH 1980 a la Convención de Roma, y se hizo por una vía un tanto oblicua. El TEDH no coloca en el centro de su razonamiento los derechos de los niños como tales, sino que entra en el tema por la vía indirecta de la protección de la vida familiar (art. 8 CEDH).

26 Por eso se puede afirmar que el art. 22 RBII ter («Los artículos 23 a 29 y el capítulo VI del presente Reglamento serán de aplicación y complementarán el Convenio de la Haya de 1980...») no dice toda la verdad, porque la disciplina reglamentaria no complementa al CLH 1980, sino que simple y llanamente tiene vocación de modificarlo, hasta el punto de que bajo la cubierta del Convenio conviven dos sistemas diferentes, con dos velocidades.

27 Corneloup, S. y Kruger, T.: «Le règlement 2019/1111, Bruxelles II: la protection des enfants gagne du ter(rain)», en *Revue critique de droit international privé*, 2020 p. 220.

El derecho al contacto entre padres e hijos antes aludido es abordado por el Tribunal poniendo de relieve que tener la compañía de los otros miembros de la familia es un elemento fundamental de la vida familiar, y cualquier obstáculo es caracterizado como interferencia al respeto debido a esa vida, violación por tanto del art. 8 CEDH, salvo que se satisfagan varios requisitos, a saber: que se haga de acuerdo con la ley; que la ley sea clara, accesible y previsible; que persiga objetivos legítimos y necesarios en una sociedad democrática; que sea proporcionada a esos objetivos; que existan razones relevantes y suficientes para la interferencia[28]. Trasladando estas ideas a un evento como el secuestro internacional resulta imperativo el restablecimiento del contacto entre padres e hijos, y además mediante un procedimiento rápido[29]. La primera sacudida al mecanismo diseñado en 1980 es la sentencia Neulinger c. Suiza[30], un punto de inflexión en la aplicación del Convenio, de la que se deducen tres grandes principios: se trata de un texto procedimental y no sobre derechos fundamentales; es un texto que no puede ignorar los principios inspiradores de este sector del ordenamiento y que por tanto no puede operar mecánicamente[31]; el interés superior del menor exige el estudio individual de cada caso[32].

Aunque la exigencia de análisis profundo es matizada posteriormente en la sentencia X c. Letonia (Gran sala, 26 de noviembre de 2013), la orientación

28 *Vid*. sentencias de 10 de febrero de 2015, *Penchevi v. Bulgaria*, asunto 77818/12; 23 de febrero de 2016, Nasr and *Ghali v. Italy*, asunto 44883/09; 10 de septiembre de 2019, Strand Lobben and *Others v. Norway*, asunto 37283/13; 10 de noviembre de 2022, *N. V. and C. C. v. Malta*, asunto 4952/21.

29 La doctrina clásica viene recogida en las sentencias de 25 de enero de 2000, Ignaccolo-Zenide c Rumanía; de 22 de septiembre de 2009, Stochlak c Polonia; de 1 de diciembre de 2009, Eberhard y M c Eslovenia; de 22 de diciembre de 2009, Tapia Gasca y D. c España; de 26 de julio de 2011, Shaw c Hungría; de 27 de octubre de 2011, Bergmann contra Chequia; de 24 de mayo de 2011, Saleck Bardi contra España; de 21 de septiembre de 2010, Mijušković c Montenegro; de 17 de enero de 2012, Kopf y Liberda c Austria.

30 Neulinger and *Shuruk v. Switzerland*, asunto n.° 41615/07, sentencia de 6 de julio de 2010.

31 Apartado 138: «*It follows from Article 8 that a child's return cannot be ordered automatically or mechanically when the Hague Convention is applicable. The child's best interests, from a personal development perspective, will depend on a variety of individual circumstances*». En la de 12 de julio de 2011 (*Sneersone and Kampanella v. Italy*, asunto n.° 14737/09) subraya que «*the Court must ascertain whether the domestic courts conducted an in-depth examination of the entire family situation and of a whole series of factors, in particular of a factual, emotional, psychological, material and medical nature, and made a balanced and reasonable assessment of the respective interests of each person, with constant concern for determining what the best solution would be for the abducted child in the context of an application for his return to his country of origin*» (apartado 85, donde resume los principios generales en la materia).

32 La orientación inaugurada por Neulinger y las sentencias sucesivas puede seguirse en Marín Pedreño, C.: *Sustracción internacional de menores y proceso legal para la restitución del menor*, Málaga, 2016. Asimismo, Beaumont, P. y Walker, L.: «Post Neulinger case law of the European Court of Human Rights on the Hague Child Abduction Convention» en *Permanent Bureau (eds.), A Commitment to Private International Law. Essays in honour of Hans van Loon*, Cambridge, 2013, pp. 17 ss.; Beaumont, P., Trimmings, K., Walker, L. y Holliday, J.: «Child Abduction: Recent Jurisprudence of the European Court of Human Rights», en *International and Comparative Law Quarterly*, 2015, pp. 39-63.

sigue intacta hasta hoy, en el sentido de que es incompatible un retorno o una denegación de retorno si no son el resultado de un examen detallado del caso[33].

Viene a colación la sentencia del TEDH de 8 de noviembre de 2022[34]. Tiene el doble mérito de que, al ser tan reciente, sintetiza la doctrina vigente, y el no menor de implicar precisamente a España. Es algo farragoso, pero conviene prestar atención a las fechas que van jalonando el proceso.

Una pareja de ciudadanos húngaros tiene una hija en 2006. En 2010 empieza a deteriorarse su relación, y alcanzan un acuerdo de ruptura en el que se atribuía la custodia a la mujer. La eficacia del acuerdo estaba subordinada a la efectiva ruptura, y esta no se produjo hasta cinco años más tarde. En julio de 2015 la madre abandona el hogar común junto con la niña y solicita que se le reconozca la custodia, pero mientras se estaba tramitando este procedimiento, seis meses más tarde, se marcha a Palma de Mallorca, por supuesto sin dar noticia al padre. A partir de aquí se inician dos series de procedimientos, uno sobre guarda y custodia y otro sobre eficacia extraterritorial de resoluciones:

1 En abril de 2016 un tribunal de Budapest adopta tres medidas provisionales: la obligación de regresar en un plazo de ocho días a Hungría, la fijación de residencia de la niña junto con su madre, y la escolarización dentro del mismo periodo.

2 Lo primero que hace la madre al llegar a España es presentar una denuncia por violencia doméstica y amenazas. A una primera orden de alejamiento (enero de 2016) sigue el alzamiento de la medida por falta de pruebas de los hechos alegados (justo un año más tarde).

3 La fase crucial llega el 1 de julio de 2016, cuando se solicita por el padre de la niña el reconocimiento y ejecución de las medidas provisionales adoptadas por el órgano judicial húngaro. Tras diversas vicisitudes derivadas de la reclamación de documentos adicionales, inexplicablemente[35] se declina la jurisdicción en favor del tribunal de violencia doméstica, que en primera instancia rechaza la solicitud por falta de audiencia al menor. No obstante, en julio de 2017 la AP estima el recurso sucesivo y declara que la decisión es

33 Es muy útil el amplio resumen que contiene la «*Guide sur l'article 8 de la Convention européenne des droits de l'homme; Droit au respect de la vie privée et familiale, du domicile et de la correspondance*», puesta al día a fecha 31 de agosto de 2022, disponible en la web del Tribunal.

34 *Veres v. Spain*, asunto 57906/18. En el momento de redactar estas líneas el último pronunciamiento del TEDH en esta materia es el ya referido *Byčenko v. Lithuania*, al que se volverá a aludir más abajo.

35 En España el reconocimiento y ejecución de decisiones de Derecho civil y mercantil compete a los tribunales de primera instancia, sea cual sea la materia tratada en ellas (art. 85 LOPJ). No alcanzo a intuir una razón para que se haya transferido la jurisdicción.

ejecutable, entendiendo que las excepciones al reconocimiento y ejecución previstas en el RBII bis debían ser interpretadas estrictamente y que, atendida la edad de la menor, se justificaba la falta de audiencia. En julio de 2018 el TS desestima el recurso interpuesto contra esa decisión. En octubre de 2018 el juzgado de violencia doméstica acepta la solicitud de ejecución de la resolución húngara de 2016, en noviembre madre e hija vuelan hacia su país natal, y días más tarde se declara concluido el procedimiento.

4 Pero en marzo de 2018 el tribunal de primera instancia de Buda atribuye a la madre (la sustractora) la custodia de la hija, resolución impugnada que desembocó en la emanación de unas medidas provisionales en julio, confirmando esa solución en atención a que la niña vivía en España junto con su madre[36]. En apelación se atribuye la custodia a la madre, insistiendo en que tras los años de convivencia la relación materno filial era más estrecha que la que existía entre padre e hija. A las mismas conclusiones llega el Tribunal supremo húngaro, que se limita a modificar algunas previsiones sobre régimen de visitas (fijación de fechas y de contribución a los gastos de desplazamiento). Y con esto hemos llegado a octubre de 2019. Más de cuatro años, un traslado ilícito y un premio al infractor...

III. (Sigue): cuadrando el círculo

Al final, como era previsible, el TEDH declara que ha existido violación del art. 8 de la Convención: La sentencia tiene la virtud de recordar la jurisprudencia consolidada en punto a una de las facetas de un secuestro internacional de menores, a saber, la necesidad de rapidez. Los principios son los siguientes: a) la longitud del procedimiento tiene un claro impacto en la vida de la familia, así que los Estados tienen que poner en práctica un remedio preventivo y compensatorio, en tanto que el respeto a la vida familiar se convierte en ilusorio si sólo se dispone del segundo tipo; b) el Estado debe probar que existen procedimientos expeditivos viables y efectivos, siendo dudoso en el caso que la ejecución provisional fuera realmente un remedio preventivo; c) un padre tiene derecho a la adopción de medidas que le permitan reunirse con su hijo, y las autoridades la obligación de tomarlas; d) el Tribunal considera que los jueces nacionales no han adoptado medidas rápidas y adecuadas para ejecutar la decisión húngara ordenando a su ex mujer el retorno junto con la hija; e) la duración no se justificaba, teniendo en cuenta que se trataba sólo de examinar las causas de denegación previstas en el art. 23 RBII bis; f) el resultado de esa duración excesiva del procedimiento ha sido que la relación entre solicitante e hija ha quedado afectada —interrumpida durante dos años—, siendo además el motivo que subyace a la decisión de

36 Este es un dato que aparece inopinadamente en la sentencia, que echa por tierra todo lo anterior.

los tribunales húngaros de atribuir la custodia a la madre, dada la endeblez de la vinculación padre-hija. Esta es la clave: por la fuerza de las relaciones humanas, el paso del tiempo premia al secuestrador. Paradójicamente, el interés del menor no tolera el castigo a quien se comporta de forma ilícita.

Es en este sentido que hablaba de la cuadratura del círculo: evitar dilaciones al mismo tiempo que se analizan a fondo los asuntos es difícil de cohonestar, y por ello en el momento de ponderar principios en presencia, la normativa procesal debe ceder la primacía al interés del menor, sea cual sea en cada caso. Se rechaza, pues, la ecuación antes mencionada. En definitiva, el retorno no tiene carácter de principio absoluto, y habrá que atender al paso del tiempo y las vinculaciones creadas y las extinguidas, aunque ello comporte socavar los objetivos[37].

IV. Más sobre la desaparición de la automaticidad: los tribunales constitucionales se pronuncian. Ejemplos de la práctica española y alemana

La doctrina del TC español va en la misma línea, exigiendo razonamientos individualizados, o sea, sastrería a medida. La STC 16/2016 de 1 de febrero se basa en unos hechos bastante standard: demanda de restitución cursada por el padre, residente en Suiza, de una niña que había sido trasladada a España. Se rechaza en primera instancia la solicitud apreciando que hay riesgo para la menor, en los términos del art. 13.1.b CLH 1980, sobre la base de los indicios de malos tratos hacia la madre. La Audiencia provincial, por el contrario, estima el recurso del padre, entendiendo que no se ha probado la realidad de ese alegado riesgo psíquico o físico, después de un exhaustivo análisis de la trayectoria de la pareja. Es contra el auto resolutorio y la providencia que rechaza decretar la nulidad de actuaciones frente a lo que se dirige el recurso de amparo.

El TC asegura que no pretende sustituir la función del juez ordinario, pero lo cierto es que se zambulle en la valoración de las pruebas, lo razonable de la argumentación y fundamentalmente formula un reproche por no haber considerado lo que a su juicio era determinante, a saber, el paso del tiempo: «... desde los hechos acaecidos en agosto de 2013 hasta la finalización del pro-

37 En el precitado asunto resuelto el 14 de febrero de 2023 el Tribunal subraya que, si bien es cierto que el hecho de que se hubiera producido un secuestro del menor es algo a considerar a la hora de decidir en cuanto al fondo de un litigio (custodia y visitas), no es el elemento decisivo: hay que considerar todos los factores del caso, asumiendo que sobre la presunción en favor del regreso prevalece siempre el interés del menor. Y al final lo que resulta es que la integración en un país es uno de esos elementos, y como no hay razones para cuestionar que un niño esté integrado en un país si así lo ha afirmado un tribunal (el órgano holandés a donde ha sido trasladado tras el secuestro), la conclusión es que no se viola derecho alguno cuando se consolida la situación de hecho (*Byčenko v. Lithuania*, §§ 124 ss.).

cedimiento han trascurrido casi veinte meses. En este prolongado periodo de tiempo, y sin olvidar la corta edad con que cuenta la menor (seis años en la actualidad), resulta patente que ha podido producirse una plena integración de la niña en su nuevo medio, lo que es necesario, en todo caso, valorar, a fin de hacer efectivo el principio de superior interés de la menor (...) [L]a lamentable dilación del procedimiento tendente a la restitución..., *cualesquiera que fuesen las causas y los responsables de dicha demora*, no puede menoscabar el interés superior de la menor impidiendo valorar su situación actual de integración en el nuevo medio. Resulta obligada, por tanto, que esta valoración sea decisiva (...) [L]a situación de integración de la menor, por exigencia del principio de interés superior de la misma, imponía una valoración, omitida en la resolución impugnada, que ponderase el conjunto de circunstancias». Es ello lo que genera insuficiencia de motivación y por consiguiente vulnera el derecho a la tutela judicial efectiva del art. 24.1 CE.

Existen a mi juicio dos planos relevantes en la sentencia. De una parte, el olvido del TC acerca de su verdadera función. Nadie como un tribunal ordinario está en condiciones de conocer un caso y valorar las circunstancias en presencia. El gran problema de esta consolidada doctrina del TC que tolera supervisar la razonabilidad y suficiencia de la motivación es que puede desbordarse, hasta el punto de terminar por decirles a los jueces qué elementos de prueba deben privilegiar en la reconstrucción del interés del menor, destruyendo la regla de la libre valoración. En el caso concreto el órgano judicial ha ofrecido su reconstrucción del concepto (mejor o peor: no existe el derecho fundamental al acierto judicial), ha aplicado la ley, seleccionando racionalmente la norma a su juicio relevante en el caso, y nada debería serle reprochado. Y sin embargo se les está diciendo que la aplicación del art. 13 CLH 1980 no es correcta a pesar del exhaustivo examen de antecedentes, y que el aplicable es el art. 12. Siendo razonable la exigencia de un estudio individualizado de cada asunto (STC 178/2020), no lo es la supresión del margen de discrecionalidad concedido por una norma indubitadamente legítima. Cuando la subsunción no es disparatada no cabe sustituirla por la propia. Pero lo peor es ese segundo plano al que aludía, corolario de lo anterior: al exigir a los tribunales que valoren prevalentemente el paso del tiempo y el arraigo adquirido por el menor (extremo éste dependiente de su edad), está privilegiando al secuestrador, sin entrar demasiado en juicios de imputación de la responsabilidad de tal dilación. Teniendo en cuenta la vinculación a las decisiones del TC (art. 5 LOPJ), lo que importa de cara al futuro del sistema de restitución de menores es que existe una causa fuerte de denegación (el arraigo, el paso del tiempo, los efectos inexorables de las dilaciones) y se descarta la filosofía de base del sistema[38]. Dicho de otra forma: bastará generar dilaciones (es indiferente la causa de estas, lo dice abiertamente) para burlar el modelo.

38 Las extralimitadas indicaciones sobre valoración de la prueba no pueden confundirse con algo mucho más sensato que el TC viene repitiendo desde hace tiempo, y es que el prin-

En segundo lugar, el caso alemán y la muerte de Aguirre Zarraga. El TJ en su sentencia de 22 de diciembre de 2010 vino a poner en primerísimo plano la confianza recíproca entre jurisdicciones europeas: lo que se haya hecho es inatacable, e incluso lo que se asegura que se ha hecho aunque haya razones para dudar de su veracidad[39]. Pues bien, todo ello es desplazado por la Corte constitucional alemana en los autos de medidas cautelares de 1 de agosto y 1 de septiembre de 2022, haciendo prevalecer el derecho al cuidado y crianza de los hijos (parágrafo 6 de la Ley fundamental de Bonn), sobre la automaticidad del mecanismo diseñado en Bruselas II bis y en particular sobre aquella confianza recíproca. Los hechos que dan lugar a esta decisión son bastante usuales: pareja de español y alemana, ruptura, en 2014 ella se marcha a su país junto con el hijo común y al cabo de los años se trata de ejecutar la orden de retorno dictada por el órgano judicial español. Entre medias se han sucedido interesantes vicisitudes tratando de que algún tribunal se declarara competente (el eterno problema de identificar una residencia habitual y la ausencia de un *forum necessitatis*). La duración de los procedimientos contribuye a la consolidación de la relación entre secuestradora e hija y a la correlativa extinción de los vínculos entre esta y su padre, con el que ni siquiera puede hablar, porque no comparten un idioma. El caso es que, tras una primera negativa a ordenar la restitución del menor, en base al art. 12.2 CLH 1980 y tras el rechazo de los tribunales alemanes de adoptar medidas provisionales con idéntico contenido, el tribunal español emite un certificado de los del art. 42 RBII bis (el equivalente al precitado art. 47 RBII ter), ante lo cual el juez alemán no puede hacer otra cosa más que darle cumplimiento.

---

cipio de promoción de interés del menor debe tener un peso propio en la construcción de las decisiones, debiendo ponderarse en la fundamentación (SSTC 138/2014, de 8 de septiembre; 16/2016 de 1 de febrero) hasta el punto de ser legal y constitucionalmente inviable una motivación y fundamentación en Derecho ajena a este criterio (STC 127/2013, de 3 de junio), debiendo constar expresamente en la resolución judicial, identificando los bienes y derechos en juego que pugnan de cada lado, a fin de poder calibrar la necesidad y proporcionalidad de la medida adoptada (STC 176/2008, de 22 de diciembre). Ello ha llevado a censurar sentencias con argumentación considerada demasiado genérica (138/2014: «existe una absoluta falta de ponderación del principio del interés superior del menor en este ámbito decisional, que torna a la resolución dictada en infundada, desde el canon constitucional exigido por el derecho a la tutela judicial efectiva (art. 24.1 CE en relación con el art. 39 CE), por lo que debe estimarse la demanda de amparo»). Hay que explicitar cómo pesa ese principio en la resolución (una vez más, STC 178/2020, de 14 de diciembre).

39 «...en aras de la rápida restitución del menor, las cuestiones relativas a la legalidad de la resolución que ordena la restitución en cuanto tal, en particular la cuestión de si se cumplen los requisitos exigidos para permitir al órgano jurisdiccional competente dictar esta resolución, deben suscitarse ante los órganos jurisdiccionales del Estado miembro de origen, conforme a las normas de su ordenamiento jurídico (...) [C]uando un órgano jurisdiccional de un Estado miembro expide el certificado a que se refiere el artículo 42, el órgano jurisdiccional del Estado miembro de ejecución está obligado a ejecutar la resolución certificada, sin poder oponerse al reconocimiento ni a la fuerza ejecutiva de ésta».

Se sigue una solicitud de rectificación del certificado (art. 43[40]) y una inusual comunicación del OLG con los padres, con él para que no insistiera en la devolución del niño, y con ella para que aceptara la situación legal. Es en este ínterin cuando la madre acude a la Corte constitucional reclamando la suspensión de la orden de restitución. Y el BVerfG realiza unas consideraciones que suponen un torpedo en las afirmaciones del TJ reproducidas más arriba[41]: su argumento se resume en que, dado que el tribunal español no podía válidamente emitir el mencionado certificado del art. 42 RBII bis, porque no se había dado audiencia al hijo, no se puede seguir el régimen privilegiado previsto en él; además, la doctrina sentada en Aguirre no se refiere a cuestiones de fondo, de forma que la prohibición de los controles sustantivos propia del sistema no es aplicable en este supuesto. Así las cosas, en esa tesitura, cuadra la suspensión de la orden de devolución, porque ejecutarla encierra un riesgo injustificable de padecimiento de los derechos de madre e hijo. Que es razonable la respuesta, nadie lo duda. Que el tiempo transcurrido ha ayudado a la secuestradora, que ahora saca partido de las dilaciones, tampoco. Pero que esa solución quepa en el RBII bis/ter o en el CLH 1980 es más que dudoso.

V. El sistema revisitado. La imposibilidad de encajar las piezas de los diversos instrumentos internacionales: la sustracción internacional de menores, problema sin solución

¿Asistimos a la revisión total (sin alterar ni una sola de sus normas) del CLH 1980? ¿Está en crisis? No lo descartemos de entrada. Que el modelo tiene problemas queda puesto de manifiesto por el sorprendente —tan sorprendente como comprensible— volumen de denegaciones de retorno. Retengamos dos condicionamientos sobrevenidos:

a. El entramado real sobre el que se funda ha cambiado en estos casi cuarenta años de vigencia. Paradójicamente, su éxito llega a ser un problema, porque se han ido incorporando países con culturas diferenciadas, con respuestas imprevisibles para el operador patrio[42]. En esta coyuntura, utilizar

---

40 A la vista del considerando 24 del Reglamento, que limita el alcance del art. 43 a la rectificación de errores materiales, no parece que tenga mucho fundamento sostener que da cobertura también a la subsanación de defectos como el que aquí se denunciaba: Magnus, U.: «Comentario al art. 43», en Magnus, U./Mankowski, P. (eds.): *European Commentaries on Private International Law, IV, Brussels II bis Regulation*, Colonia, 2017, p. 403.

41 No es baladí que el OLG rechazara la idea de acudir en demanda de interpretación prejudicial al TJ, entendiendo que era innecesario por estar muy clara la doctrina relevante en el caso (o sea, Aguirre).

42 La influencia de las concepciones religiosas viene muy bien expuesta en el documento

como argumento decisorio el hecho de que el otro sistema judicial implicado en un litigio sobre responsabilidad parental haya ratificado el CLH 1980 no deja de ser un ejercicio de confianza infundada que roza el desaforado optimismo antropológico[43]: con demasiada frecuencia se autorizan viajes o se organiza un régimen de visitas dando por sentado que no existe ningún riesgo de secuestro o retención ilícita porque uno y otra se van a desarrollar en este u otro país, donde el Convenio está en vigor. Pero cuando se asiste al progresivo desmantelamiento de la automaticidad, el ejercicio de confianza es casi un salto en la incertidumbre.

b. En segundo lugar, adviértase que el Convenio nace en un momento en el que se tenía en mente una madre custodia y un padre al que se había reconocido, generalmente en un contexto de pulsión nacionalista, un limitado derecho de visita, que aprovechaba para fugarse con los menores; ahora una buena proporción de casos son de mujeres que huyen con sus hijos, tratando de escapar de situaciones de violencia doméstica: cuando no se pondera cada uno de los intereses en presencia, cuando los tribunales civiles actúan desconociendo los antecedentes penales, descoordinados de la jurisdicción penal, cuando ni siquiera existen jueces especializados en asuntos de familia, la respuesta es operar al margen del Derecho. El GREVIO[44] evidencia las carencias de las prácticas nacionales respecto a las situaciones de violencia, capaces de generar en las víctimas la impresión de que la única forma de proteger a sus hijos frente a la violencia es no respetar las decisiones adoptadas en materia de guarda, custodia y visitas[45].

Así las cosas, a día de hoy, las exigencias de cara al examen de una solicitud de retorno pasan por controles que, si bien podría decirse que —formalmente

---

Brief Summary of the International Seminar «Islamic Legal erspectives on Cross-border Family Disputes involving Children» held on 7 April 2014 including Keynote Presentations, disponible en la página web de la Conferencia de La Haya.
Por supuesto que cabe filtrar las adhesiones (art. 38), pero no me consta ningún rechazo al respecto.

43 Por poner un ejemplo entre un millón, la SAP Barcelona de 20 de marzo de 2019 autoriza los viajes a Chile por ser Chile parte del CLH.

44 Group of Experts on Action against Violence against Women and Domestic Violence, Tercer informe general de 14 de junio de 2022.

45 https://rm.coe.int/prems-055022-gbr-2574-rapportmultiannuelgrevio-texte-web-16x24/1680a6e183, pp. 36 ss. Por citar un par de ejemplos: en Italia y Malta los tribunales no consultan con los penales sobre antecedentes, ni siquiera si existen procedimientos en curso o en el pasado se tomaron decisiones sobre violencia doméstica; en Dinamarca no existen tribunales especializados, y los conflictos sobre custodia y visitas no se resuelven en un procedimiento contradictorio sino mediante un sistema de reuniones entre los padres y un mediador de la Administración del Estado.
La especialización de los tribunales en estas materias (de alguna manera ya se ha hecho) no es a mi juicio tan necesario como centralizar la competencia, que es la única forma de generar precedentes.

al menos— tienen cabida en las causas de no restitución del CLH, inevitablemente desbordan sus límites temporales y el objeto con el que fue diseñado. Aquella afirmación de la estupenda Circular 6/15 de la Fiscalía General del Estado alusiva al «limitado objeto de este proceso»[46] lleva camino de quedar desdibujada. Estamos necesariamente instalados en un sistema distinto al que se pergeñó. Visto lo visto, en las siguientes páginas trataré de realizar algunos apuntes sobre estas cuestiones problemáticas.

V.1. Dificultad de encajar el respeto a los derechos fundamentales en un procedimiento teóricamente expeditivo de retorno

No hablo de incompatibilidad de planteamientos básicos. El TEDH jamás ha reprochado nada al procedimiento instaurado en el RBII bis o en el ter, asumiendo como principio los controles realizados por los tribunales, que se presumen correctos[47]. Pero el diseño del sistema *per se*, en tanto que mero procedimiento de restitución, no viola nada, persiguiendo como persigue un objetivo legítimo[48]. Si hubiera alguna vulneración de derechos no residiría en el modelo como tal, sino que debería ser individualizada en su implementación concreta, el mayor o menor ajuste con el interés del menor en cada caso; no en su contemplación autónoma sino en la medida en que pueda violar el derecho a la vida familiar del art. 8 del CEDH; eventuales lesiones al procedimiento no pueden ser denunciadas al amparo de esta norma, que no comporta ninguna obligación procedimental, más allá del respeto de la igualdad de armas[49].

Dicho lo anterior, estaremos de acuerdo en que automaticidad y examen de fondo de la situación familiar no necesariamente conducen a resultados idénticos, y parece que ambos instrumentos —uno con perspectiva esencialmente procedimental y otro moviéndose en un plano sustantivo— ponen

---

46 *Vid.* en p. 74. Va de suyo que limitado objeto no es lo mismo que fácil.

47 GASCÓN INCHAUSTI, F.: «El Derecho Procesal Civil Europeo comparece ante el Tribunal Europeo de Derechos Humanos: Reflexiones a partir de las resoluciones recaídas en los asuntos Povse c. Austria y Avotiņš c. Letonia», en *CDT*, 2014, pp. 101-102.

48 Recuérdese que en Povse c. Austria el TEDH respaldó la automaticidad, admitiendo que cuando un Estado se limita a cumplir con sus obligaciones internacionales asumidas no viola derecho alguno.

49 Por ejemplo, *vid.* la sentencia de 19 de enero de 2016, *G. B. v. Lithuania*, n.º 36137/13, § 105. Por eso en la de 13 de enero de 2015 (Hoholm c. Eslovaquia) se descarta la violación del art. 8 y se acepta que hubo lesión al art. 6.

el acento en valores que a veces no son coincidentes[50]; corolario del tan mencionado encapsulamiento del principio de base, el CLH 1980 (tampoco el RBII ter), al contrario de lo que deriva de la jurisprudencia del TEDH, no contiene disposición alguna que obligue al órgano resolutorio a desplegar un análisis detallado de las circunstancias del caso, debiendo limitarse a verificar si concurren o no las causas de no restitución alegadas por quien se oponga a ella. Si retenemos que se trata de causas de interpretación restrictiva (el grave riesgo de peligro físico o psíquico —que como concepto es muy similar al interés del menor[51]— no puede convertirse en una cláusula general de escape y corrección del sistema) y que existe una presunción favorable a la restitución, cabe pensar que la verificación de tal concurrencia ha de ser expeditiva, y que será inevitable rechazar *a limine* alegaciones desprovistas de sólido sustento probatorio. Por ello, cuando se da el paso de exigir el estudio de las circunstancias personales y familiares antes de tomar la decisión, se están desbordando aquellos límites temporales y objetivos, límites cuya viabilidad depende del carácter somero del análisis: o celeridad o examen de fondo. Y como lo procesal es ancilar, el resultado final es la generalizada desaceleración de los procedimientos. Se ha alterado la forma en la que (aparentemente) se pretendía que fuera aplicado el CLH 1980, convirtiendo lo que deberían ser procesos sumarios y urgentes en litigios contaminados por cuestiones de fondo, en quiebra de las expresas prohibiciones de sus arts. 16 y 19[52] (sin perjuicio de que el mismo Convenio contiene en su seno normas que minan la celeridad[53]) y subvirtiendo las normas de competencia judicial internacional, en la medida en que se desemboca en la atribución a un tribunal distinto al de la residencia habitual *legal* del menor de la tarea de decidir sobre cuestiones de responsabilidad parental (puede decirse de una forma u otra, pero lo que se está haciendo al final es privar de la custodia al progenitor frustrado)[54].

---

50 Por eso se ha llegado a escribir que son Convenios prácticamente antitéticos: Keller, H. y Heri, C.: «Protecting the Best Interests of the Child: International Child Abduction and the European Court of Human Rights», en *Nordic Journal of International Law*, 2015, p. 274.

51 *Cfr*. Ripley, P.: «A Defense of the Established Approach to the Grave Risk Exception in the Hague Child Abduction Convention», en *Journal of Private International Law*, 2008, pp. 443 ss.

52 Forcada-Miranda, F. J.: «El nuevo proceso español de restitución o retorno de menores en los supuestos de sustracción internacional: La decidida apuesta por la celeridad y la novedosa Circular de la Fiscalía 6/2015 (Parte I)», en *Bitácora Millennium DIPr*, n.° 3 (enero-junio 2016), p. 10.

53 Por ejemplo, la toma en consideración de la ley de la residencia habitual del menor (art. 14), la exigencia de acreditación de la ilicitud del traslado (art. 15), la defensa de los derechos de visita (art. 21) o las traducciones (art. 24). Otra cosa es si los redactores del CLH 1980 asumieron que la automaticidad no era sino un trampantojo.

54 *Cfr*. Sthoeger. E.: «International Child Abduction and Children's Rights: Two Means to the Same End», en *Michigan Journal of International Law*, 2011, p. 546.

V.2. Las dilaciones, la inevitable consecuencia

Lo anterior nos lleva a las consecuencias (jurídicas) de las dilaciones. La práctica de pruebas[55] (imprescindible para seguir el mandato de razonable exhaustividad del TEDH y para examinar la veracidad e incidencia de los hechos nuevos[56]) y la interposición de recursos (con efectos suspensivos: si no los tuvieran, carecerían de sentido) significa que el tiempo va pasando, y se va consolidando una situación que a la postre termina por forzar su necesaria plasmación formal (o sea, el reconocimiento de consecuencias jurídicas)[57]. Y es lógico, porque el Derecho no puede empecinarse en el choque continuado con la realidad, de modo que, igual que el sistema de competencia judicial internacional toma nota del paso del tiempo y da carta de naturaleza a las vías de hecho[58], el régimen de responsabilidad parental debe hacer lo propio,

---

55 Permítaseme un excurso sobre prueba en apelación: el art. 778.11 *quinquies* LEC contempla la posibilidad de aportar prueba en segunda instancia. Realmente es frecuente en los procesos que impliquen a menores (exploraciones, periciales), porque el paso del tiempo deja obsoletas las practicadas en primera instancia, de manera que se suelen dar las condiciones del art. 460 en relación con el 270 LEC para su aportación o realización tardía. Ahora bien: a) al ser un tema tan delicado, las Audiencias se acogen a la idea de inmediatez, les basta lo decidido por el juez de primera instancia y dan por buena la prueba practicada en ese proceso (por ejemplo, la SAP de Madrid de 27 de abril de 2018, que termina ordenando la restitución a Gran Bretaña contra la opinión de los niños, e invitando a las partes a litigar allí en cuanto al fondo); b) la brevedad de los plazos que se manejan en aquella norma hace poco probable que se hayan alterado las circunstancias, quedando constancia visual y documental de la situación fáctica (Al respecto, Forcada-Miranda, F. J.: «El nuevo proceso español de restitución o retorno de menores en los supuestos de sustracción internacional: La decidida apuesta por la celeridad y la novedosa Circular de la Fiscalía 6/2015 (Parte II), en *Bitácora Millennium DIPr*, n.º 3 (enero-junio 2016), p. 14.), de forma que tal vicisitud se dará normalmente cuando la AP haya de subsanar la inactividad del juez *a quo*, *ex* art. 752 LEC, y en ese caso los tres días previstos en la norma son ilusorios.

56 La SAP de Asturias de 15 de enero de 2008 descarta la aplicación del principio *pendente apellatione nihil innovetur* por ser de aplicación la excepción que, en procedimientos como este, en que se ven involucrados intereses de personas menores de edad o incapacitadas, establece el artículo 752.1 LEC.

57 O incluso vicisitudes del todo ajenas al niño: en la sentencia de 19 de marzo de 2021 (asunto G v G) la Corte suprema inglesa se encuentra con una madre sustractora que huye de Sudáfrica con el menor, y pide asilo alegando que es lesbiana. El órgano judicial inglés se encuentra en la tesitura de optar entre el imprescindible examen en profundidad u obligar a devolver al niño, consciente de que lo primero provoca «un efecto devastador» en el CLH 1980. Al final se prefiere el efecto devastador. Una solución opuesta en la sentencia del TFS de 23 de mayo de 2018, que pone de relieve que el riego debe ser calificable como insoportable para el niño, no para el progenitor, y en todo caso imputa a la madre sustractora su responsabilidad, por negarse a volver a Grecia con el menor. Una detallada exposición de ambos asuntos en Persano, F.: «Diritto d'asilo e sottrazione internazionale di minori nei casi di violenza domestica», en *Papers di diritto europeo*, 2022, p. 46.

58 De nuevo, SAP de Pontevedra de 17 de abril de 2018.

es decir, tomar nota de la modificación de las vinculaciones afectivas[59]. Lo chocante del caso es que no se anudan consecuencias desfavorables a la responsabilidad de las dilaciones. Repárese en lo siguiente: a) Ser responsable de tales dilaciones no tiene *per se* consecuencias jurídicas adversas[60]; b) Ser el sustractor no merece inexorablemente reproche, y en un eventual litigio sobre guarda y custodia puede resultar vencedor[61]; c) Conviene no agitar las aguas, todo puede ser perjudicial: un solicitante de retorno debe ser cuidadoso y consciente de que él también puede provocar dilaciones y/o alteración de las circunstancias que obligue a nuevas actuaciones en el Estado al que el menor ha sido desplazado, con la consiguiente acumulación de retrasos[62]; d) No hay plazo ni en la LEC ni en el RBII ter ni en el CLH 1980 para ejecutar una orden de retorno[63], sino que sólo se reconoce el «derecho a pedir a la autoridad competente para la ejecución una exposición de los motivos del retraso». Hasta tal punto no hay plazo que la Comisión especial sobre el funcionamiento práctico de los convenios de La Haya de 1980 y 1996 tuvo que recordar de forma algo inusitada «la obligación de los Estados de prever mecanismos, procedimientos escritos o protocolos para que la ejecución de

59 No deja de ser sorprendente la facilidad con la que se asumen las consecuencias ineludiblemente anudadas al paso del tiempo. En otro ámbito (pero sí relacionado con menores), el TEDH en sentencia de 12 de enero de 2023 (*Kilic v. Austria*, asunto 2700/15) bendice sin demasiados escrúpulos la ruptura de una familia y la desaparición de las vinculaciones culturales y religiosas de unos menores acogidos, sin que el Estado hubiera cumplido durante ese lapso de tiempo con sus obligaciones positivas. Una afirmación del tipo «*when a considerable period of time has passed since the child was originally taken into public care, the interest of a child in not having his or her* de facto *family situation changed again may override the interests of the parents in having their family reunited*» ampara cualquier estrategia dilatoria, convirtiendo en ilusoria la idea de retorno.

60 Recuérdese la STC 16/2016.

61 De hecho, de la doctrina del TEDH cabría deducir que ecuaciones del estilo de las inglesas más arriba mencionadas (las *chasings orders* atribuyen automáticamente la custodia del menor al progenitor frustrado, y sin especial consideración de otras circunstancias como el nivel de relación de ese progenitor con el niño), al no ajustarse a las peculiaridades del caso, no satisfacen el interés del menor y violan el art. 8 de la Convención. Sobre este instrumento, Jiménez Blanco, P.: *Litigios sobre la custodia y sustracción internacional de menores*, Madrid, 2008.

62 Piénsese en el asunto resuelto con la sentencia del TEDH de 24 de abril de 2003 (Silvester v Austria): la presentación de una demanda de divorcio en EEUU y la adopción de medidas provisionales por sus jueces obliga a los tribunales austriacos a revisar la orden de retorno. El Tribunal acepta que «un cambio en los hechos pertinentes puede excepcionalmente justificar el incumplimiento de una orden firme de devolución».

63 *Cfr.* Jiménez Blanco, P.: «La ejecución forzosa de las resoluciones de retorno en las sustracciones internacionales de menores», en Aldecoa Lizárraga, F. y Forner Delaygua, J. J.: *La protección de los niños en el Derecho internacional y en las relaciones internacionales*, Madrid, 2010, p. 345. La unificación de los procedimientos por la que aboga Baruffi (*op. cit.*) parece inviable e incapaz de aliviar los retrasos.

las órdenes de restitución sea llevada a cabo de manera rápida y eficaz»[64]. En esta fase de ejecución entran en juego las posibilidades de suspensión, y se abre la opción de formular oposición por las causas previstas en la LEC, a lo que se añade la previsión del art. 56.4 RBII ter, cuyo impacto está por calcular aun, pero potencialmente enorme: «En casos excepcionales, la autoridad competente para la ejecución o el órgano jurisdiccional podrán suspender, a instancia de la persona contra la que se inste la ejecución o, cuando así se establezca en la legislación nacional, del menor afectado o de cualquier parte interesada que actúe atendiendo al interés superior del menor, el procedimiento de ejecución en caso de que la ejecución exponga al menor a un riesgo grave de daño físico o psíquico debido a impedimentos temporales que hayan surgido después de que la resolución haya sido dictada, o en virtud de cualquier otro cambio significativo de circunstancias. La ejecución se reanudará tan pronto como deje de existir el riesgo grave de daño físico o psíquico»[65]. Más bien parece que sólo la ejecución de oficio de la sentencia de retorno podría diluir algo estos riesgos de dilaciones; e) El plazo de las seis semanas se cuenta desde el inicio del procedimiento (arts. 11 CLH 1980 y 24 RBII ter), lo que no necesariamente significa desde la presentación de la solicitud (el art. 17 RBII ter está en un capítulo diferente al dedicado a la sustracción de menores; compárese con la forma en que se relacionan los arts. 21 y 26: cuando se pretende extender al secuestro de menores una solución dictada para otro ámbito, se dice expresamente)[66]. En realidad, la calificación de preferente del procedimiento no comporta mayor rapidez (un proceso sencillo y sin posibilidades de recurso), sino sólo suspensión de los litigios en cuanto al fondo —que no se tramitarán sino cuando se desestime la demanda de retorno— y exclusión de la regla sobre prejudicialidad penal; f) Aunque pueda darse que un juez disponga de información relativa a las circunstancias familiares (*v. gr.*, si está tramitando el divorcio de los progenitores cuando se verifica el secuestro), desde luego no es lo más frecuente,

---

64 Séptima reunión de la Comisión especial, celebrada del 10 al 17 de octubre de 2017; conclusiones y recomendaciones (p. 3). Su texto puede ser consultad en la página web de la Conferencia de La Haya.

65 González Beilfuss, C.: «La sustracción de menores en el nuevo reglamento 2019/1111», en VVAA, *Relaciones transfronterizas, globalización y Derecho: Homenaje al Prof. Dr. José Carlos Fernández Rozas*, Madrid, 2020, p. 398.

66 La audiencia al menor no es en sí factor determinante de dilaciones, teniendo en cuenta la discrecionalidad de la que disponen las autoridades para decidir en torno a ella. No lleva razón el *Directorate-General for Internal Policies* cuando asevera que incluso en los casos con una respuesta más clara (casos «brutales») se impone la audiencia; el propio estudio refiere casos en los que se ha dado por buena otra solución (*Cross-border parental child abduction in the European Union*, estudio encargado por el European Parliament's Committee on Civil Liberties, Justice and Home Affairs, 2015, p. 80; disponible en file:///C:/luis/filiaci%C3%B3n/sustracci%C3%B3n/libro%20UE%202015.pdf). Distinto es que la forma en a que se ha de desarrollar comporte trámites (nombramiento de personal especializad que pueda asistirle, traductor) y por consiguiente los inevitables retrasos.

porque las sustracciones ocurren como preludio o como consecuencia de las crisis (conyugales en su caso) y fundamentalmente porque no es el mismo el juez que decide sobre un retorno. Lo normal es que haya que ordenar la práctica de la prueba; por mucho que la Circular de la FGE 6/2015 exprese su preocupación por evitar que tal actividad comporte retrasos en la tramitación del procedimiento, no es capaz de ofrecer una fórmula para evitarlo, seguramente porque no existe[67]; g) El legislador no ha podido ignorar que en la disciplina de la sustracción de menores hay más de propaganda o buenas intenciones que de realidades[68]. Abundando en la imposible coordinación efectiva entre las normas, adviértase que la previsión de los apartados 3 y 4 del art. 27 RBII ter (probabilidad de denegación de la restitución en base a las causas del art. 13.1.b CLH 1980 y contactos entre órganos judiciales) no encaja con el art. 778.9 *quinquies* LEC, porque mientras que no se celebre la vista un juez no puede empezar a formarse un juicio sobre las causas de no restitución, y es a partir de entonces cuando habrá de ponerse en contacto con el tribunal competente para el fondo, para verificar si se han adoptado (no debería descartarse que valga también el compromiso de adoptarlas) medidas de protección: más allá de que la creencia en que todo esto se vaya a desarrollar en tres días no pase de ser una feliz esperanza, lo evidente es que se ha diseñado un mecanismo cooperativo con innegables efectos dilatorios[69]; h) En lo puramente fáctico, la localización del niño encentra dificultades, porque la autoridad central es un órgano administrativo que no puede dar instrucciones a la policía, y sin demanda no hay juez que la ordene[70/71]; i) la apuesta por la mediación (art. 25 RBII ter) es fuente de dilaciones, siendo el

67 «En algunos supuestos será necesario acudir al dictamen de especialistas para poder llegar a conocer realmente la verdadera voluntad del menor (...), teniendo en cuenta la necesidad de respetar el principio de celeridad» (p. 41): el problema es cómo cohonestar ambas cosas, y sobre esto nada se dice.

68 Baste un dato: en la propuesta de 2016 reforma del reglamento 2201/2003 se preveía que hubiera un número limitado de órganos judiciales competentes en esta materia (art. 22), que las decisiones fueran provisionalmente ejecutivas y se limitara a uno los recursos disponibles (art. 25): no queda ni rastro de nada de eso.

69 Sin descuidar que las medidas provisionales adoptada por el tribunal de la residencia habitual del menor pueden convertirse en papel mojado tan pronto regrese el niño: *cfr.* Forcada Miranda, F. J.: *Comentarios prácticos al Reglamento (UE) 2019/1111*, Madrid, 2020, p. 244.
Trasládense por lo demás las observaciones apuntadas en el texto a las medidas provisionales del art. 27.5 RBII ter; sólo la generalización de su adopción *inaudita altera parte* puede augurar cierta rapidez.

70 Interpol actúa como mero colaborador. Informaciones prácticas muy útiles, desde dentro de la autoridad central española, en García Revuelta, C.: «Aplicación práctica del convenio de La Haya y el reglamento 2201/2003. El papel de la autoridad central», publicado en http://www5.poderjudicial.es/cvsm/ponencia_6_es.pdf

71 Informaciones prácticas muy útiles, desde dentro de la autoridad central española, en C. García Revuelta, C.: «Aplicación práctica..., *op. cit.*».

único límite que ello sea contrario al interés superior del menor, no sea adecuado en el caso particular o conlleve un retraso indebido del procedimiento: todo queda a la decisión discrecional del juez, por tanto.

Si se quiere hacer las cosas bien no hay alternativa. El TEDH en su sentencia de 14 de mayo de 2020 así lo reconoce[72]. Mas el precipitado de todo lo anterior aflora en los datos ofrecidos por las estadísticas, a saber, que un procedimiento normal tarda en España medio año como media, con francas posibilidades de durar más[73]. No hace falta decir cuáles son las consecuencias del trascurso del tiempo. Volvemos a lo mismo: la pragmática consolidación de las situaciones es inevitable.

Moraleja: secuestradores del mundo, recurran, impugnen todo lo que puedan, que a lo sumo todo se saldará con una condena al Estado[74].

---

72 La claridad del pronunciamiento justifica a mi juicio la longitud de la cita de *Rinau v. Lithuania*, asunto n.º 10926/09: «§194: *The Court points out that the Court of Appeal reached that decisión five months after the first applicant's request for his daughter's return (...), thus exceeding the six-week time-limit provided for in Article 11 paragraph 2 of the Hague Convention (...) the Court accepts that the Klaipėda Regional Court and the Court of Appeal had to reconcile their two obligations under Article 8 of the Convention. On the one hand, given the urgency of the situation caused by the child being held in Lithuania unlawfully, they had a positive obligation towards the applicants to act expeditiously (...). On the other hand, they had a procedural obligation towards I. R. to effectively examine plausible allegations that returning the second applicant to Germany would expose her to psychological harm, particularly in the light of I. R.'s claim that she could not follow the second applicant to Germany for fear of prosecution, as well as the need to procure and examine the evidence from the child care authority concerning the impact of the child's separation from her mother. The Court is therefore ready to accept that those questions required detailed and to an extent time-consuming examination by the Klaipėda Regional Court and the Court of Appeal, which was necessary in order to reach a decision achieving the requisite balance between the competing interests at stake, the best interests of the child being the primary consideration*».

73 Los datos aparecen en The Seventh Meeting of the Special Commission on the Practical Operation of the 1980 Hague Child Abduction Convention and the 1996 Hague Child Protection Convention – October 2017. El relativo a duración del procedimiento en España, p. 118. La media de los Estados contratantes estaba en ese momento en 164 días. Desde luego, nada comparable a los 291 días de Gran Bretaña, los 280 de EEUU o los 617 que declara Alemania en algún supuesto (*vid.* en https://assets.hcch.net/docs/6ca61ff3-5ca6-4fbe-a79a-cb6e7485f4b0.pdf, p. 65). Va de suyo que lo mejor es hacer como este país, que asegura no disponer de datos. Las cifras globales se recogen en el anexo 11 del Global Report (https://assets.hcch.net/docs/d0b285f1-5f59-41a6-ad83-8b5cf7a784ce.pdf). No se pierda de vista que los datos disponibles se refieren a las solicitudes cursadas con intervención de las autoridades centrales, no las realizadas directamente por el padre abandonado.

74 La sugerencia de que el arraigo sea apreciado a la fecha de la solicitud de retorno va justamente en contra del interés del menor (García Revuelta, C.: *op. cit.*, p. 17), porque ignora las vicisitudes que se van sucediendo. La filosofía de las normas sobre eficacia transfronteriza de resoluciones, por ejemplo, no es estar al dato más antiguo. Que el litigio beneficia al sustractor es evidente, y el TEDH lo admite.

V.3. El interés del menor, mucho más que el restablecimiento del *statu quo ante*. La prevalencia de la estabilidad. Cuando el menor pierde sus vinculaciones con un progenitor

Ya sabemos que el CLH 1980 no se refiere explícitamente a ese principio, pero lo asume y consagra. También que no cabe duda de que el TEDH lo comparte (por eso coloca en el frontispicio de sus pronunciamientos el art. 3 del Convenio sobre derechos del niño). Sin embargo, no puede no reconocer que, aunque todo esté orientado al restablecimiento de las situaciones previas y a desincentivar los secuestros, el interés del menor es también gozar de estabilidad, permanecer con el progenitor con el que puede comunicarse, con el que ha vivido en los últimos tiempos, aquel con el que existe relación afectiva. En negativo: no pueden romperse los vínculos con el cuidador y el entorno de relaciones en el que ha desenvuelto su vida para volver con un sujeto a quien no conoce porque no lo ha visto a lo largo de los últimos años, con el que tal vez ni siquiera comparte idioma[75]. En otro plano se desenvuelve, es claro, la eventual responsabilidad exigible al culpable de esa situación[76], aun con el límite de que el derecho a relacionarse con los hijos no es absoluto, cede a ese interés supremo, principio rector de cualquier ponderación. El paso del tiempo —asumido como inevitable, normal, elemento fisiológico del sistema—, supone debilitamiento de las vinculaciones y por ello disminución de las expectativas de restablecimiento de la situación anterior. Por descontado que se puede minimizar su impacto mediante la instauración de un régimen provisional de visitas durante el tiempo que dure el desplazamiento ilícito (art. 21 CLH 1980, art. 27.2 RBII ter), pero reconozcamos que ni es expeditivo el procedimiento para adoptarlas ni fácil su desarrollo

---

75 Asevera con razón la circular 6/15 de la FGE que en el caso de los niños pequeños que han vivido siempre con su sustractor, el daño a los efectos del art. 13 CLH 1980 no es regresar, sino hacerlo sin el secuestrador, en caso de que no quiera acompañarle (p. 37). El problema no es que no quiera regresar al país de origen, sino que no es infrecuente que el sustractor no pueda hacerlo, por causa de responsabilidad penal. Recuérdese que en España no es válido un compromiso de no imputación, porque es un delito perseguible de oficio.

76 En este sentido, la STS de 30 de junio de 2009 concede una indemnización por daños morales en un caso de secuestro internacional, por impedir el normal ejercicio del derecho a la guarda y custodia del hijo. Véase un comentario en GONZÁLEZ BEILFUSS, C. y NAVARRO MÍCHEL, M., «Sustracción internacional de menores y responsabilidad civil. (Comentario a la sentencia del Tribunal Supremo de 30 de junio de 2009)», en *Revista jurídica de Cataluña*, 2010, pp. 805 ss.

en un entorno de conflicto[77]. De otro lado, adviértase que la subsunción de las circunstancias aquí aludidas en alguna causa del CLH no está exenta de elementos de incertidumbre, porque el art. 12 habla de menor integrado en el nuevo ambiente, y aquí de lo que se está tratando es de una conexión personal[78], lo que obligaría a forzar la norma para intentar canalizar la situación por la vía del estricto art. 13.1.b[79]. Y todo ello sin olvidar los inconvenientes de implementación en el seno de los Estados en los que se aplica el RBII ter (*supra*).

Con todo lo anterior quiero poner de relieve que el punto de partida de los instrumentos convencionales y de la doctrina jurisprudencial no siempre vale: las fórmulas matemáticas no cuadran con la protección de los menores. El interés del niño no estriba siempre en ser devuelto a su país de primitiva residencia habitual. La estabilidad no exige en todo caso volver a la casilla de salida; entran en juego valoraciones sustantivas que prevalecen sobre ese objetivo. Es necesario permitir al juez requerido que desenvuelva un análisis casuístico que subordine la automaticidad al bienestar del niño, porque de otro modo se termina matando moscas a cañonazos, o sea, colocando la discusión en el nivel constitucional en lugar del propio de las cuestiones ordinarias[80]. Por eso hay que retomar la sugerencia de identificar factores que integren el concepto de interés del menor para, a partir de ahí, construir grupos de casos en los que se puede empezar a presumir (pero sólo presu-

77 Más aun, la Comisión especial sobre el funcionamiento del convenio evidenciaba en sus conclusiones de la sesión de 2017 las considerables diferencias al respecto entre los Estados contratantes, con lo que no se están logrando los fines propuestos.

78 Un neonato, por ejemplo, no se integra en ambiente alguno; la práctica nos ha mostrado ejemplos de secuestros «clandestinos», en los que el niño no se relaciona con su entorno. Aquí sólo cabe ampararse en las nocivas consecuencias de la eventual pérdida del referente del cuidador, que en tanto que eventual no sirve en todos los casos. Recuerda F. J. Forcada-Miranda que los tribunales no suelen apreciar integración cuando los menores se han mantenido ocultos, aunque pasen años: «El nuevo proceso español de restitución o retorno de menores en los supuestos de sustracción internacional: La decidida apuesta por la celeridad y la novedosa Circular de la Fiscalía 6/2015 (Parte II)», en *Bitácora Millennium DIPr*, n.° 3 (enero-junio 2016), p. 13.

79 Un buen repaso de la interpretación judicial de la norma en Caamiña Domínguez, C. M.: «Grave riesgo de daño físico, psíquico o situación intolerable en los casos de sustracción internacional de menores», en Calvo Caravaca A. L. y Carrascosa González, J.: *El derecho de familia internacional del siglo XXI en la práctica judicial*, Cizur Menor, 2022, pp. 166 ss.

80 Reichling, N.: *Les príncipes directeurs du procès civil dans l'espace judiciaire européen. Étude à partir du procès civil transfrontalier*, Aix-en-Provence, 2020, p. 90 en particular. Como pone de relieve, la automaticidad de los procedimientos de ejecución abre la puerta a reclamaciones ante el TEDH, exigiendo responsabilidad al Estado de origen por las resoluciones que aparentemente violen el contradictorio (*op. cit.*, p. 96). Precisamente porque la responsabilidad del Estado puede verse afectada es por lo que la abogacía del Estado interviene siempre en los procesos de restitución, como demandante, titular de interés directo e inmediato.

mir[81]) que el retorno no es lo que más cuadra[82]. El de la vinculación personal única con el secuestrador (y, por extensión, con los otros hermanos) sería uno de ellos[83].

V.4. (Sigue): Secuestro de menores y alegación de violencia doméstica por parte del sustractor

Por supuesto no hablo de situaciones en las que el propio menor es objeto de violencia o abusos, sino de aquellas en las que vive y/o es testigo de episodios de ese tipo, siendo la víctima inmediata normalmente uno de sus progenitores.

---

81 Se rechazan rigideces: adviértase que las causas de denegación del regreso no son de aplicación obligatoria sino discrecional. Más aun: la delegación suiza en la Conferencia de La Haya sugirió una enmienda del convenio en el sentido de que se debería denegar el retorno del menor cuando el cuidador primario lo haya sustraído y no pueda razonablemente pedírsele que vuelva al país de la residencia habitual previa, y se repute contrario al interés del menor colocarlo al cuidado del otro progenitor o de una familia de acogida. *Vid.* Report on the Fifth Meeting of the Special Commission to Review the Operation of the Hague Convention of 25 October 1980 on the Civil Aspects of International Child Abduction and the Practical Implementation of the Hague Convention of 19 October 1996 on Jurisdiction, Applicable Law, Recognition, Enforcement and Co-operation in Respect of Parental Responsibility and Measures for the Protection of Children, 2007, p. 164. Disponible en http://www.hcch.net/upload/wop/abd_2006_rpt-e.pdf. Recuérdese que el TEDH en sentencia de 30 de marzo de 2021 (*Thompson v. Rusia*) rechaza igualmente las respuestas automáticas en caso de menores de corta edad.

82 *Cfr.* GRAMMATICAKI-ALEXIOU, A.: «Best Interests of the Child in Private International Law», en *Recueil des Cours*, vol. 412, pp. 347 y 357-358. De todas formas, no parece que se pueda incluir en ese catálogo, como pretende, elementos que incentivan la huida hacia países con prestaciones sociales elevadas: la pérdida de ayudas o el hecho de que el niño esté escolarizado en tal o cual colegio no debe ser un dato que obstaculice el retorno, si en lo que se está pensando es en preservar la vida familiar. Además, hay que plantearse —tal y como hace BENDAHAN, M. L.: «Contribution to the Safe Return of the Child in Cases of Wronful Removal», en *The Judges' Newsletter*, 2019, p. 22— si forma parte del paquete de elementos a considerar las opciones del secuestrador de tener disponibilidad financiera en caso de regreso al país de origen. Así se argumentó en la sentencia de la *Court of Appeal* de Nueva Zelanda de 3 de junio de 2020, en relación con un niño de dos años y medio cuyo referente era la madre sustractora, que en consecuencia no fue obligada a volver a Australia.

83 La Corte suprema de Israel decide en sentencia de 3 de junio de 2009 un asunto realmente ilustrativo: Pareja de ciudadano francés e israelita, residentes en Francia con su hijo de seis años. Ella está embarazada y de común acuerdo se decide que vaya a Israel a dar a luz, llevando consigo al mayor. Tras el alumbramiento decide no volver, por lo que el padre activa el mecanismo del CLH 1980. Los órganos judiciales israelíes ordenan el regreso del mayor, pero no del neonato, a quien no aplican el mecanismo convencional porque nunca he residido en Francia. Si tal separación de los miembros de la familia se alinea con el interés del menor a medio plazo... El texto está disponible en https://elyon1.court.gov.il/files/09/380/023/hl2/09023380.hl2.pdf; extraigo la información de STHOEGER. E.: «International Child Abduction..., *op. cit.*», p. 533.

Secuestrar a un niño puede ser una forma de sano ejercicio de responsabilidad parental, la única forma de preservar su estabilidad emocional y huir de contactos indeseables. Retomemos el sustrato sociológico prealudido: no todas las sustracciones son cualitativamente iguales, no pueden ser tratadas por igual, no tienen por qué tener el regreso como norte[84].

El art 31 del Convenio de Estambul sobre prevención y lucha contra la violencia contra la mujer y la violencia doméstica exige a los Estados parte que tomen las medidas legislativas u otras necesarias para que, en el momento de estipular los derechos de custodia y visita relativos a los hijos, se tengan en cuenta los incidentes de violencia incluidos en el ámbito de aplicación del Convenio, y para que el ejercicio de ningún derecho de visita o custodia ponga en peligro los derechos y la seguridad de la víctima y de los niños. Este segundo inciso de la norma es nuestro punto de referencia, desde el momento en que habilita para denegar el restablecimiento del *statu quo ante* cuando se hayan registrado situaciones de violencia, si se trata de proteger al menor, aislarlo de un entorno de conflictividad que pueda afectarle. A primera vista, encajaría como un guante la situación descrita con el art. 13.1.b CLH[85], de forma que en ese hipotético catálogo de supuestos en los que la respuesta a la solicitud de retorno deba ser automáticamente negativa, a la vista de un principio de prueba, este sería uno de ellos[86]. Ahora bien:

a. No hay nada automático: la Guía de buenas prácticas de la Conferencia de La Haya descarta que toda situación de violencia encaje inexorablemente en la causa del grave riesgo[87], y también los tribunales parecen actuar con cautela (hasta el momento al menos), exigiendo un nivel elevado de prueba, de modo que ni se estima que la violencia doméstica dañe inexorablemente el bienestar físico o psíquico del menor ni —menos aun— debe condicionar automáticamente el sentido de una decisión. Así, por ejemplo, la SAP de Murcia de 24 de mayo de 2018 pone de relieve que la mera existencia de conflicto entre los padres, la existencia de denuncias y acusaciones de violencia no desembocan necesariamente en la causa de no restitución del art. 13 CLH 1980, porque se debe demostrar su repercusión en el menor. Mucho más estricta aun la SAP de Las Palmas de 25 de julio de 2016, que en presencia

84 En parecidos términos, GRAMMATICAKI-ALEXIOU, A.: «Best Interests..., *op. cit.*», p. 341.

85 Difícilmente encajaría esta hipótesis en el art. 20 (la SAP de Barcelona de 12 de junio de 2020 recuerda que no se debe recurrir por elevación a esta norma cuando sólo se trata de preservar la estabilidad del menor), lo que en el espacio UE tiene transcendencia en el tratamiento procesal (huida del art. 13, evitar consultas previas) y en la activación del sistema de prevalencia.

86 *Cfr. Cross-border parental child abduction in the European Union...op. cit.*, p. 89.

87 Bureau Permanent de La Conférence de La Haye de droit international privé: Guide de bonnes pratiques en vertu de la Convention du 25 octobre 1980 sur les aspects civils de l'enlèvement international d'enfants. Partie VI. Article 13(1)(b), 2020, pp. 38-39. Disponible en la web de la Conferencia.

de datos no concluyentes[88] excluye que se vaya a convertir en órgano penal y que la integridad psíquica del hijo común se vaya a ver afectada[89]. También podría darse que la violencia como tal no suponga grave peligro para un concreto menor, pero que las circunstancias que rodean un regreso sí que lo suponga (*v. gr.*, patologías mentales en el progenitor que se vería obligado a regresar con el niño)[90].

No obstante, existe un elemento perturbador, a saber, la filosofía que late en el art. 66 de la ley orgánica 1/2004 en la redacción dada por la ley orgánica 10/2022, de 6 de septiembre, en la medida en que anuda a la mera inculpación por violencia «la suspensión del régimen de visitas, estancia, relación o comunicación (...) respecto de los menores que dependan de él», si bien se deja cierto margen para hacer otra cosa si lo aconseja el interés superior del menor. La norma da un paso adelante respecto a lo ya regulado (si se cambia se supone que es para algo), pudiendo llegar a alterar completamente la forma de actuar de los tribunales: la respuesta fácil a la presión social es no distinguir, y qué duda cabe de que los jueces pueden sentir a tentación de hacerlo[91]. El tiempo y el TC lo dirán.

---

88 El hecho de que el Ministerio fiscal no actuara de oficio, las dudas sobre la autoría de las lesiones efectivamente sufridas por la madre.

89 La SAP de Murcia de 14 de julio de 2016 acuerda el retorno de unos menores a Holanda, diferenciando el conflicto entre los padres del riesgo de exposición a un peligro físico o psíquico; la SAP de Asturias de 15 de marzo de 2017 repasa exhaustivamente los acontecimientos, según los datos aportados por la autoridad central requirente (EEUU en el caso), constatando que no existían datos incontrovertibles de los que deducir una situación de violencia («no existe el más mínimo atisbo de maltrato o desatención previo a la crisis»); la SAP de Málaga de 30 de abril de 2015 acuerda la restitución del menor porque «consta que el Estado requirente ya ha adoptado medidas de protección»; la misma AP en sentencia de 11 de septiembre de 2007) deniega el retorno del menor por la falta de prueba de que se hayan adoptado medidas adecuadas para garantizar la protección psíquica de la menor tras su restitución.
No es una orientación aislada: en el mismo sentido *United States District Court*, W.D. Kentucky, *Paducah Division* en *Pliego v. Hayes*, sentencia de 21 de enero de 2015 o la del *Rechtbank* de Gravenhage de 22 de febrero de 2018, que asevera que la violencia doméstica no equivale a riesgo para el menor. Pero en sentido contrario, *Walsh v Walsh*, de la *US Court of Appeals for the Fith Circuit,* sentencia de 25 de julio de 2000 (la violencia, aun no sufrida por el niño, equivale a grave riesgo del art. 13).

90 Cuando a consecuencia de los abusos se detecta el riesgo en unos hermanos y no en otros, el peligro aludido en el art. 13 CLH deriva de una eventual separación entre ellos: Mol C. y Kruger, T.: «International child abduction and the best interests of the child: an analysis of judicial reasoning in two jurisdictions», en *Journal of Private International Law*, 2018, p. 446.

91 La LO 8/21 ya introdujo una medida cautelar del mismo tenor en el art. 554 ter LECrim (semejante al art. 158 CC, y similar también a la modificación operada por la ley 8/21 en el art. 94 CC, cuando haya un proceso penal ya iniciado) pero dependiendo de la previa adopción de una orden de protección. Se supone que la nueva ley busca la absoluta automaticidad.

b. Los fiscales tiene instrucciones precisas para no instar el regreso de los menores cuando existan antecedentes de malos tratos (se supone que en base al material probatorio disponible, pericial y testifical en particular; el historial judicial no debe ser determinante)[92].

c. No se trata de enjuiciar un ordenamiento, no caben apriorismos. La SAP de Barcelona de 12 de junio de 2020, auténtica pieza de referencia, rastrea los precedentes para llegar a la conclusión de que no existe un problema estructural con el Derecho de Singapur, aunque no tenga previsiones especiales sobre protección doméstica y de género, ni sobre madres solteras[93].

d. En el entorno europeo, del art. 27.3 RBII ter se deduce un mandato claro de atender a (y confiar más en) las medidas protectoras que en la situación de riesgo[94]. En ese sentido, la coordinación con el reglamento 606/2013 relativo al reconocimiento mutuo de medidas de protección en materia civil es absoluta, en el bien entendido que: i) no equivale adopción de una medida de protección y denegación del retorno; ii) es discutible que, en casos de violencia, una orden de alejamiento emanada por el Estado en el que ha buscado refugio el secuestrador haya de ser usada como justificación para una negativa en el Estado de origen a cursar una solicitud de retorno (sería anticipar un juicio sobre la legalidad de éste); iii) no es descartable que pueda funcionar como indicio (uno más) para denegar una restitución.

e. No hay secuestro cuando el traslado del menor a otro país es un acto exigido por las normas administrativas (sentencia del TJ de 2 de agosto de 2021)[95].

---

92 Circular 6/2015, p. 37. Es muy interesante la Sentencia del Tribunal de Apelaciones de Familia de Primer Turno, de Montevideo, 6 de febrero de 2015, que deniega el retorno de un niño a España desechando el argumento de la inexistencia de denuncias por parte de la mujer presuntamente maltratada. Y es interesante porque evidencia que a veces no hay forma de denunciar nada, cuando una persona carece de medios económicos y de una red familiar de apoyo en el país de su residencia: «debe distinguirse entre los medios de protección que objetivamente se ofrecen en casi todas las comunidades, de lo que significa el acceso real y efectivo a los medios de protección adecuados. En el presente caso, la madre del niño cuya restitución se solicita, no tuvo acceso efectivo».

93 Otro ejemplo muy claro: para un caso de regreso de unos niños desde Canadá a EAU: a falta de prueba de ese peligro, no se presume nada a partir de un texto legal que, en sí mismo, pone en el centro el interés del menor y que no puede ser objeto de juicio: Sentencia de 2 de diciembre de 2022 de la Corte suprema de Canadá, *F. v. N.*, 2022 SCC 51 (CanLII). Su texto en https://canlii.ca/t/jt977.

94 Ejemplar a este respecto la sentencia de la *Supreme Court* del Reino Unido en *In re E (A Child)*, caso de 2012. Extraigo la referencia de McDonald, J: «Article 13 Exceptions. Return Interests of the Chid in the Jurisdiction of England and Wales», en *The Judges' Newsletter*, 2018, pp. 21-22. Ni que decir tiene que esa confianza recíproca no opera en un entorno más amplio: en *Jacquety v Baptista* el Tribunal de primera instancia otorga más peso al riesgo derivado de los abusos constatados en informes médicos que a los compromisos asumidos por el padre en Marruecos. La referencia en https://www.incadat.com/fr/case/1513.

95 Asunto C 262/21 PPU. En concreto, como se recordará, se trataba de huir de la violencia doméstica y solicitar asilo y medidas de protección, para lo cual se debe respetar la distribución de competencias establecida en el sistema Dublín III.

VI. Final: de según como se mire, todo depende[96]

Vuelvo a lo que preguntaba al principio: ¿Vale el CLH 1980 tal cual fue diseñado? ¿Contribuye el sistema del RBII ter a satisfacer las exigencias iusfundamentales? ¿es tolerable afirmar que el bienestar del menor equivale a que sobre responsabilidad parental decidan unos determinados jueces y no otros[97]? Fosilizar el interés del menor en un texto pétreo pudo tener un sentido en un momento en el que la experiencia era escasa y había que ensayar un mecanismo expeditivo por encima de todo, cuando el caso típico permitía identificar en un sustractor a un infractor de la norma. Pero la sensibilidad jurídica y el entramado social han cambiado. Ni el TEDH ni los Tribunales constitucionales toleran una aproximación exclusivamente procedimental al fenómeno secuestro de menores, y como consecuencia los tribunales ordinarios abandonan el *modus operandi* propio de una gestoría administrativa. Se impone, pues, la búsqueda del interés del menor en el caso concreto, y a tal fin es inevitable que el Derecho tome nota de la realidad, de las vinculaciones afectivas creadas y de las extinguidas a lo largo de los años, del paso del tiempo en fin. No en vano, el TC español pone en primer plano la integración de un niño en un determinado ambiente, elemento clave en el proceso de toma de decisiones. El modelo ahora es otro. Sin haber cambiado una sola palabra del texto convencional, el de 1980 ha saltado por los aires, e incluso el propio de la UE corre el riesgo de quedar distorsionado si la confianza recíproca deja de inspirar la actuación de los jueces. Otra cosa es que desemboquemos en un sistema que genera incentivos perversos cuando alguien quiera asegurarse la guarda y custodia del menor: basta dejar que el tiempo pase. Se impone, pues, renunciar a fórmulas matemáticas y asumir una buena dosis de flexibilidad.

VII. Bibliografía

Baruffi, M. C.: «A child-friendly area of freedom, security and justice: work in progress in international child abduction cases», en *Journal of Private International Law*, 2018.

Beaumont, P. y **Walker, L.**: «Post Neulinger case law of the European Court of Human Rights on the Hague Child Abduction Convention» en *Permanent Bureau (eds.), A Commitment to Private International Law. Essays in honour of Hans van Loon*, Cambridge, 2013.

96 Mi tributo a Pau Donés: Que el blanco sea blanco/Que el negro sea negro/Que uno y uno sean dos/Como exactos son los números/Depende.

97 «*La giustizia è solo una «questione di competenza»? Parrebbe di sì, quando il* ius dicere *è ridotto a pura amministrazione*»: Mari, L.: «L'interesse superiore del minore..., *op. cit.*», p. 117.

Beaumont, P., Trimmings, K., Walker, L. y **Holliday, J.**: «Child Abduction: Recent Jurisprudence of the European Court of Human Rights» en *International and Comparative Law Quarterly*, 2015.

Bendahan, M. L.: «Contribution to the Safe Return of the Child in Cases of Wronful Removal», en *The Judges' Newsletter*, 2019.

Borrás Rodríguez, A.: «El «interés del menor» como factor de progreso y unificación del Derecho internacional privado, discurso de ingreso en la Academia de Jurisprudencia y Legislación de Cataluña», 25 de noviembre de 1993.

Borrás Rodríguez, A.: «La evolución de la protección del niño en el Derecho internacional privado desde el Convenio de Nueva York de 1989», en Aldecoa Lizárraga, F. y Forner Delaygua, J. J.: *La protección de los niños en el Derecho internacional y en las relaciones internacionales*, Madrid, 2010.

Caamiña Domínguez, C. M.: «Grave riesgo de daño físico, psíquico o situación intolerable en los casos de sustracción internacional de menores», en Calvo Caravaca A. L. y Carrascosa González, J. (eds.): *El derecho de familia internacional del siglo XXI en la práctica judicial*, Cizur Menor, 2022.

Corneloup, S. y **Kruger, T.**: «Le règlement 2019/1111, Bruxelles II : la protection des enfants gagne du ter(rain)», en *Revue critique de droit international privé*, 2020.

Cuartero Rubio, V.: «La sustracción internacional de menores ante el juez: a vueltas con la racionalidad del Convenio de La Haya de 1980 y la ponderación», en Cuartero Rubio, V./Velasco Retamosa, J. M. (dirs.): *La vida familiar internacional en una Europa compleja: Cuestiones abiertas y problemas de la práctica*, Valencia, 2021.

De La Rosa Cortina, J. M.: *Sustracción parental de menores. Aspectos civiles, penales, procesales e internacionales*, Valencia, 2010.

Fernández Pérez, A.: «Aproximación al interés superior del menor en el derecho internacional privado español», en *Boletín Mexicano de Derecho Comparado*, 151, 2018.

Forcada Miranda, F. J.: *Comentarios prácticos al Reglamento (UE) 2019/1111*, Madrid, 2020.

Forcada-Miranda, F. J.: «El nuevo proceso español de restitución o retorno de menores en los supuestos de sustracción internacional: La decidida apuesta por la celeridad y la novedosa Circular de la Fiscalía 6/2015 (Partes I y II)», en *Bitácora Millennium DIPr*, n.º 3 (enero-junio 2016).

García Revuelta, C.: «Aplicación práctica del convenio de La Haya y el reglamento 2201/2003. El papel de la autoridad central», publicado en http://www5.poderjudicial.es/cvsm/ponencia_6_es.pdf

Gascón Inchausti, F.: «El Derecho Procesal Civil Europeo comparece ante el Tribunal Europeo de Derechos Humanos: Reflexiones a partir de las resoluciones recaídas en los asuntos Povse c. Austria y Avotiņš c. Letonia», en *Cuadernos de Derecho Transnacional*, 2014.

González Beilfuss, C. y **Navarro Míchel, M.**: «Sustracción internacional de menores y responsabilidad civil. (Comentario a la sentencia del Tribunal Supremo de 30 de junio de 2009)», en *Revista jurídica de Cataluña*, 2010.

González Beilfuss, C.: «La sustracción de menores en el nuevo reglamento 2019/1111», en VVAA, *Relaciones transfronterizas, globalización y Derecho: Homenaje al Prof. Dr. José Carlos Fernández Rozas*, Madrid, 2020.

Grammaticaki-Alexiou, A.: «Best Interests of the Child in Private International Law», en *Recueil des Cours*, vol. 412.

Jiménez Blanco, P.: «La ejecución forzosa de las resoluciones de retorno en las sustracciones internacionales de menores», en Aldecoa Lizárraga, F. y Forner Delaygua, J. J.: *La protección de los niños en el Derecho internacional y en las relaciones internacionales*, Madrid, 2010.

Jiménez Blanco, P.: *Litigios sobre la custodia y sustracción internacional de menores*, Madrid, 2008.

Keller, H. y **Heri, C.**: «Protecting the Best Interests of the Child: International Child Abduction and the European Court of Human Rights», en *Nordic Journal of International Law*, 2015.

Magnus, U.: «Comentario al art. 43», en Magnus, U./Mankowski, P. (eds.): *European Commentaries on Private International Law, IV, Brussels II bis Regulation*, Colonia, 2017.

Magro Servet, V.: «Suspensión del régimen de visitas entre padre e hija por interés superior del menor en casos de violencia», en *Revista de Derecho de familia*, 2023.

Mari, L.: «L'interesse superiore del minore nel quadro dello spazio giuridico europeo (a proposito di recenti casi di sottrazione internazionale di minori)», en *Studi Urbinati, A — Scienze Giuridiche, Politiche ed Economiche*, 2013.

Marín Pedreño, C.: *Sustracción internacional de menores y proceso legal para la restitución del menor*, Málaga, 2016.

Mcdonald, J: «Article 13 Exceptions. Return Interests of the Chid in the Jurisdiction of England and Wales», en *The Judges' Newsletter*, 2018.

Mceleavy, P.: «The New Child Abduction Regime in the European Union: Symbiotic Relationship or Forced Partnership?», en *Journal of Private International Law*, 2005.

Reichling, N.: *Les príncipes directeurs du procès civil dans l'espace judiciaire européen. Étude à partir du procès civil transfrontalier*, Aix-en-Provence, 2020.

Mol C. y **Kruger, T.**: «International child abduction and the best interests of the child: an analysis of judicial reasoning in two jurisdictions», en *Journal of Private International Law*, 2018.

Persano, F.: «Diritto d'asilo e sottrazione internazionale di minori nei casi di violenza domestica», en *Papers di diritto europeo*, 2022.

Ripley, P.: «A Defense of the Established Approach to the Grave Risk Exception in the Hague Child Abduction Convention», en *Journal of Private International Law*, 2008.

Rodríguez Pineau, E.: «La oposición al retorno del menor secuestrado: movimientos en Bruselas y La Haya», en *Revista Electrónica de Estudios Internacionales*, 2018.

Shapira, A: «Private International Law Aspects of Child Custody and Child Kidnapping Cases», en *Recueil des cours*, 1989, vol. 214.

Sthoeger. E.: «International Child Abduction and Children's Rights: Two Means to the Same End», en *Michigan Journal of International Law*, 2011.

PROYECTOS MIGRATORIOS INCOMPLETOS. COMPETENCIA JUDICIAL INTERNACIONAL DE LOS TRIBUNALES ESPAÑOLES EN SUPUESTOS DE HOGARES TRASNACIONALES

Mónica Herranz Ballesteros
Profesora Titular de Derecho internacional privado.
Universidad Nacional de Educación a Distancia (UNED).
mherranz@der.uned.es

I. Introducción. Referencia al contexto

Son numerosos los casos que llegan a los tribunales para que estos se pronuncien sobre la adopción de medidas en relación a menores —ya sean solicitudes sobre el derecho de custodia, el derecho de visita, la reubicación de un menor o, por ejemplo, la petición de alimentos—. Supuestos en los que la extranjería de la relación se puede deber, entre otras circunstancias, a la distinta nacionalidad de las partes o a la residencia habitual de los progenitores en diferentes países, pero en los que la residencia del menor se encuentra en el territorio del Estado ante cuya autoridad se solicitan las medidas de protección.

En efecto, la intervención de las autoridades de un Estado, al objeto de adoptar medidas de protección sobre un menor en supuestos internacionales, suele estar fundamentada en su proximidad. Vinculación que cristaliza en la residencia del menor en el territorio de ese Estado, de manera que se identifican a las autoridades de este territorio con las que mejor pueden valorar su interés a la hora de decidir[1].

Junto a las situaciones anteriores se están detectando supuestos en los que se presentan demandas ante los Tribunales españoles cuando ambos progenitores o uno de ellos ha emigrado desde su país de origen con destino, en este caso, España y aquí instalan su lugar de residencia normalmente con fines laborales, pero el menor o los menores quedan al cuidado de un familiar —abuelos, tíos, o el otro progenitor—. Por tanto, su residencia habitual está situada en otro Estado, ya sea Estado miembro o tercer Estado. En estas circunstancias se plantean escenarios en los que se produce una gran solidaridad evidenciada por la creación de redes de apoyo familiar; el cambio de la persona o personas cuidadoras de aquellos menores que permanecen en el Estado de origen supone, como se ha dicho, «*una redefinición y reestructuración de los papeles y responsabilidades dentro de la familia*»[2].

Se trata de proyectos migratorios que no están ligados a la llegada de descendientes o dependientes desde los países de origen al nuevo país de residencia[3]; por tanto, esto supone, en el caso de los descendientes, su permanencia en el país del que generalmente son nacionales para ser cuidados bien por el otro progenitor, que no ha iniciado proceso migratorio alguno, o bien generalmente por otro familiar[4].

En términos numéricos la inmigración a España de nacionales procedentes de países Iberoamericanos como Colombia, Venezuela, Honduras o Perú

---

1 El presente trabajo se adscribe al Proyecto PID2020 — 114611RB-I00, «PROTECCION DEL MENOR EN LAS CRISIS FAMILIARES INTERNACIONALES. (ANALISIS DEL DERECHO INTERNACIONAL PRIVADO ESPANOL Y DE LA UNION EUROPEA)» concedido por el Ministerio de Ciencia e Innovación.
Véase por ejemplo el considerando 12 *del Reglamento (CE) n.° 2201/2003 de 27 de noviembre de 2003 del Consejo relativo a la competencia, el reconocimiento y la ejecución de resoluciones judiciales en materia matrimonial y de responsabilidad parental, por el que se deroga el Reglamento (CE) n. 1347/2000*, DO, L 338, de 23.12.2003. Este considerando ha sido reproducido de forma casi literal en el considerando 20 del *Reglamento (UE) 2019/1111 del Consejo, de 25 de junio de 2019, relativo a la competencia, el reconocimiento y la ejecución de resoluciones en materia matrimonial y de responsabilidad parental, y sobre la sustracción internacional de menores*, DO, L 178, de 02.07.2019.

2 Solé, C.: «Los vínculos económicos y familiares trasnacionales: los emigrantes peruanos y ecuatorianos en España», Informe 2007, Fundación BBVA, pp. 71-72.

3 Estudios realizados en relación a las características de la migración procedente de determinados países Iberoamericanos han destacado su grado de feminización. Véase, por ejemplo, en relación con la feminización de la migración de la República Dominica el trabajo de Frías Reynoso, J.: «El impacto psicoeducativo de la emigración materna dominicana en los hijos», Tesis doctoral, Universidad del País Vasco, 2016, espec. p. 54.

4 *Vid.*, Moreno Fernández, F.: «Iberoamérica en Europa: perfiles lingüísticos y culturales», *Real Instituto Elcano*, puede consultarse en https://www.realinstitutoelcano.org/analisis/iberoamerica-en-europa-perfiles-linguisticos-y-culturales-ari/

ha aumentado, mientras que, por ejemplo, los nacionales procedentes de Ecuador han disminuido de manera importante conforme a los últimos datos publicados por el Instituto Nacional de Estadística[5].

A modo de ejemplo, en relación con lo que hemos denominado proyectos migratorios incompletos dado que los descendientes no emigran con sus progenitores, hay 6,5 millones de venezolanos que han tenido que abandonar su país dejando uno de cada cinco un hijo en Venezuela[6]. Supuestos que, cuando la vida del progenitor o de los progenitores se ha asentado en el país al que emigraron posteriormente solicitan, por distintos motivos, medidas sobre los hijos que continúan residiendo en sus Estados de origen.

Descrito brevemente el contexto o la realidad a la que responden estas situaciones, es importante conocer el tratamiento jurídico otorgado por parte de los Tribunales españoles para poder valorar: de un lado, las soluciones, si es que las tienen, de los instrumentos jurídicos que resultan aplicables y, de otro, las respuestas que se están dando desde la práctica judicial. Con el análisis anterior pretendemos extraer conclusiones en torno a los resultados que se presenten.

II. Instrumentos jurídicos aplicables

En el marco del Derecho internacional privado y como fuentes normativas que regulan la competencia judicial internacional para la adopción de medidas de protección sobre menores contamos tanto con instrumentos de fuente Unión Europea, como de fuente convencional y también, como en el caso español, resulta de interés la normativa de fuente interna, de un lado la *Ley 54/2007, de 28 de diciembre, de adopción internacional* (en adelante LAI)[7] y de otro la *Ley Orgánica 6/1985, de 1 de julio, del Poder Judicial* (en adelante LOPJ)[8].

5 Las cifras pueden consultarse en el Instituto Nacional de Estadística https://www.ine.es/prensa/cp_j2022_p.pdf

6 Creando los hogares transnacionales que son definidos como: «Aquella familia cuyos miembros viven una parte o la mayor parte del tiempo separados los unos de los otros y que son capaces de crear vínculos que permiten que sus miembros se sientan parte de una unidad y perciban su bienestar desde una dimensión colectiva, a pesar de la distancia física». Bryceson D, Ulla V., *The transnational family: new European frontiers and global networks,* Berg, New York, 2002.
Los datos pueden consultarse en: https://cecodap.org/abuelos-cuidadores-padres-otra-vez-por-la-migracion/
Véase el Informe de UNICEF, «Niños, niñas adolescentes de padres migrantes que permanecen en su lugar habitual de residencia en América Latina y El Caribe», 2023. Puede consultarse en.
https://www.unicef.org/lac/media/40956/file/Ninos-que-se-quedan-en-su-residencia.pdf

7 BOE., n.º 312, de 29.12.2007.

8 La *Ley Orgánica 6/1985, de 1 de Julio del Poder Judicial*, fue modificada en el año 2015, por la *Ley Orgánica 7/2015, de 21 de julio, por la que se modifica la Ley Orgánica 6/1985, de 1 de julio del Poder Judicial*, BOE n.º 174 de 22.07.2015. En particular, en relación a

Dentro de las fuentes de la Unión Europea los instrumentos principales son: tanto el *Reglamento n.° 2201/2003 de 27 de noviembre de 2003 del Consejo relativo a la competencia, el reconocimiento y la ejecución de resoluciones judiciales en materia matrimonial y de responsabilidad parental, por el que se deroga el Reglamento (CE) n.° 1347/2000* (en adelante Reglamento 2201/2003), como su versión refundida aplicable desde agosto del 2022, el *Reglamento (UE) n.° 2019/1111 del Consejo, de 25 de junio de 2019, relativo a la competencia, el reconocimiento y la ejecución de resoluciones en materia matrimonial y de responsabilidad parental, y sobre la sustracción internacional de menores*, (en adelante Reglamento 2019/1111)[9].

En el marco de las fuentes convencionales de capital importancia es el *Convenio relativo a la competencia, la ley aplicable, el reconocimiento, la ejecución y la cooperación en materia de responsabilidad parental y de medidas de protección de los niños, hecho en La Haya el 19 de octubre de 1996*, (en adelante Convenio de La Haya de 1996)[10].

Respecto de la normativa interna son dos las normas a tener en cuenta como se ha indicado, de un lado la LAI, cuya repercusión es escasa dado que remite en lo relativo a la competencia judicial internacional de las autoridades españolas a las normas de fuente institucional y convencional[11]. De otro lado, la LOPJ, cuyo artículo 22 en sus distintas letras arroja, como veremos, interesantes resultados en la práctica en lo que se refiere a la atribución de la competencia judicial internacional por las autoridades españolas en los casos a estudio[12].

---

este trabajo interesa el artículo 22 de la LOPJ en sus distintas letras, pero principalmente el artículo 22 bis artículo 22 ter y artículo quáter letra d).

9 Conforme al artículo 100 el Reglamento 2019/1111 será aplicable a los procedimientos incoados a partir del partir del 01.08.2022.

10 El Convenio de La Haya de 1996 ha sido ratificado por todos los Estado miembros de la Unión Europea tras la *Decisión del Consejo de 19.12.2002 en la que se autorizaba a todos los Estados miembros a firmar, en interés de la Comunidad el Convenio de La Haya de 1996 relativo a la competencia, la ley aplicable, el reconocimiento, la ejecución y la cooperación en materia de responsabilidad parental y de medidas de protección de los niños*, DO L48, de 21.02.2003.
Puede consultarse el estado de la ratificación del Convenio de La Haya de 1996 en: https://www.hcch.net/es/instruments/conventions/status-table/?cid=70

11 En el marco del Título III de la LAI el Artículo 32 establece: «La competencia para la constitución de las demás medidas de protección de menores se regirá por los criterios recogidos en los Tratados y Convenios internacionales y otras normas de origen internacional en vigor para España, en particular por el Reglamento (CE) n.° 2201/2003 del Consejo, de 27 de noviembre de 2003, relativo a la competencia, el reconocimiento y la ejecución de resoluciones judiciales en materia matrimonial y de responsabilidad parental, y por el Convenio de La Haya, de 19 de octubre de 1996, relativo a la competencia, la ley aplicable, el reconocimiento, la ejecución y la cooperación en materia de responsabilidad parental y de medidas de protección de los niños».

12 Artículo 22 quáter letra d): «En materia de filiación y de relaciones paterno-filiales, protec-

II.1. Elección del texto jurídico aplicable: el criterio del lugar de la residencia habitual del menor

Una de las ideas que se viene repitiendo en los distintos foros académicos y trabajos en los que se trata la protección internacional de los menores es la complejidad del sistema debido a la multiplicidad de normas de distintas fuentes y con ámbitos de aplicación, en muchos casos concurrentes lo que dificulta la elección de la propia norma.

Teniendo en cuenta que los sustituir por instrumentos jurídicos a los que nos hemos referido en el epígrafe anterior coinciden en la materia, en lo que a responsabilidad parental y medidas de protección se refiere[13], y se proyectan sobre menores[14], el elemento clave para determinar la aplicación de una u otra norma es el Estado en el que se encuentra la residencia habitual del menor[15]. Veamos los supuestos.

1.º) En caso de que el menor tenga su *residencia habitual en un Estado miembro de la UE*, resulta aplicable el Reglamento 2201/2003 [(artículo 61 letra a)][16].

---

ción de menores y de responsabilidad parental, cuando el hijo o menor tenga su residencia habitual en España al tiempo de la interposición de la demanda o el demandante sea español o resida habitualmente en España o, en todo caso, al menos desde seis meses antes de la presentación de la demanda».

13 No está de más recordar que el Reglamento 2201/2003 como en Reglamento 2019/1111 se proyecta también sobre los asuntos matrimoniales mientras que el Convenio de La Haya de 1996 lo hace únicamente sobre protección de menores.

14 Hay que advertir que mientras el Reglamento 2201/2003 no contenía la definición del concepto de menor para determinar su aplicación y ello llevaba que se tuviera de determinar conforme a su ley personal; el Reglamento 2019/1111 ya determina de forma expresa su ámbito de aplicación personal a los menores de 18 años incluso cuando hayan adquirido capacidad antes de esa edad en virtud de su ley personal (artículo 2.2 apartado (6) y el considerando 17). En el mismo sentido el Convenio de La Haya de 1996 resulta aplicable también a las personas desde su nacimiento hasta que cumplen los 18 años (artículo 2).

15 En este estudio no vamos a ocuparnos del concepto de residencia habitual del menor dado que en la jurisprudencia que se va a analizar no se plantea ninguna duda en torno al mismo. En los últimos tiempos numerosos trabajos se han ocupado de este concepto y de las condiciones que se requieren para situar la residencia de un menor en un Estado u en otro. González Marimón, M.: «Un paso más en el proceso de armonización del Derecho privado europeo: la concreción por el TJUE del concepto de residencia habitual del menor recogido en el reglamento Bruselas II bis». *Rev. Boliv. de Derecho* n.º 30, julio 2020, pp. 470-495. https://www.revista-rbd. com/wp-content/uploads/2020/07/16._M%C3%82%-C2%AA._Gonz%C3%83%-C2%A1lez_pp._470-495.pd.
Pérez Martín, L. A.: «Determinación y trascendencia de la residencia habitual en las crisis familiares internacionales», en Guzmán Zapater, M. y Herranz Ballesteros, M. (dirs.), *Crisis matrimoniales internacionales y sus efectos: derecho español y de la Unión Europea: estudio normativo y jurisprudencial*, Valencia, Tirant lo Blanch, 2018, pp. 927-964.

16 Hay que apuntar que en el Convenio de La Haya de 1996 se tiene en cuenta la opción de la UE por finalizar acuerdos entre los Estados miembros, pero a su vez que estos pudieran participar en la citada norma convencional. Así se incorpora el artículo 52 del Convenio en

2.º) Cuando el menor tenga su *residencia habitual en un tercer estado parte del Convenio de La Haya de 1996*, será aplicable el citado texto convencional.

3.º) En caso de que el menor tenga su *residencia habitual en un tercer Estado que no sea Estado parte del Convenio de La Haya de 1996*, seguirá siendo aplicable el Reglamento 2201/2003 cuando se cumplan las condiciones para atribuir la competencia judicial internacional a las autoridades de un Estado miembro conforme a las previsiones del artículo 12 del Reglamento. Además el apartado 4 del citado precepto establece que en estos casos la competencia del tribunal del Estado miembro se *presumirá* en interés del menor, estableciendo un elemento que lo será en especial cuando el resulte imposible en el territorio del tercer Estado[17].

Si las previsiones del citado precepto no se cumplieran y ningún otro tribunal de un Estado miembro fuera competente, se aplicará la cláusula residual de competencia prevista en el artículo 14 del Reglamento 2201/2003 que permite, en estos casos, determinar la competencia conforme a las normas de fuente interna de competencia judicial internacional.

¿Han cambiado estos criterios con el Reglamento 2019/1111? Para responder a esta cuestión hay que atender a las previsiones del artículo 97 del Reglamento donde se regulan las relaciones de este texto con el Convenio de La Haya de 1996[18]. Para comparar las situaciones haremos las mismas combinaciones que en los supuestos anteriores con el lugar o Estado donde se encuentre situada la residencia habitual del menor.

1.º) Si la *residencia del menor está situada en un Estado miembro de la UE*, el Reglamento 2019/1111 es aplicable [(artículo 97.1 letra a)].

2.º) Si la *residencia del menor está situada en tercer Estado parte del Convenio de La Haya de 1996*, el Convenio será el aplicable.

Estos dos supuestos no han variado y siguen la misma solución marcada por el Reglamento 2201/2003.

3.º) ¿Qué sucede en el caso de que el menor tenga su residencia habitual en un tercer Estado que no sea parte del Convenio de La Haya de 1996? Este supuesto en el marco del Reglamento 2201/2003 quedaba bajo la aplicación del artículo 12. Cumplidos los requisitos de la prórroga de la competencia

---

el que se establece que: «el Convenio no afectará a la posibilidad para uno o varios Estados contratantes de concluir acuerdos que contengan disposiciones sobre las materias reguladas por el presente Convenio, respecto a niños que tengan su residencia habitual en uno de los Estados parte en tales acuerdos».

17 Sobre el mismo *vid.*, *European Commentaries on Private International Law, Brussels II bis Regulation, Brussels II bis*, (edt. Magnus, U. Mankoswki, P.), 2012, pp. 158-159.

18 *In extenso* Campuzano Díaz, B.: «El nuevo Reglamento (UE) N. 2019/1111: análisis de las mejoras en las relaciones con el Convenio de La Haya de 19 de octubre 1996, sobre responsabilidad parental», *CDT.*, (Marzo 2020), vol. 12, n.º 1, pp. 97-117.

en base al citado precepto el tribunal del Estado miembro elegido podía ser competente para adoptar medidas de protección sobre menores con residencia habitual en tercer Estado no parte del Convenio de La Haya de 1996.

En el caso del Reglamento 2019/1111 el precepto aplicable es el artículo 10[19]. De manera que los tribunales de un Estado miembro, cumpliendo las condiciones del citado precepto establecidas bajo el título «Elección de foro», podrán ejercer su competencia cuando las partes la acuerden teniendo el menor su residencia habitual en un tercer Estado no miembro del Convenio de La Haya de 1996[20]. Esta regla se aleja del criterio de proximidad y su aplicación debería de estar basada en el interés del menor que tendrá que justificar el tribunal del Estado miembro al asumir la competencia[21].

Descartada la competencia del tribunal en caso de no cumplirse las condiciones del artículo 10, la aplicación residual de las normas de competencia judicial de fuente interna sigue operando conforme al artículo 14 del Reglamento 2019/1111, precepto cuya redacción no ha variado en absoluto de la que tenía en el Reglamento 2201/2003[22].

II.2. Elección del texto jurídico aplicable: cambio de instrumento mismo lugar de residencia habitual del menor

En el epígrafe anterior se ha asentado como criterio, pudiéramos calificarlo incluso de criterio general, el hecho de que cuando el menor tiene su residencia habitual en un Estado miembro son aplicables en función del criterio temporal el Reglamento 2201/2003 o su versión refundida, el Reglamento 2019/1111; es decir la denominada vinculación comunitaria estaría en la residencia del menor en un Estado miembro. Pues bien, este criterio tiene sus matizaciones

19 Lo que sí ha desaparecido de la redacción ha sido el apartado 4 del artículo 12 del Reglamento 2201/2003.

20 Véase Rauscher, T, «Parental Responsibility Cases under the new Council Regulation Brussels II A», *The European Legal Forum*, 2005, n.° 1, pp. 37-46, p. 40.

21 En relación al cumplimiento de las condiciones *vid.*, Santana Páez, E.: «Artículo 10», *El nuevo marco europeo en materia matrimonial, de responsabilidad parental y sustracción de menores, Comentarios al R. 2019/1111*, Palao Moreno, G. (dir). Edt. Tirant Lo Blanch, 2022, pp. 155-169. Crítico con la redacción del precepto ha sido Carrillo del Pozo, L.: «El Reglamento Bruselas II ter y el interés del menor: elementos para un debate». Bitácora Millennium DIPr: 2021, n.° 14, disponible en http://www.millenniumdipr.com/ba-97-el-reglamento-bruselas-ii-ter-y-el-interes-del-menor-elementos-para-un-debate

22 Ahora bien, hay una aclaración en el considerando 29 del Reglamento 2019/1111: «Si del presente Reglamento no se deduce la competencia de ningún órgano jurisdiccional de un Estado miembro, la competencia debe determinarse, en cada Estado miembro, con arreglo a las leyes de dicho Estado miembro. El término «leyes de dicho Estado miembro» debe incluir los instrumentos internacionales que estén en vigor en dicho Estado miembro».

que conducen a la aplicación del Convenio de La Haya de 1996 aunque sea el territorio de un Estado miembro el lugar de residencia del menor.

El Reglamento 2019/1111, como consecuencia de algunas confusiones que se habían producido ha plasmado en su articulado, en concreto en el apartado 2.º del artículo 97, ciertas excepciones a la aplicación del instrumento de la UE aunque concurra la referida vinculación comunitaria.

Primera, aplicación del Convenio de La Haya de 1996 en su artículo 10[23]. Este caso supone que aun teniendo el menor su residencia habitual en un Estado miembro si las partes acuerdan conferir competencia a las autoridades de un tercer Estado parte del Convenio de La Haya de 1996 resulta aplicable el citado precepto del Convenio.

Ejemplo: Un menor con residencia habitual en España cuyos progenitores, nacionales de la República Dominicana presentan ante las autoridades del citado Estado una demanda de divorcio. Conforme al artículo 97 del Reglamento 2019/1111, es aplicable el artículo 10 del Convenio de La Haya de 1996 y, en consecuencia, cumplidas las condiciones del citado precepto las autoridades dominicanas, que son competentes para conocer del divorcio lo serán también para conocer de las medidas de protección sobre el menor, si así lo permite su ley interna.

Segunda, aplicación Convenio de La Haya de 1996 en sus artículos 8 y 9; preceptos referidos a la transferencia de competencia. El artículo 97.2 letra b) del Reglamento 2019/1111 determina la aplicación del Convenio aunque el menor tenga su residencia habitual en un Estado miembro de la UE, si la transferencia de la competencia se realiza a las autoridades de un tercer Estado parte del Convenio de La Haya de 1996, cumpliendo evidentemente los requisitos que establecen ambos artículos[24].

Tercera, aplicación del Convenio de La Haya de 1996 en su artículo 13. Se da prioridad al Convenio cuando un asunto de responsabilidad parental se encuentra pendiente ante las autoridades de un tercer Estado parte del

---

23 El artículo 10 establece: «Sin perjuicio de los artículos 5 a 9, las autoridades de un Estado contratante, en el ejercicio de su competencia para conocer de una demanda de divorcio o separación de cuerpos de los padres de un niño con residencia habitual en otro Estado contratante o en anulación de su matrimonio, pueden adoptar, si la ley de su Estado lo permite, medidas de protección de la persona o de los bienes del niño, si: a) uno de los padres reside habitualmente en dicho Estado en el momento de iniciarse el procedimiento y uno de ellos tiene la responsabilidad parental respecto al niño, y b) la competencia de estas autoridades para adoptar tales medidas ha sido aceptada por los padres, así como por cualquier otra persona que tenga la responsabilidad parental respecto al niño, si esta competencia responde al interés superior del niño».

24 Hay que recordar que para que en estos casos fuera aplicable el artículo 15 del Reglamento 2201/2003, en el Reglamento 2019/1111 artículos 12 y 13 se requiere que el menor tenga su residencia habitual en un Estado miembro y además que la transferencia de la competencia se haga entre tribunales de Estados miembros. Véase por ejemplo, el asunto la STJUE de 17.10.2018 en el asunto C-393/18 PPU ECLI:EU:C:2018:835 .

Convenio de La Haya de 1996, aun teniendo el menor su residencia habitual en un Estado miembro. En ese caso, cuando se presenta una demanda ante un órgano jurisdiccional del Estado miembro de la residencia habitual del menor, resulta aplicable la previsión contenida en el artículo 13 del texto convencional[25].

En estos casos la residencia habitual del menor no ha sido el criterio que ha determinado la operatividad de uno u otro texto. Las matizaciones recogidas en el Reglamento 2019/1111 permiten la aplicación del Convenio de La Haya de 1996 aunque exista la denominada conexión comunitaria cristalizada en la residencia del menor en un Estado miembro.

En definitiva, en estos dos últimos epígrafes (II.1. y II.2) hemos desgranado cuál de los dos instrumentos jurídicos se aplica teniendo en cuenta el criterio principal de la residencia del menor ya sea en un Estado miembro, en un Estado no miembro pero parte del Convenio de La Haya de 1996, así como en un tercer Estado no parte del texto convencional.

Aclarado lo anterior es el momento del análisis de las respuestas en los supuestos que en realidad son objeto de desarrollo: la competencia de las autoridades en un Estado miembro, en particular de las autoridades españolas, sobre menores con residencia habitual en países Iberoamericanos.

III. Supuestos prácticos a examen

En los casos elegidos la residencia habitual del menor no se encuentra en un Estado miembro sino en un tercer Estado. De forma que, planteada una demanda ante las autoridades de un Estado miembro para responder a su competencia judicial internacional se tendrá en cuenta: que la residencia del menor esté en tercer Estado parte del Convenio de La Haya de 1996; o, sin embargo, que la residencia habitual del menor esté en un tercer Estado que no ha ratificado la norma convencional.

La cuestión a la que se pretende responder con los distintos supuestos que vamos a tratar es en definitiva si tiene una trascendencia real la opción por

25 Este precepto establece: «Las autoridades de un Estado contratante que sean competentes para adoptar medidas de protección de la persona o de los bienes del niño según los artículos 5 a 10, deben abstenerse de ejercer su competencia si, en el momento de iniciarse el procedimiento, se hubieran solicitado las medidas correspondientes a las autoridades de otro Estado contratante que fueran competentes en virtud de los artículos 5 a 10 en el momento de la petición y estuvieran todavía en proceso de examen».
La litispendencia entre Estados miembros se resuelve por las previsiones del Reglamento 2201/2003 (artículo 19); ahora previsto en el artículo 20 del Reglamento 2019/1111. Para los supuestos entre terceros Estados no partes del Convenio de La Haya de 1996, en el caso de España se resolverá conforme a las previsiones de la Ley 29/2015, de Cooperación Jurídica Internacional en materia civil, (artículo 39), BOE., n.° 182 de 31.07.2015.

uno u otro texto en los casos que son objeto de este estudio, es decir, si tiene o no incidencia a la hora de establecer la competencia de las autoridades, en este caso de las autoridades españolas, para adoptar medidas de protección cuando los menores tienen su residencia habitual en un país Iberoamericano. Para ello tendremos evidentemente que detenernos en el tratamiento que se da en los distintos instrumentos y la aplicación que se ha hecho en la práctica judicial. Aun siendo cierto que el posible error a la hora de elección del texto, no conlleva la desestimación sino el requerimiento de la subsanación, sin embargo queremos comprobar si las respuestas de los distintos instrumentos jurídicos difieren o no.

A efectos de entender mejor las situaciones que se plantean los supuestos se van a dividir en dos bloques principales principales.

En primer lugar, los supuestos en los que se trata de un matrimonio que traslada su residencia a España dejando a uno o a varios de sus hijos en su país de origen y trascurrido un tiempo deciden interponer una demanda de disolución de su matrimonio en España ya sea de mutuo acuerdo o no y además solicitan medidas sobre sus hijos menores (epígrafe III.1).

En segundo lugar, desplazamiento de un único progenitor a España. En territorio español interpone una demanda ante las autoridades españolas de adopción de medidas sobre un menor. Hay que tener en cuenta que en este segundo caso no hay relación matrimonial entre los progenitores y, por tanto, no se plantea petición de disolución del vínculo (epígrafe III.2).

III.1. Medidas de protección sobre menores en supuestos de petición de divorcio: foro por conexidad procesal

Lo que pretendemos es sistematizar y analizar la jurisprudencia en función del instrumento jurídico sobre el que se asienta la competencia o la falta de la misma de los tribunales españoles. Lo anterior con el propósito de valorar las respuestas normativas y su adecuada aplicación.Hay que tener en cuenta que por la reciente aplicación del Reglamento 2019/1111 el texto sobre el que vamos a tratar es el Reglamento 2201/2003.

A) Audiencia Provincial de Girona (Sección 2.ª) Auto n.º 57/2019 de 28 de marzo[26]

Pareja casada de nacionales peruanos que decide trasladar su residencia a España. Posteriormente, la progenitora y la menor trasladan su residencia a Perú y allí residen desde los cinco años antes del planteamiento de cualquier

26 ECLI:APGI:2019:183A.

demanda en España. El esposo que continúa residiendo en España interpone demanda de divorcio y junto a ella disolución del régimen económico matrimonial, medidas sobre la hija y petición de alimentos. En instancia la autoridad española declara su incompetencia para conocer y se archivan las actuaciones.

Presentado recurso de apelación la AP de Gerona tras controlar de oficio su competencia[27], establece para la petición de divorcio, de forma confusa la aplicación de un lado del Reglamento 2201/2003 y, de otro, la LOPJ en su artículo 22 quáter letra c). Finalmente se declara competente para el divorcio entendemos, porque no lo aclara, por la residencia en España del demandante durante más de un año antes de la interposición de la demanda, en aplicación del artículo 3 del Reglamento 2201/2003[28].

Respecto de la menor, la inaplicación del artículo 8 el Reglamento 2201/2003 es evidente. Lo que no parece correcto es establecer, tal y como hace, que conforme al referido instrumento la competencia corresponde a los Juzgados de Perú. Junto a lo anterior yerra también la AP al no analizar y aplicar la norma residual de competencia del artículo 14 del Reglamento 2201/2003 que conlleva la aplicación de la LOPJ artículo 22 quáter letra d). Conforme al citado precepto la autoridad española sería competente para adoptar medidas protección sobre la menor al resultar aplicable el foro de la residencia, ahora del demandante que no de la menor, en España.

Es más, la aplicación de la LOPJ en su artículo 22 quáter letra d) condiciona la competencia de los Tribunales españoles en relación también a la petición de alimentos. Así, a diferencia del argumento de la AP en el que establece la aplicación del Reglamento 4/2009 y conforme al mismo la falta de jurisdicción de las autoridades españolas, la aplicación del foro por accesoriedad a la una acción relativa a la responsabilidad parental, contenido el letra d) del mismo artículo 3, otorga la competencia al Tribunal español, que lo es para conocer de la responsabilidad parental [(según artículo 22 LOPJ quäter letra d)].

Ahora bien, hay que advertir que en este supuesto se sostiene por la demandada la existencia de litispendencia internacional en la medida que la progenitora habría presentado previamente ante las autoridades peruanas

27 La AP realiza un control ex oficio de la competencia judicial internacional al afirmar: «Ante todo señalar, que estima la Sala que en primer lugar deberemos determinar cuál es el órgano competente al haberse declarado incompetente el Juzgado de Primera Instancia». En relación a esta decisión y con un estudio más profundo sobre las cuestiones que se plantean *vid.*, Herranz Ballesteros, M.: «Aplicación práctica de la Ley de Cooperación Jurídica Internacional en Materia Civil. Análisis de la excepción de litispendencia internacional y de otros aspectos a propósito del Auto de la AP de Gerona (Sección 2.ª) de28 de marzo de 2019», *CDT.*, (Marzo 2020), vol. 12, n.º 1, pp. 596-609.

28 En relación a la disolución del régimen económico matrimonial aplica artículo 22 quáter letra c).

una demanda en relación a medidas sobre la menor y a la petición de alimentos (en relación a esto último sí queda claro, pero no lo es tanto que haya petición en relación a las medidas sobre la menor). Ante ello la AP, y en aplicación de la Ley de Cooperación Jurídica Internacional (artículo 39), archiva las actuaciones para ambas peticiones estimando parcialmente el recurso en relación a la disolución del vínculo por divorcio y a la disolución del régimen económico matrimonial[29].

B) Audiencia Provincial de Granada (Sección 5.ª) Auto n.º 2011/2021 de 14 de junio[30]

Las circunstancias que dieron lugar a este pronunciamiento son diferentes al supuesto anterior, se trataba de un matrimonio de españoles con residencia en Chile. Las partes interponen demanda de mutuo acuerdo para disolución del divorcio. Presentan un convenio regulador en el que acuerdan sobre el hijo que reside en Chile. En Primera Instancia el juez aprueba la disolución del matrimonio por divorcio y el convenio regulador. Es el Ministerio Fiscal quien recurre en apelación, no por el contenido del convenio[31], según explica, sino que argumenta la falta de competencia judicial internacional, elemento que no impugnó mediante declinatoria en ningún momento.

La AP de Granada dispone que la concurrencia del interés a proteger se sitúa en que no haya un pronunciamiento que pudiera tener causa de nulidad por falta de competencia judicial internacional. El Tribunal descarta la aplicación del Convenio de La Haya de 1996, texto sobre el que Ministerio Fiscal sostenía la falta de competencia de las autoridades españolas, y aplica las previsiones del Reglamento 2201/2003. Verifica las condiciones que se requieren conforme al artículo 12.1 para la atribución de la competencia. Una vez establecida la competencia para conocer sobre la responsabilidad parental, la competencia del Tribunal español para resolver en torno a los alimentos se confirma por la aplicación del foro por accesoriedad previsto en la letra d) del artículo 3 del Reglamento 4/2009. Conforme a lo anterior la AP desestima el recurso planteado por el Ministerio Fiscal confirmando la decisión adoptada en Primera Instancia.

29 Véase un análisis de las condiciones en relación a este auto en, HERRANZ BALLESTEROS, M.: «Aplicación práctica de la Ley de Cooperación Jurídica Internacional en Materia Civil...», *op. cit.*, pp. 599-603.

30 ECLI:ES:APG:2021:965.

31 En efecto el artículo 777.8 de la LEC prevé: «La sentencia o el auto que aprueben en su totalidad la propuesta de convenio solo podrán ser recurridos, en interés de los hijos menores o en aras de la salvaguarda de la voluntad, preferencias y derechos de los hijos con discapacidad con medidas de apoyo atribuidas a sus progenitores, por el Ministerio Fiscal».

III.2. Petición de medidas de protección sobre menores en supuestos distintos al *forum divortii*

En estos casos los datos que constituyen los supuestos de hecho suelen estar conformados por parejas no matrimoniales nacionales de países Iberoamericanos ambos con residencia España, o bien supuestos en los que uno de los progenitores tiene su residencia en España y el otro reside en un Estado distinto, ya sea en un tercer país o en el país de origen donde continua el menor, pero en este último caso no tiene por qué atender a su cuidado. Ante esta situación se plantea una demanda de adopción de medidas sobre el o los hijos comunes de la pareja cuya residencia continua en el Estado de origen.

A) Audiencia Provincial de Valencia (Sección 10.ª) Auto n.º 526/2020 de 19 de octubre del 2020[32]

En la descripción de los hechos no hay referencia alguna a que haya vínculo matrimonial entre las partes. Se entiende que es una pareja de hecho que reside en España. Se indica que ella es de nacionalidad española y que el menor, que reside en Colombia con la bisabuela materna, también es nacional español. La progenitora presenta una demanda para regular la guarda, el régimen de comunicación y los alimentos.

En Primera Instancia el Tribunal se abstiene de conocer por falta de competencia judicial internacional. El Auto es recurrido en apelación donde la AP de Valencia descarta la aplicación del R. 2201/2003 y textualmente sostiene: «Es aplicable, en consecuencia, el Convenio de La Haya sobre competencia, ley aplicable, reconocimiento, ejecución y cooperación en materia de responsabilidad parental y de protección de niños de 19 de octubre de 1996, que, sin embargo, no atribuye competencia a los tribunales españoles para conocer de este litigio, dada la residencia del menor en Colombia»[33]. Esta afirmación es del todo errónea dado que Colombia no ha ratificado el texto convencional mencionado, por tanto no resulta aplicable.

Seguidamente, y sin explicación alguna, la AP de Valencia concluye sosteniendo que debe aplicarse por ello la norma interna de competencia, esto es, la LOPJ en su artículo 22 quáter, atribuyendo la competencia a las autoridades españolas debido a la residencia en España en este caso de la demandante conforme a la letra d) del citado precepto[34].

---

32 ECLI:ES: APV: 2020:2535A.

33 Fº Jº Segundo.

34 El artículo 22 quáter letra d) establece la competencia de los tribunales españoles: «En materia de filiación y de relaciones paterno-filiales, protección de menores y de responsabilidad parental, cuando el hijo o menor tenga su residencia habitual en España al tiempo de la interposición de la demanda o el demandante sea español o resida habitualmente en España o, en todo caso, al menos desde seis meses antes de la presentación de la demanda».

Una vez establecida la competencia para conocer de las medidas sobre el menor, la AP confirma la competencia de los Tribunales españoles para resolver en relación a la petición de alimentos ahora ya sí en base al Reglamento 4/2009 bien en aplicación de su artículo 3 letra a) dado que el demandado reside en España, así como por el foro por accesoriedad procesal de la letra d) del citado precepto.

En consecuencia, se admite el recurso revocando el pronunciamiento dictado en Primera Instancia y estableciendo la competencia de las autoridades españolas para conocer.

B) Audiencia Provincial de Barcelona (Sección 18.ª) Auto n.º 718/2020 de 2 de noviembre del 2020[35]

Pareja no casada con residencia ambos en España. Menor con residencia habitual en Bolivia a cuyo cuidado se han quedado los abuelos maternos. Se solicita por la madre medidas respecto del menor en particular: la patria potestad, guarda y visitas sobre el menor, así como la fijación de alimentos.

En Primera Instancia el Tribunal fija una prestación alimenticia en favor del menor a cargo del padre. En relación a las demás medidas entiende que no procede acordar nada respecto de la patria potestad, guarda, régimen de visitas.

En apelación la recurrente alega la aplicación del Convenio de La Haya de 1996 y no del Reglamento 2201/2003. Hay que apuntar que Bolivia no es parte del citado instrumento convencional.

La AP de Barcelona confirma la aplicación del Reglamento 2001/2003. Conforme al mismo el Tribunal español no puede declararse competente ni en base al artículo 8, ni al artículo 12 dado que, aunque el artículo 12.4 establece la presunción de la competencia en interés del menor, no se dan los criterios para aplicar el precepto ya que las partes no han aceptado la competencia —el procedimiento se ha tramitado en rebeldía del demandado—.

Descartada la competencia del Tribunal español, ni siendo competentes tampoco los tribunales de otro Estado miembro, la Audiencia de forma acertada se remite al artículo 14 del Reglamento 2201/2003 que determina la aplicación residual de las normas internas de competencia judicial internacional. En base al artículo 22 ter letra d) las autoridades españolas asumen la competencia a través del foro de la residencia habitual del demandante en España.

Finalmente el Tribunal establece la atribución de la custodia a la madre, así como el ejercicio de la patria potestad.

35 ECLI:ES: APV: 2020:2535A.

C) Audiencia Provincial de Barcelona (Sección 18.ª) Auto n.º 388/2019, de 16 de octubre[36]

Se trataba de una pareja de hecho nacionales parece que ya españoles, aunque de origen boliviano. Los hijos residen en Bolivia con la abuela desde siempre. El progenitor, según la madre también vive en Bolivia, y alega que sin el permiso del padre no expiden el pasaporte para que los hijos puedan venir a España.

El progenitor por su parte alega que se ha ocupado de mandar dinero a Bolivia, por lo que parece que reside en España, y que si la madre le hubiera pedido permiso para sacar el pasaporte a los menores se lo hubiera dado.

Es el órgano judicial quien de oficio plantea su falta de competencia[37], junto a este el Ministerio Fiscal también sostiene la falta de competencia de estas autoridades debido a la residencia de los menores en Bolivia. En Primera Instancia el juez establece su falta de competencia en aplicación del 8 del Reglamento 2201/2003.

El Auto que es recurrido en apelación. La Audiencia en este caso establece la competencia del Tribunal español al concurrir los requisitos del artículo 12 del Reglamento 2201/2003, tras descartar la aplicación del Convenio de La Haya de 1996 y aunque el menor no haya residido nunca el territorio español.

Analiza las condiciones de aplicación del artículo 12 y, a diferencia de otras decisiones, en este caso sí ha habido por parte las partes aceptación de la competencia judicial internacional en la medida que el progenitor ha contestado a la demanda sin impugnar la competencia.

A pesar de lo anterior la AP establece que si fuera aplicable la LOPJ el Tribunal español sería competente en aplicación no solo del foro especial del artículo 22 quáter, residencia de la demandante en España, sino también base al artículo 22 ter, foro general del domicilio del demandado en España.

Se detiene en explicar el ajuste de la competencia de las autoridades españolas al interés del menor, y lo relaciona con la vinculación del menor con España por su nacionalidad española, así como por la residencia de las partes en España lo que les permite litigar en España.

36 ECLI:ES: APB:2019:7771A.

37 El artículo 38 de la LEC establece: «La abstención a que se refieren los dos artículos precedentes se acordará de oficio, con audiencia de las partes y del Ministerio Fiscal, tan pronto como sea advertida la falta de competencia internacional o la falta de jurisdicción por pertenecer el asunto a otro orden jurisdiccional».

D) Audiencia Provincial de Barcelona (Sección 18.ª) Auto n.º 33/2019 de 11 de abril de 2019[38]

Se plantea controversia o discrepancia en el ejercicio de la potestad parental en relación a la tramitación del DNI y del pasaporte de la hija menor y cambio de residencia. El demandante es el progenitor nacional y residente en España. La progenitora y la menor tienen residencia en Brasil y esta última también es nacional española.

Al igual que en el supuesto que dio lugar al Auto de la AP de Barcelona (Sección 18.ª) Auto n.º 388/2019 que acabamos de analizar la materia objeto del asunto se incluye en el ámbito de aplicación material de las normas controvertidas.

En relación con la competencia de los Tribunales españoles, no se aplica el Convenio de La Haya de 1996 —Brasil no es parte— y resulta aplicable el Reglamento 2201/2003. Conforme al mismo los tribunales españoles no son competentes dado que no se dan las condiciones del artículo 12 del Reglamento 2201/2003. Se aplica la cláusula residual del artículo 14 y en base al artículo 22 quáter letra d) de la LOPJ de nuevo se establece la competencia del Tribunal español debido a la residencia del demandante en España.

Pues bien, como en el anterior supuesto se establece igualmente que dicha competencia es en interés del menor de nacionalidad española en tanto se trata de tramitar el DNI y el pasaporte español, a la lo que la Audiencia añade que la madre tiene facilidad para plantear demanda en España (recordemos que reside en Brasil) y el padre mayor facilitar para litigar lo que en palabras del Tribunal: favorece una pronta resolución.

E) Audiencia Provincial de Barcelona (Sección 18.ª) Auto n.º 202/2017 de 17 de mayo[39]

Madre nacional de la Republica Dominicana y residente en España. Padre nacional español con residencia en Panamá. La menor reside también en República Dominicana donde es cuidada por la abuela materna. La madre solicita en España: la guarda materna, suspensión del régimen de visitas, facultad de poder expedir el DNI y renovar el pasaporte sin consentimiento paterno, así como poder decidir sobre el lugar de residencia de la menor que se pretende salga de República Dominicana y venga a España y además se solicita pensión de alimentos.

En Primera Instancia el juez declara falta de competencia judicial internacional para continuar conociendo del proceso. Desde el 1 de octubre de 2010 República Dominicana es parte del Convenio de La Haya de 1996; en

38 ECLI:ES:APB:2019:1966A.

39 ECLI:ES:APB:2017:3796A.

consecuencia, es aplicable dicho texto y no, conforme alega el demandante en apelación, el artículo 22 quáter letra d) de la LOPJ.

La precisión en torno al ámbito material del Convenio de La Haya de 1996 y del Reglamento 2201/2003 realizada por la autoridad española es del todo correcta. La petición que realiza la progenitora está incluida en el ámbito material del instrumento de la UE[40], y por una cuestión de coherencia también en el ámbito material del Convenio de La Haya de 1996.

Varias observaciones a la decisión: la autoridad española apunta que el Convenio de La Haya de 1996 no existe un precepto de prórroga de la competencia como el artículo 12 del Reglamento 2201/2003; ni cláusula residual que permita la aplicación de la normativa de fuente interna en nuestro caso artículo 22 de la LOPJ.

La Audiencia continua explorando la posibilidad de asumir la competencia en aplicación de la petición de competencia del artículo 9 del CLH de 1996 (la menor es nacional española), sin embargo se demuestra como en la práctica la operatividad de los artículos 8 y 9 del Convenio de La Haya de 1996 es compleja lo que hace que apenas se recurra a su aplicación.

Finalmente la Sala estima que son las autoridades de la República Dominicana quienes están en mejor situación para adoptar las medidas de protección sobre la menor y que por tanto, la madre plante su demanda ante tales autoridades.

F) Audiencia Provincial de Barcelona (Sección 18.ª) Auto n.º 226/2018 de 16 de abril de 2018[41]

Residencia de la progenitora (actora) y la hija en Ecuador. En instancia se establece la falta de competencia en aplicación del 22, entendemos que quáter letra d) de la LOPJ.

En apelación aunque se llega al mismo resultado y se desestima el recurso se cambia la fundamentación jurídica, dado que es el Convenio de La Haya de 1996 el texto aplicable que determina la competencia de las autoridades ecuatorianas.

40 STJUE de 21.10.2015, as. C-215/15, «Está incluida en el ámbito de aplicación material del Reglamento n.º 2201/2003 la acción por la que uno de los progenitores solicita al juez que supla la falta de consentimiento del otro progenitor al viaje de su hijo menor de edad fuera del Estado miembro en que éste reside y a la expedición de un pasaporte a su nombre, incluso en el caso de que la resolución judicial que se dicte al término de dicha acción deba ser tenida en cuenta por las autoridades del Estado miembro del que el menor es nacional en el procedimiento administrativo de expedición de ese pasaporte». ECLI:EU:*C*:2015:725.

41 ECLI:ES:APB:2018:1367A.

La AP desarrolla un discurso muy correcto en torno al sistema de fuentes. Vuelve a recalcar que el Convenio de La Haya de 1996 no contiene ni prórroga de la competencia ni cláusula residual que permita la aplicación de la norma interna. Sobre estos aspectos nos detenemos en las conclusiones.

IV. Conclusiones

Una vez explicados los supuestos de hecho que dieron lugar a las demandas planteadas ante los Tribunales españoles y las soluciones adoptadas partiendo del texto elegido por las distintas Audiencias para establecer su competencia judicial internacional, la práctica española refleja los siguientes resultados:

1.º) *Para los supuestos en los que ha resultado aplicable el Reglamento 2201/2003 ahora Reglamento 2019/1111* la atribución de la competencia a las autoridades españolas ha estado asegurada, aun sin existir la vinculación comunitaria ya sea:

a) Bien, por la concurrencia de la autonomía de la voluntad de los progenitores en supuestos vinculados con un proceso de divorcio, o en supuestos no vinculados con el *forum divorti*.

b) Bien, por la aplicación de la norma residual de competencia mediante la que se da entrada a la normativa de fuente interna en particular, en el caso español a las previsiones de artículo 22 ter, quáter letra d) y octies de la LOPJ. Normativa que recoge de forma amplia la competencia de las autoridades españolas para adoptar medidas de protección sobre menores con residencia en terceros Estados.

Además, en varios de los supuestos aplicada la normativa de fuente interna y atribuida la competencia a las autoridades españolas a través del artículo 22 esta norma «arrastra» la competencia de las autoridades españolas para conocer de la petición de los alimentos, principalmente a través del foro por accesoriedad del artículo 3 letra d) del Reglamento 4/2009; salvo en aquellos supuestos en los que la competencia esté basada en la nacionalidad de una de las partes —circunstancia que concurre en alguna de las previsiones del artículo 22 quáter letra d) de la LOPJ—.

Dos reflexiones en relación a la competencia de las autoridades de un EM sobre menores residentes en terceros Estados.

Primera, en relación a las divergencias que existen en las normativas internas y que conllevan que ante situaciones iguales las respuestas sean completamente distintas, por parte de las autoridades judiciales de los distintos Estados miembros[42].

---

42 Véase el respecto, «Study of residual jurisdiction (Review of the Member States' Rules concerning the «Residual Jurisdiction» of their courts in Civil and Commercial Matters

Así, por ejemplo, nacionales de catorce Estados miembros pueden recurrir a la competencia de los tribunales de un Estados miembro aunque él o los menores tengan residencia en terceros Estados —caso español—.

En otros trece Estados miembros contemplan la competencia de sus tribunales si la situación presenta una vinculación como: es el Estado miembro donde se está resolviendo la disolución del matrimonio; es el Estados miembro del lugar de residencia habitual de alguno de los progenitores o de los dos —caso español—; en otros casos se puede recurrir a la competencia de las autoridades del Estado miembro a través de la aplicación del *forum necessitatis* —caso español—.

Esta disparidad que conduce a resultados completamente distintos cuestiona la posible eliminación de la cláusula residual y, en su caso, adoptarse una formula común en el texto: un *forum necessitatis*. Sin embargo, a la vista de las últimas decisiones del TJUE —asunto C-501/20 STJUE de 1 de agosto del 2022[43], o en el asunto C-393/18 PPU resuelto por STJUE de 17 de octubre de 2018[44]—, la cláusula residual que conlleva la aplicación de las normas de competencia judicial internas no está en absoluto en cuestión. El TJUE ha entendido que la operatividad de las normas internas de competencia apartándose del criterio de proximidad, así como la posible atomización en algunos casos de los pleitos de familia, no contraía los principios en los que basa el Reglamento 2201/2003 ahora Bruselas II ter[45].

Segunda, es lógico cuestionarse la efectividad de las medidas adoptadas y las escasas posibilidades de las decisiones adoptadas por las autoridades de los EM en el tercer Estado de la residencia habitual del menor.

2.º) *Para los supuestos en los que resulta aplicable el Convenio de La Haya de 1996*, las autoridades españolas no son competentes para conocer. De manera que a medida que el número de ratificaciones del Convenio aumente irán disminuyendo los supuestos en los que haya competencia por parte de las autoridades de los EM para conocer sobre medidas de protección en relación a menores con residencia en terceros Estados parte del instrumento.

Las indicaciones que algunas de las Audiencias han hecho a preceptos como el artículo 8 y 9 del Convenio de La Haya de 1996 para asumir la competencia, así como el cuestionamiento sobre la inexistencia de una cláusula residual que permitiera aplicar las normas internas de competencia, no han pasado de ser meras referencias.

pursuant to the Brussels I and II Regulations)», *General Report Final Version 3 septemeber 2007*, pp. 93-94. Puede consultarse en. https://gavclaw.files.wordpress.com/2020/05/arnaud-nuyts-study_residual_jurisdiction_en.pdf

43 ECLI:EU:C:2022:619

44 ECLI:EU:C:2018:835

45 Véase el apartado 90 del as. C-501/20 y apartado 57 del as. C-393/18.

De un lado, la dificultad de la aplicación de los preceptos relativos a la solicitud de la trasferencia de la competencia ha llevado a una nula aplicación en la (artículos 8 y 9 del Convenio de La Haya de 1996). De otro lado, en relación a la cláusula residual, aunque el texto la contuviera no sería operativa. Hay que recordar que conforme a la redacción del artículo 14 del Reglamento 2201/2023, en la actualidad Reglamento 2019/1111, la aplicación residual de las normas de competencia interna requiere que las autoridades de ningún otro EM sean competentes. En el caso del Convenio de La Haya de 1996, planteada la demanda ante los tribunales españoles habría por mandato del propio texto un Tribunal de un Estado parte del Convenio competente, lo que haría inaplicable tal clausula residual de competencia y si a pesar de ello se produjera la aplicación de las normas internas de competencia para estos casos, resultaría el fin de la operatividad del criterio principal de competencia judicial internacional de las autoridades de la residencia habitual del menor en el marco del Convenio.

V. Bibliografía

Campuzano Díaz, B.: «El nuevo Reglamento (UE) N. 2019/1111: análisis de las mejoras en las relaciones con el Convenio de La Haya de 19 de octubre 1996, sobre responsabilidad parental», *CDT.*, (Marzo 2020), vol. 12, n.º 1, pp. 97-117.

Carrillo Del Pozo, L.: «El Reglamento Bruselas II ter y el interés del menor: elementos para un debate». Bitácora Millennium DIPr: 2021, n.º 14, disponible en http://www.millenniumdipr.com/ba-97-el-reglamento-bruselas-ii-ter-y-el-interes-del-menor-elementos-para-un-debate

Frías Reynoso, J.: «El impacto psicoeducativo de la emigración materna dominicana en los hijos», Tesis doctoral, Universidad del País Vasco, 2016.

González Marimón, M.: «Un paso más en el proceso de armonización del Derecho privado europeo: la concreción por el TJUE del concepto de residencia habitual del menor recogido en el reglamento Bruselas II bis». *Rev. Boliv. de Derecho* n.º 30, julio 2020, pp. 470-495.

Herranz Ballesteros, M.: «Aplicación práctica de la Ley de Cooperación Jurídica Internacional en Materia Civil. Análisis de la excepción de litispendencia internacional y de otros aspectos a propósito del Auto de la AP de Gerona (Sección 2.ª) de 28 de marzo de 2019», *CDT.*, (Marzo 2020), vol. 12, n.º 1, pp. 596-609.

European Commentaries on Private International Law, Brussels II bis Regulation, (edt. U. Magnus, P. Mankoswki), 2012.

Moreno Fernández, F.: «Iberoamérica en Europa: perfiles lingüísticos y culturales», *Real Instituto Elcano*, puede consultarse en https://www.realinstitutoelcano.org/analisis/iberoamerica-en-europa-perfiles-linguisticos-y-culturales-ari/

Pérez Martín, L. A.: «Determinación y trascendencia de la residencia habitual en las crisis familiares internacionales», en Guzmán Zapater, M. y Herranz Ballesteros, M. (dirs.), *Crisis matrimoniales internacionales y sus efectos: derecho español y de la Unión Europea: estudio normativo y jurisprudencial*, Valencia, Tirant lo Blanch, 2018, pp. 927-964.

Rauscher, T.: «Parental Responsibility Cases under the new Council Regulation Brussels II A», *The European Legal Forum*, 2005, n.º 1, pp. 37-46.

Santana Páez, E.: «Artículo 10», *El nuevo marco europeo en materia matrimonial, de responsabilidad parental y sustracción de menores, Comentarios al R. 2019/1111*. (Palao Moreno, G.) Edt. Tirant Lo Blanch, 2022, pp. 155-169.

Solé, C.: «Los vínculos económicos y familiares trasnacionales: los emigrantes peruanos y ecuatorianos en España», Informe 2007, Fundación BBVA, pp. 71-72.

EL INTERÉS SUPERIOR DEL MENOR: UN AUTÉNTICO PRINCIPIO EN LA PROTECCIÓN INTERNACIONAL DE MENORES

Nayiber Febles Pozo
Profesor Contratado Doctor (acred) de Derecho Internacional Privado
Universidad Nacional de Educación a Distancia (UNED)
nfeblespozo@der.uned.es

I. Introducción

La Convención sobre los Derechos del Niño[1] (CDN) es la terminación de un proceso de reconocimiento y protección de los derechos del menor[2] durante el siglo XX. Dicho instrumento marca un hito importante en el desarrollo de sus derechos, en el que no solo se consagran normas de derechos humanos

---

El presente trabajo se adscribe al Proyecto PID2020-114611RB-I00, «Protección del menor en las crisis familiares internacionales. (Análisis del Derecho Internacional Privado español y de la Unión Europea)» concedido por el Ministerio de Ciencia e Innovación.

---

1 Adoptada por la Asamblea General de Naciones Unidas en su resolución 44/25. Instrumento de Ratificación de España, BOE, n.º 313, de 31 de diciembre de 1990.

2 El término «menor» engloba a los niños, niñas y adolescentes.

de carácter general, así como principios y derechos propios vinculados con los derechos de la infancia recogidos en textos más amplios como los Pactos Internacionales de los Derechos Humanos, sino también personifica un cambio de paradigma respecto a la concepción jurídica del menor como sujeto de derecho[3].

Es por ello, que las disposiciones establecidas en la CDN se deben interpretar de manera sistemática y armónicamente. Cuestión que juega un papel e importancia trascendental a la luz de la realidad actual para interpretar los principios que en ella se consagran, como son: la no discriminación, el interés superior del menor, el derecho a la vida, la supervivencia y el desarrollo y la participación infantil.

En las presentes líneas nos dedicaremos exclusivamente al principio del interés superior del menor. La CDN eleva el interés superior del menor al carácter de norma general, con un rol jurídico definido y proyectado más allá de los ordenamientos jurídicos o las políticas públicas. En este sentido, quien pretenda fundamentar una decisión en el interés superior del menor deberá regirse por la interpretación que se desprende del conjunto de las disposiciones de la propia Convención. De ahí que se considere un instrumento que instituye los principios y derechos básicos que deben presidir la interpretación de las normas internas e internacionales.

El interés superior del menor pretende «asegurar la efectividad de los derechos fundamentales de quien, por su falta de madurez personal, no está en condiciones de exigirlos por sí mismo»[4]. Para algunos autores[5], el interés superior del menor acoge un amplio margen de discrecionalidad por parte de las autoridades, lo que puede incidir en una debilidad de los derechos de la tutela judicial efectiva consagrados en la propia CDN.

El presente trabajo tiene como objetivo aportar a la discusión hermenéutica sobre el interés superior del menor una concepción garantista, partiendo de un esbozo inicial del interés superior del menor en la CDN, su planteamiento, su naturaleza y la interpretación de dicho principio por el Tribunal de Justicia del Unión Europea (TJUE).

---

3 Al respecto, Vargas Gómez-Urrutia considera que «la importancia de la Convención radica en que desarrolla de forma particularizada la protección internacional de los derechos del menor (es la Carta Magna de los derechos del menor) siendo uno de los tratados internacionales con mayor número de Estados vinculados al mismo», Vargas Gómez-Urrutia, M.: «La protección del menor en el marco del Derecho internacional», *Cursos de Verano de la UNED*, 2009, p. 8.

4 Ángeles Parra Lucán, M. A.: «El principio del interés del menor en la jurisprudencia», en Picó I Junoy, J., Abel Lluch, X. (dirs): *Problemática actual de los procesos de familia. especial atención a la prueba,* 2018, Bosch, Barcelona, p. 25.

5 García-Lozano, S. T.: «El interés superior del niño», *Anuario Mexicano de Derecho Internacional*, vol. XVI, 2016, p. 141.

II. El interés superior del menor en la Convención Internacional sobre los Derechos del Niño

II.1. El interés superior del menor. Ideas generales

La CDN ha acentuado un creciente compromiso de los ordenamientos jurídicos contemporáneos con los derechos del menor. El art. 3.1 de la CDN establece: «En todas las medidas concernientes a los niños que tomen las instituciones públicas o privadas de bienestar social, los tribunales, las autoridades administrativas o los órganos legislativos, una consideración primordial a que se atenderá será el interés superior del niño», el literal del artículo consagra el principio del interés superior del menor[6]. El propio artículo reconoce el derecho que se le concede al menor a que se le tenga en cuenta de manera primordial su interés superior en todas las decisiones que le afecten, con el objetivo de garantizar el disfrute pleno de todos los derechos reconocidos por la CDN[7]. Es por ello, que el Comité de los Derechos del Niño[8] (el Comité) ha reconocido la prioridad del principio, considerándolo como un criterio rector a seguir en cualquier decisión, prevaleciendo sobre cualquier interés legítimo[9] y que el mismo se extiende a todas las acciones que conciernen al menor[10]. En este sentido, es de aplicación a todos los sectores del ordenamiento jurídico, es decir, superando el ámbito de las relaciones de familia[11] donde se originó, de ahí que sea un concepto flexible y adaptable[12].

---

6 Cabe destacar que no es un concepto nacido de la propia Convención, sino que existe un precedente por los siglos XVIII y XIX, Lenti, L.: «Note critiche in tema di interesse del minore», *Riv.dir.civ.*, pp. 90-91, 2016; Kilkelly, U.: «The Best Interests of the Child: a Gateway to Children´s Rights», en AA. VV.: *Implementing Article 3 of the United Nations Convention on the Rights of the Child Best Interests, Welfare and Well-being*, Cambridge University Press, 2016, p. 51.

7 El Comité de los Derechos del Niño considera que el objetivo del concepto del interés superior del menor es: «garantizar el disfrute pleno y efectivo de todos los derechos reconocidos por la Convención y el desarrollo holístico del niño», es decir, el disfrute pleno de todos los derechos. Observación general 14, Sobre el derecho del niño a que su interés superior sea una consideración primordial (artículo 3, párrafo 1), párrf. 82, 2013.

8 Órgano designado por las Naciones Unidas para interpretar la Convención de los Derechos del Niño.

9 Observación general n.° 13, Sobre el derecho del niño a no ser objeto de ninguna forma de violencia, párraf. 61, 2011.

10 Observación general n.° 14, *op.cit., párraf.* 19.

11 Kilkelly, U.: The Best Interests of the Child..., *op.cit*, pp. 53-54.

12 Observación general n.° 14..., *op. cit., párraf.* 32.

El interés superior del menor es un concepto jurídicamente indeterminado[13] «en la medida en que siempre debe quedar un margen de discrecionalidad al operador jurídico para concretar en cada caso qué es lo que más conviene al menor»[14], por lo que su contenido debe determinarse caso por caso, debe definirse de forma individual, con arreglo a las circunstancias específicas del menor y el contexto en el que se produce. Dotar de un contenido concreto el concepto del interés superior del menor es, a la vez, limitar su extensión, restringir su funcionalidad y lo más importante, impedir que se logre su verdadero objetivo: el disfrute pleno y efectivo de todos los derechos reconocidos en la Convención.

II.2. Una visión tridimensional del concepto del interés superior del menor en la interpretación del Comité de los Derechos del Niño

El concepto del interés superior del menor, como bien hemos apuntado antes, es considerado un concepto jurídico indeterminado, multidimensional y para el Comité tiene una triple dimensión[15]:

- **Un derecho sustantivo:** el derecho del menor a que su interés superior sea una consideración primordial, que se evalúe y se tenga en cuenta al sopesar distintos intereses a la hora de dictar una decisión sobre una cuestión debatida y la garantía de que ese derecho se pondrá en práctica siempre que se tenga que adoptar una decisión que afecte a un menor, a un grupo de menores concreto o en general.
- **Un principio jurídico interpretativo fundamental:** si una disposición jurídica admite más de una interpretación, regirá aquella que satisfaga de manera más efectiva el interés superior del menor siempre en el marco de la Convención.

13 Durán Ayago, A.: «El interés del menor en el conflicto de civilizaciones: elementos para su concreción en un contexto intercultural», en Calvo Caravaca, A. L., Castellanos Ruiz, E. (eds.): *El derecho de familia ante el siglo XXI: aspectos internacionales*, Colex, Madrid, 2004, pp. 295-318; De Bartolomé Cenzano, J. C.: «Sobre la interpretación del interés superior del menor y su trascendencia en el derecho positivo español», *Revista sobre la infancia y la adolescencia*, n.º 3, 2012, p. 51; Ballesteros Barros, Á. M.: «Restitución de menores y orden público europeo: la doctrina Bosphorus sobre protección equivalente», *Cuadernos de Derecho Transnacional*, vol. 14, n.º 1, 2022, p. 41.

14 Durán Ayago, A., «Aspectos internacionales de la reforma del sistema de protección de menores. Especial referencia a la adopción internacional», *Anuario Español de Derecho Internacional Privado*, Tomo: XVI, 2016, pp. 415-462; Martínez Calvo, J.: «La determinación del interés superior del menor tras la reforma introducida por la ley orgánica 8/2015, de modificación del sistema de protección a la infancia y a la adolescencia», *Actualidad Jurídica Iberoamericana*, 2015, p. 201.

15 Observación general n.º 14, *párraf*. 6.

- **Una norma de procedimiento:** cualquier decisión que afecte a un menor en concreto, a un grupo de menores en particular o en general, deberá incluir una estimación de las posibles repercusiones (positivas o negativas) en el menor. La valoración y determinación del interés superior del menor requieren garantías procesales. Los Estados Parte de la CDN deberán explicar cómo se ha respetado este derecho en la toma de decisiones, es decir, qué se ha considerado que atendía al interés superior del menor, en qué criterios se ha basado la decisión y cómo se han ponderado los intereses del menor frente a otras consideraciones ya se trate de cuestiones normativas generales o de casos concretos.

Con una simple lectura de las dimensiones, podemos afirmar que nos encontramos ante una «genuina regla de interpretación de las normas en *pro* del menor»[16] con un marcado énfasis del interés superior del menor en su máximo esplendor, con una función correctora de las normas legales hasta el punto de su inaplicación (a esta función nos referiremos más adelante cuando tratemos la cuestión en sede jurisprudencial).

El Comité subraya que el interés superior del menor es un derecho sustantivo. En términos de la Convención, el interés superior del menor es un derecho que debe considerarse primordial, es decir, ante la ponderación de distintos intereses, prevalecerá el interés superior del menor. De la interpretación por el Comité se deduce que el interés superior del menor más que un derecho, es un principio[17] que puede ser invocado por los tribunales, permitiéndose en caso de su incumplimiento la exigencia de su reparación por el menor.

En cuanto a la dimensión como norma de procedimiento se pone de manifiesto que el interés superior del menor incide en todo proceso de toma de decisión que afecte al menor, e incluso, a los procedimientos judiciales; o sea, que el interés superior del menor además de un principio y un derecho es también una regla de procedimiento. Todo ello, con las debidas garantías procesales, obligándose a quien debe decretar cualquier decisión que afecte a un menor, a comprobar *ex post* cómo fue tenido en cuenta y cómo fue ponderado[18] el interés superior del menor en relación con otros intereses. Las garantías procesales deben tener en cuenta los derechos del menor a ser informado, oído y escuchado, así como a participar en el proceso de acuerdo con la norma vigente[19].

---

16 García Rubio, M. P.: ¿Qué es y para qué sirve el interés del menor?, *Actualidad Jurídica Iberoamericana*, n.º 13, 2020, p. 22.

17 García-Lozano, S. T.: *El interés superior del niño...*, *op.cit.*, p. 133.

18 Sedano Tapia, J.: *Contextualizando los derechos de los niños y su interés superior*, Universitat Politècnica de València, 2020, p, 18.

19 En el ámbito interno para dotar de contenido al concepto del interés superior se modifica

II.3. El interés superior del menor como consideración primordial

La CDN impone una fuerte obligación jurídica a los Estados de atender, entre otros deberes, como consideración primordial[20], el interés superior del menor y, por tanto, debe valorarse en todo momento. Es una consideración calificada como primordial, teniendo en cuenta que el interés del menor prima sobre cualquier otro interés legítimo que pueda concurrir, teniéndose que resolver caso por caso, sopesándose los intereses de todas las partes y prevaleciendo el interés superior del menor[21]. Además, señala el Comité que: «teniendo en cuenta que el derecho del niño a que su interés superior sea una consideración primordial significa que los intereses del niño tienen máxima prioridad y no son una de tantas consideraciones. Por tanto, se debe conceder más importancia a lo que sea mejor para el niño»[22], es decir, el interés superior del menor no puede apreciarse en una relación horizontal con el resto de los intereses o consideraciones a tratar, estando justificado por la especial situación de los menores (condición jurídica, dependencia, etc.). En efecto, la única consideración corresponde a que el interés superior del menor debe ser un elemento determinante en la toma de cualquier decisión que afecte al menor.

En el ámbito doctrinal existen dos corrientes al respecto, por una parte, nos encontramos quienes consideran que el principio del interés superior del menor en su uso reiterado puede conducir a resultados no adecuados para el resto de las personas mayores si se hace prevalecer el interés superior del menor en el caso concreto sobre los demás[23] y; por otro lado, nos encon-

el artículo segundo de la Ley Orgánica 1/1996, del 15 de enero, de Protección Jurídica del Menor, a través del artículo primero, número dos, de la LO 8/2015, del 22 de julio, de modificación del sistema de protección a la infancia y a la adolescencia, la cual en su art. 2.5 establece: «Toda medida en el interés superior del menor deberá ser adoptada respetando las debidas garantías del proceso y, en particular (...)».

20 En sintonía con la CDN, el art. 24, apartado 2, de la Carta de los Derechos Fundamentales de la Unión Europea establece: «en todos los actos relativos a los niños llevados a cabo por autoridades públicas o instituciones privadas, el interés superior del niño constituirá una consideración primordial».

21 Fernández Pérez, A.: «Aproximación al interés superior del menor en el Derecho internacional privado español, *Boletín Mexicano de Derecho Comparado,* n.° 151, 2018, p. 109; Bernardo San José, A.: «Las normas de competencia internacional en materia de responsabilidad parental en el Reglamento (UE) 2019/1111 del Consejo de 25 de junio de 2019, *Cuadernos de Derecho Transnacional*, vol. 12, n.° 2, 2020, p. 1257.

22 Observación General n.° 14, *op. cit.*, párraf. 39.

23 Eekelaa, J.: *Family Law and Personal Life*, 2.ª Ed., Oxford University Press, 2017, p. 57; Scalisi, V.: «Il superiore interesse del minore ovvero il fatto come diritto», *Riv. dir. civ.*, vol. 64, 2018-2, p. 432; García Rubio, M. P.: Qué es y para qué sirve el interés superior del menor..., *op.cit.*, p. 18.

tramos con un sector de la doctrina férreo en reconocer una condición primordial del interés superior del menor y su prevalencia respecto al resto de intereses en juegos[24]. Ante la dualidad de criterios es creciente el número de resoluciones judiciales en las que se afirma que, si bien el interés superior del menor debe ser ponderado con el resto intereses presentes, tendrá mayor rango y por tanto prevalecerá[25].

III. Interés superior del menor y Derecho internacional privado. Breve apunte

En el ámbito internacional así como en los ordenamientos jurídicos nacionales, el Derecho ha contribuido a una mayor certeza y seguridad en cuanto al reconocimiento del principio del interés superior del menor. En el Derecho internacional privado (DIPr.) la doctrina considera que el concepto del interés superior del menor permite la «adopción de medidas flexibles y disposiciones materialmente orientadas»[26]. Mientras que en el ordenamiento jurídico español se han dado pasos para su concreción, en nuestra disciplina continúa siendo un concepto predominantemente indeterminado, genérico, vago, que escapa de una definición general y abstracta[27]. Motivo por el cual, para su aplicación debe tenerse en cuenta las circunstancias específicas en cada caso concreto[28], de ahí su flexibilidad en cuanto a su concreción, correspondiéndole

24 Fernández Pérez, A.: «Aproximación al interés superior del menor...*op.cit*, p. 117, 127. En este sentido, el interés superior del menor comprende, por un lado, su derecho a relacionarse con su familia y, por otro, su derecho a relacionarse en un entorno sano, estando presente en la mayoría de los instrumentos internacionales y comunitarios del Derecho de familia que afecte a los derechos del menor, García Rubio, M. P.: «Aproximación al significado, contenido y alcance del interés del menor», en AA. VV.: *Relaciones transfronterizas, globalización y Derecho. Homenaje al Profesor Doctor José Carlos Fernández Rozas*, Civitas, Madrid, 2020, p. 1077, Pobjoy, J. M.: «The best interests of the child principle as an independent source of international protection», *International Comparative Law Quarterly*, vol. 64, n.° 2, 2015, p. 331; Guzmán Zapater, M.: «La filiación internacional a examen por el tribunal supremo. A propósito de las sentencias TS 223 y 224 de 17 de abril de 2018», *Cuadernos de Derecho Transnacional*, vol. 11, n.° 2, 2019, p. 633.

25 El Tribunal Constitucional español señala que «la adecuación constitucional de la motivación de la resolución objeto de amparo ha de ser valorada en función del principio del interés superior del menor. Así, dicho interés ha de presidir la decisión a tomar por los jueces, debiendo ponderarlo con el interés de los progenitores, ya que, si bien éste es de menor rango, no ha de ser menospreciado», STC de 1 de febrero de 2016 (RTC\2016\16), FJ 4to; véase también, STSJ Canarias de 30 de junio de 2016, n.° 313, FJ 5to, entre otras.

26 Fernández Pérez, A.: Aproximación al interés superior del menor..., *op.cit.*, 121.

27 Calvo Caravaca, A. L., Carrascosa González, J.: *Derecho internacional privado*, vol. II, Comares, 17.ª Edic., 2017, p. 534

28 Al respecto Herranz Ballestero, considera que en la interpretación del principio debe tenerse en cuenta «las circunstancias concretas de las personas que intervienen en la relación jurídica» Herranz Ballestero, M.: *El interés del menor en los Convenios de la*

a los jueces delimitar su alcance[29]. Al respecto, CARRILLO POZO considera que «aunque se reconoce que el interés superior del menor se encuentra en todos los sectores de la disciplina, se considera que como guía de interpretación da más juego en el seno de los ordenamientos nacionales —en el nivel del Derecho civil básicamente— ante la inflexibilidad de la ley aplicable y el vago criterio sobre la competencia basado en la existencia de vínculos más estrechos»[30].

Conferencia de La Haya de Derecho Internacional Privado, Lex Nova, Valladolid, 2004, p. 53: GLUHAIA, D.: «Residencia habitual del menor y tribunales competentes para modificar una resolución judicial sobre derecho de visita. Aplicación jurisprudencial de los artículos 8 y 9 del Reglamento (CE) 2201/2003», *Cuadernos de Derecho Transnacional*, vol. 11, n.° 1, 2019, p. 753.

29 El órgano jurisdiccional juega un papel importante en la valoración del interés superior del menor, así lo refleja la jurisprudencia del TJUE ,«la exigencia de que la remisión responda al interés superior del menor implica que el órgano jurisdiccional competente se cerciore, a la vista de las circunstancias concretas del asunto, de que la remisión que valora efectuar al órgano jurisdiccional de otro Estado miembro no pueda incidir negativamente sobre la situación del menor afectado», por tanto, «para poder estimar que tal remisión responde al interés superior del menor, el órgano jurisdiccional competente de un Estado miembro debe cerciorarse, en particular, de que dicha remisión no pueda incidir negativamente en la situación del menor». STJUE de 27 de octubre de 2016, asunto C-428/15 (*Child and Family Agency y J. D.*), párraf. 58 y 61; PÉREZ VERA, E.: «El derecho de protección de los menores», AA. VV.: *Comentarios a la Constitución socioeconómica de España*, Comares, Granada, 2002, p. 1309.

30 CARRILLO POZO, L. F.: «El Reglamento Bruselas II ter y el interés del menor: elementos para un debate», *Bitácora Millennium DIPr*, n.° 14, 2021, p. 20. En el ámbito de la competencia judicial internacional, las normas de competencia en materia de responsabilidad parental, en el Reglamento Bruselas II ter, hacen referencia al interés superior del menor en los arts. 10,12,13,15,25,27,39,56,66, 68, en el «Considerando 19 en el que no solo se especifica que las normas de competencia judicial internacional en materia de responsabilidad parental se conciben en función del interés superior del menor y deben aplicarse de acuerdo con este, sino que acentúa que el mismo debe ser interpretado a la luz del art. 24 de la Carta de los Derechos Fundamentales de la Unión y de la Convención de los Derechos del Niño de 20 de noviembre de1989, el Considerando 20 hace referencias a la salvaguardia del interés superior del menor y en el Considerando 84 a su consideración primordial» GONZÁLEZ MARIMÓN, M.: *Menor y responsabilidad parental en la Unión Europea*, Tirant lo Blanch, Valencia, 2021, pp. 106-107, así como en reiterada jurisprudencia del TJUE, entre otras, STJUE de 8 de junio de 2017, asunto C 111/17 PPU (*OL y PQ*), párraf 40, 50, 66-68; STJUE de 27 de octubre de 2016, asunto C-428/15 (Child and Family Agency y J. D), párraf. 39-45, 61 y 63; STJUE de 5 de octubre de 2010, asunto C400/10 PPU (*J. McB. y L. E.*), párraf. 60; STJUE de 23 de diciembre de 2009, asunto C403/09 PPU (*Jasna Detiček y Maurizio Sgueglia*), párraf. 35, 53-55. El criterio de proximidad en el que se fundamentan las normas de competencia en materia de protección de menores, HERRANZ BALLESTERO, M.: El interés del menor...*op.cit*, p. 59; FERNÁNDEZ DE LA IGLESIA, E. «Importancia del concepto de residencia habitual del menor para delimitar la competencia de los Tribunales en los supuestos de sustracción internacional de menores. Estudios sobre Jurisprudencia Europea», en RUDA GONZÁLEZ, A., JEREZ DELGADO, C (direts).: *Estudios sobre Jurisprudencia Europea. Derecho civil y Derecho procesal civil*, Sepín, vol. I, 2020. En el ámbito de la ley aplicable, se considera la ley de la residencia habitual del menor la de mayor proximidad, es decir, la más vinculada con el menor y a sus circunstancias personales y sociales, todo ello, en favor del interés superior del menor. RODRIGUEZ BENOT, A.: «El criterio de conexión

No obstante, el principio del interés superior del menor en el DIPr. juega un papel notablemente valioso, teniendo en cuenta la interacción de la disciplina con los derechos humanos. La protección de los derechos humanos —en particular los derechos del menor— inciden incuestionablemente en el funcionamiento de las normas de DIPr.[31]. Otras de las razones que justifican la relevancia del interés superior del menor en el DIPr es la propia uniformidad de las normas *iusprivatistas* internacional en materia de menores que facilitan la aplicación del tan aclamado principio[32], así como la extensión en el uso de la autonomía de la voluntad en las relaciones jurídicas objeto de DIPr.

La interacción de las normas de DIPr., dentro del espacio judicial europeo, y las libertades fundamentales, hacen posible el criterio de la autonomía de la voluntad entre las partes de una relación jurídica, las cuales pueden elegir libremente el ordenamiento jurídico que mejor satisfaga sus intereses, pero la autonomía de la voluntad se ve restringida en aquellos casos en los que conculca con el interés superior del menor. En este sentido, la Unión Europea reafirma su posición inquebrantable respecto a la protección de los menores en armonía con los instrumentos europeos en materia de Derecho de familia, el art. 24 de la Carta de los Derechos Fundamentales de la Unión Europea[33] y también con las obligaciones de los Estados miembros, en *pro* del interés superior del menor, adquiridas al ratificar la CDN.

La tutela del interés superior del menor en el espacio judicial europeo se evidencia en la evolución del sistema de Bruselas II, las normas fundamentales de DIPr. de la Unión en materia de familia; esto es, el Reglamento 1347/2000 (Bruselas II), el Reglamento 2201/2003 (RBII *bis*) y el actual Reglamento 2019/1111 (RBII *ter*). Es loable en dichos instrumentos la apuesta por la protección del menor[34].

para determinar la ley personal: un renovado debate en Derecho Internacional Privado», *Cuadernos de Derecho Transnacional*, vol. 2, n.° 1, 2010, pp. 186-202.

31 Kinsch, P.: «Recognition in the Forum of a Status Acquired Abroad — Private International Law and European Human Rights Law», en AA. VV.: *Convergence and Divergence in Private International Law — Liber Amicorum Kurt Siehr,* Eleven International, La Haya, 2010, p. 244.

32 Carpaneto, L.: «Impact of the best interests of the child on the brussels ii ter regulation», en Bergamini, E, Ragni, Ch (dirs).: *Fundamental Rights and Best interest of the child in transnational families*, Cambridge University Press, 2019, p. 266.

33 Establece que: «1. Los niños tienen derecho a la protección y a los cuidados necesarios para su bienestar. Podrán expresar su opinión libremente. Ésta será tenida en cuenta para los asuntos que les afecten, en función de su edad y madurez. 2. En todos los actos relativos a los niños llevados a cabo por autoridades públicas instituciones privadas, el interés superior del niño constituirá una consideración primordial. 3. Todo niño tiene derecho a mantener de forma periódica relaciones personales y contactos directos con su padre y con su madre, salvo si ello es contrario a sus intereses».

34 Bernardo San José, A.: Las normas de competencia internacional..., *op. cit*, pp. 1261, 1283-1284; Kruger, T, Samyn, L.: «Brussels II bis: Successes and Suggested Improve-

IV. El interés superior del menor en la jurisprudencia del Tribunal de Justicia de la Unión Europea

En lo concerniente a la concepción del concepto del interés superior del menor y su interpretación, aunque disímil entre los propios tribunales, ha jugado un rol importante la jurisprudencia y la doctrina, esta última ha considerado que el principio del interés superior del menor es también una forma de acceder a la tutela judicial efectiva[35] en defensa de sus derechos.

El Tribunal de Justicia de la Unión Europea (TJUE) se ha pronunciado en reiteradas ocasiones sobre el interés superior del menor. Dicho principio despliega ciertas funciones que inciden no solo en su correcta aplicación sino también como corrector de las normas legales. Al respecto, nos centraremos en analizar la función e interpretación del principio del interés superior del menor en la jurisprudencia del TJUE.

ments», *Journal of Private International Law*, 2006, p. 146, HERRANZ BALLESTEROS, M.: «El Reglamento (UE) 2019/1111 relativo a la competencia, el reconocimiento y la ejecución de resoluciones en materia matrimonial y de responsabilidad parental y sobre la sustracción internacional de menores (versión refundida): principales novedades», *Revista Española de Derecho Internacional*, vol. 73, n.° 2, 2021, pp. 229-260; BORRÁS, A.: «Bruselas II, Bruselas II bis, Bruselas II ter...», *Revista Electrónica de Estudios Internacionales*, n.° 38, 2019, pp. 1-5; DUTTA, A, SCHULZ, A.: «First Cornerstones of the EU Rules on Cross-border Child Cases: The Jurisprudence of the Court of Justice of the European Union on the Brussels IIa Regulation From C to Health Service Executive», *Journal of Private International Law* , 2015, p. 7; HONORATI, C.: «La proposta di revisione del Regolamento Bruxelles II bis: più tutela per iminori e più efficacia nell'esecuzione delle sentenze» , *Rivista di dirittointernazionale privato e processuale* , 2017, pp. 2-55; Rodriguez Pineau, E.: «La refundición del Reglamento Bruselas II bis: de Nuevo sobre la función del Derecho internacional privado europeo», *Revista española de Derecho Internacional*, 2017, vol. 69, pp. 139-165; GONZÁLEZ BEILFUSS, C.: «La sustracción de menores en el nuevo Reglamento 2019/1111», en AA. VV.: *Relaciones transfronterizas, globalización y Derecho. Homenaje al Profesor Doctor José Carlos Fernández Rozas,* Civitas, Madrid, 2020, pp. 383-398; CARRILLO POZO, L. F.: El Reglamento Bruselas II ter...op.cit, pp. 22-29.

35 VÁZQUEZ-PASTOR JIMÉNEZ, L.: «El interés superior del menor de edad en situación de desprotección como principio rector de la actuación de los poderes públicos», *BMJ*, año LXXIII, n.° 2.221, 2019, pp. 8-68; GARCÍA RUBIO, M. P.: Aproximación al significado...*op.cit*, pp. 1175 a 1090; MERCHAN MURILLO, A.: «El interés superior del menor como cuestión de fondo», *Cuaderno de Derecho Transnacional*, vol. 12, n.° 1, 2020, pp. 635-644; ANDRÉS PÉREZ MARTÍN, L.: «El interés superior de los niños y las niñas, de nuevo sobre la necesidad de la creación del concepto autónomo de su residencia habitual. Auto de 24 de octubre de 2019 sección decimosegunda de la Audiencia Provincial de Barcelona», *Cuadernos de Derecho Transnacional,* vol. 12, n.° 2, 2020, p. 1120.

IV.1. Prevalencia del interés superior del menor

El TJUE en reiteradas ocasiones ha reconocido que en todo proceso en el que esté vinculado un menor de edad la investigación debe regirse por el interés superior del menor, así se confirma en la STJUE de 14 de enero de 2021, asunto C-441/19, (*TQ contra Staatssecretaris van Justitie en Veiligheid*) que resuelve una petición de decisión prejudicial sobre los criterios para acordar el retorno de un menor no acompañado y que se resume de la siguiente manera.

Un menor guineano no acompañado de 15 años presentó en los Países Bajos una solicitud de permiso de residencia por tiempo determinado en virtud de la Directiva 2008/115. El menor viajó a Países Bajos tras fallecer su único familiar conocido. Mientras se tramitaba el permiso de residencia, fue víctima de trata de seres humanos y de explotación sexual. Un tribunal de primera instancia neerlandés estimó que el menor no tenía derecho a obtener el estatuto de refugiado ni protección subsidiaria, lo que equivale a una decisión de retorno por lo que debía abandonar el país. La sentencia fue recurrida por el menor, alegando que no sabe dónde residen sus padres, que a su regreso no podría reconocerlos, que no conoce ningún otro miembro de la familia y que ni siquiera sabe que existen.

El art. 10.1 de la Directiva 2008/115 establece que «antes de dictar una decisión de retorno respecto de un menor no acompañado, se concederá la asistencia de los servicios pertinentes distintos de las autoridades encargadas de la ejecución del retorno, teniendo debidamente en cuenta el interés superior del niño», es decir, debe realizarse una investigación sobre la existencia de una acogida adecuada en el país de origen, pero la legislación neerlandesa solo prevé dicha investigación para los menores de 15 años. Ante la situación, el Tribunal de Segunda Instancia plantea una cuestión prejudicial al TJUE sobre la conformidad con el Derecho de la Unión de la distinción que efectúa el derecho neerlandés respecto de los menores no acompañados que tienen menos de 15 años y aquellos que tienen 15 años o más.

Al respecto el TJUE declara que, cuando un Estado miembro pretenda dictar una decisión de retorno respecto de un menor no acompañado en virtud de la citada Directiva, debe asegurarse previamente de que exista una acogida adecuada en el Estado de retorno[36]; de lo contrario, el menor no puede ser objeto de una decisión de retorno. El menor de edad se encontraría en una situación de gran incertidumbre en cuanto a su estatuto

36 El objetivo de la Directiva es establecer una política eficaz de expulsión y repatriación, respetando plenamente los derechos fundamentales y la dignidad de las personas afectadas, STJUE de14 de mayo de 2020, asuntos acumulados C-924/19 PPU y C-925/19 PPU (*FMS y otros contra Országos Idegenrendészeti Főigazgatóság Dél-alföldi Regionális Igazgatóság y Országos Idegenrendészeti Főigazgatóság*), *párraf*. 121.

jurídico, su futuro, sus relaciones familiares respecto a la familia de acogida, su escolarización. Todo ello, sería contrario a las exigencias del interés superior del menor[37].

Considera el TJUE que la edad del menor es solo un factor, entre otros, para comprobar la existencia de una acogida adecuada en el Estado de retorno y determinar si el interés superior del menor debe llevar a que no se adopte una decisión de retorno, es decir, ningún Estado miembro puede distinguir entre los menores no acompañados únicamente en función de la edad para comprobar la existencia de su acogida. Por todo ello, el TJUE concluye que, antes de dictar una decisión de retorno respecto de un menor no acompañado, un Estado miembro debe cerciorarse que se encuentra disponible una acogida adecuada para el menor en el Estado de retorno, independientemente de su edad. En otras palabras, el interés superior del menor garantiza el derecho que tiene el menor a que, antes de adoptarse cualquier decisión, se adopten aquellas que promuevan y protejan sus derechos.

En otra ocasión, el TJUE también se tuvo que pronunciar, esta vez en el marco de un litigio en el que se le negó la entrada al Reino Unido de un menor de nacionalidad argelina acogido bajo el régimen de la *Kafala* por nacionales de Estados miembros[38], alegándose por el responsable de los permisos de entrada, que la tutela en régimen de *kafala* argelina no está reconocido como adopción a los efectos del Derecho del Reino Unido y que no se había formulado solicitud de adopción internacional. Recurrida la decisión ante el Tribunal de Primera Instancia de lo Contencioso-Administrativo, el mismo decide plantear, entre otras, la siguiente cuestión prejudicial al TJUE, el concepto de descendiente directo regulado por el art. 2.2 de la Directiva 2004/38 debe interpretarse en el sentido de que incluye a una menor que se encuentra bajo la tutela legal permanente de un ciudadano o ciudadanos de la Unión con arreglo a la institución de la *kafala* argelina.

Al respecto, el TJUE sostiene que, el concepto de «descendiente directo» debe interpretarse en el sentido de que no incluye una menor que se encuentra bajo la tutela de un ciudadano con arreglo a una institución de la *kafala*[39]. Sin embargo, sostiene el tribunal que «incumbe a las autoridades nacionales competentes, al poner en práctica la obligación de facilitar la entrada y residencia de los demás miembros de la familia, proceder a una apreciación equilibrada y razonable del conjunto de circunstancias actuales y pertinentes del asunto, teniendo en cuenta todos los intereses en juego y en especial el

---

37 STJUE de 11 de diciembre de 2014, asunto C-249/13, (*Khaled Boudjlida / Préfet des Pyrénées-Atlantiques)*, párraf. 48; STJUE de 8 de mayo de 2018, asunto C-82/16, (*K. A. y otros contra Belgische Staat*), *párraf*. 102.

38 STJUE de 26 de marzo de 2019, asunto C-129/18, (*SM y Entry Clearance Officer, UK Visa Section*).

39 *Ibidem*, *párraf*. 71 y 73.

interés superior de los menores afectados»[40]. Dicha apreciación debe tener en cuenta, «la edad desde la que los menores se hallen en régimen de *kafala* argelina, la existencia de vida en común de los menores con sus tutores desde el inicio de dicho régimen, el grado de las relaciones afectivas que se hayan entablado entre los menores y sus tutores y el nivel de dependencia de los menores respecto de sus tutores en la medida en que estos asumen su patria potestad y guardia legal y económica»[41]. Una vez apreciado dichos extremos, concluye el tribunal que si se «demuestra que la menor y su tutor llevaran una vida familiar efectiva y que la menor depende de su tutor, las exigencias vinculadas al Derecho fundamental al respeto de la vida familiar, junto con la obligación de tener en cuenta el interés superior del menor, en principio requerirán que se otorgue a esta el derecho de entrada y residencia como «otro miembro de la familia» de un ciudadano de la Unión (...)»[42].

IV.2. El interés superior del menor: función integradora o correctora de la norma

El interés superior del menor tiene una función integradora o correctora de las normas. En este sentido juegan un rol esencial los Derechos fundamentales, en particular «el derecho al respeto de la vida privada y familiar tal como se formula en el art. 7 de la Carta de los Derechos Fundamentales de la Unión Europea[43] y, por otro, el respeto al principio de proporcionalidad. El mencionado art. 7 de la Carta debe ponerse en relación con la obligación de tener en cuenta el interés superior del niño»[44]. En este sentido, el TJUE considera que el interés superior del menor impide la aplicación de una norma interna cuando suponga la negación de un permiso de residencia a un adulto con un menor a su cargo, STJUE de 13 de septiembre de 2016, asunto C-165/14 (*Alfredo Rendón Marín y Administración del Estado)* y que resumimos a continuación.

Un nacional colombiano padre de dos hijos menores de edad nacidos en Málaga, los dos hijos tienen distintas nacionalidades, uno es nacional español y el otro nacional polaco, con residencia en España. Se desconoce el domicilio de la madre de nacionalidad polaca. Ante el Juzgado de Primera Instancia de Málaga en el 2009, el padre obtuvo la guarda y custodia de ambos menores, encontrándose ambos adecuadamente escolarizados y

40 *Ibidem*, *párraf*. 68.

41 *Ibidem*, *párraf*. 69.

42 *Ibidem*, *párraf.* 78.

43 STJUE de 13 de septiembre de 2016, asunto C-165/14 (*Alfredo Rendón Marín y Administración del Estado*), *párraf*. 66; STJUE 23 noviembre 2010, asunto C145/09, (*Land Baden-Württemberg y Panagiotis Tsakouridis*), *párraf*. 52.

44 STJUE de 23 de diciembre de 2009, asunto C-403/09 PPU, (*Jasna Detiček y Maurizio Sgueglia*), *párrafs*. 53 y 54.

atendidos. El padre es condenado a una pena de nueve meses de prisión, obteniendo una suspensión provisional de dos años de la pena. En el año 2010 presenta ante el Director General de Inmigración del Ministerio de Trabajo e Inmigración una solicitud de autorización de residencia temporal por circunstancias excepcionales, la cual fue denegada, alegándose como causa principal la existencia de antecedentes penales en virtud del art. 31.5 de la Ley 4/2000[45]. La resolución fue recurrida ante la Audiencia Nacional, en el recurso se alegó la interpretación errónea de la jurisprudencia del TJUE[46], cuya doctrina debería haber llevado la concesión de la autorización de residencia solicitada y, por otro lado, la vulneración del artículo 31 apartados 3 y 7, de la Ley 4/2000[47], siendo rechazado el recurso.

Ante las circunstancias, el padre decide presentar un recurso de casación ante el Tribunal Supremo, el cual decide suspender el procedimiento y plantear la siguiente cuestión prejudicial: «¿es compatible con el artículo 20 [TFUE], interpretado a la luz de las sentencias de 19 de octubre de 2004[, Zhu y Chen (C-200/02, EU:C:2004:639),] y [de] 8 de marzo de 2011[, Ruiz Zambrano (C-34/09, EU:C:2011:124)], una legislación nacional que excluye la posibilidad de otorgar permiso de residencia a un progenitor de un ciudadano de la Unión Europea, menor de edad y dependiente de aquél, por tener antecedentes penales en el país donde formula la solicitud, aunque ello lleve aparejada la salida forzosa del territorio de la Unión del menor al tener que acompañar al progenitor?».

El TJUE reconoce que en virtud del art. 20 TFUE los Estados miembros pueden invocar una excepción relacionada con el mantenimiento del Orden Público[48] y la salvaguardia de la seguridad pública[49], pero que ambos conceptos deben ser objeto de una interpretación estricta, de manera que el alcance no pueda ser determinado unilateralmente por los Estados miembros sin el control de las instituciones de la Unión. Por tanto, en el caso objeto de litigio, no existe motivo alguno para considerar que se vulnera el Orden Público y se

---

45 Ley Orgánica 4/2000, de 11 de enero, sobre derechos y libertades de los extranjeros en España y su integración social.

46 Entre otras, STJUE de 19 de octubre de 2004, asunto C-200/02 (*Kunqian Catherine Zhu, y Man Lavette Chen y Secretary of State for the Home Department*); STJUE de 8 de marzo de 2011, asunto C-34/09 (Gerardo Ruiz Zambrano y Office national de l'emploi (ONEm).

47 STJUE de 13 de septiembre de 2016...*op.cit., párraf.* 20.

48 Considerado este como una perturbación del orden social que constituye cualquier infracción de la ley, que exista una amenaza real, actual y suficientemente grave que afecte a un interés fundamental de la sociedad. *Ibidem, párraf.* 83

49 Comprende tanto la seguridad interior de un Estado miembro como su seguridad exterior y que, en consecuencia, pueden afectar a la seguridad pública el hecho de poner en peligro el funcionamiento de las instituciones y de los servicios públicos esenciales, así como la supervivencia de la población, al igual que el riesgo de una perturbación grave de las relaciones exteriores o de la coexistencia pacífica de los pueblos o, incluso, la amenaza a intereses militares. *Idem*.

pone en peligro la seguridad pública únicamente por las infracciones penales cometidas por el padre. El Estado español debió tener en cuenta en su decisión, a la hora de apreciar la situación del padre (antecedentes penales), el respeto a la vida privada y familiar, teniendo en cuenta como obligación el interés superior del menor, los Derechos fundamentales y el principio de proporcionalidad[50].

Considera el TJUE que la normativa de la Unión debe interpretarse en el sentido de que se opone a las exigencias de la normativa española de exigir la denegación de la autorización de residencia de un ciudadano de terceros países, progenitor de dos menores de edad, de los que tiene la guarda exclusiva, debido a que el progenitor tiene antecedentes penales, cuando la denegación tenga como consecuencias el abandono de los hijos del territorio de la Unión Europea. En conclusión, la normativa española es contraria a las exigencias de la normativa de la Unión.

IV.3. Interpretación extensiva del interés superior del menor

El principio del interés superior del menor no solo está presente cuando se adopte una decisión cuyo destinatario, exclusivamente, sea un menor; todo lo contrario, también se extiende a terceras personas con las cuales tenga un cierto grado de vinculación. Así lo reconoce el TJUE en la sentencia del 11 de marzo de 2021, asunto C 112/20 (*M. A. y État belge*). El objeto del litigio versó sobre una orden de abandono del territorio belga y la prohibición de entrada al progenitor de una menor de nacionalidad belga, la cual fue recurrida y desestimada.

Ante la situación, el recurrente interpone recurso de casación ante el Tribunal Supremo de lo Contencioso-Administrativo alegando que, el Consejo del Contencioso de Extranjería, «consideró erróneamente sus alegaciones basadas en la infracción del artículo 24 de la Carta de los Derechos Fundamentales de la Unión Europea que carecía de interés porque el recurrente no precisaba que actuaba en nombre de su hija menor de edad»[51]. Además, que la hija no es destinataria de los actos impugnados, careciendo de la legitimidad activa y que para continuar la vida familiar es preciso que la misma abandone el territorio de la Unión y, consecuentemente, se vería privada del disfrute de los derechos que le concede el estatuto de la ciudadanía europea. En resumen, el órgano jurisdiccional en primera instancia no consideró el interés superior del menor, teniendo en cuenta que la decisión administrativa no se refiere expresamente a la menor sino a su padre.

50 STJUE de 13 de septiembre de 2016...*op.cit., párraf.* 85.

51 STJUE del 11 de marzo de 2021, asunto C 112/20 (*M. A. y État belge*), *párraf.* 15.

Sin embargo, el Tribunal Supremo de lo Contencioso-Administrativo considera que «la obligación del recurrente de impugnar la legalidad de esa decisión en nombre de su hija, para que se tenga en cuenta el interés de esta, pertenece al ámbito de la legitimación activa, que no concierne a la interpretación del Derecho de la Unión». Ante las circunstancias, decide presentar la siguiente cuestión prejudicial al TJUE: «si el art. 5 de la Directiva 2008/115, en relación con el artículo 13 de esta Directiva y con los art. 24 y 47 de la Carta, debe interpretarse en el sentido de que los Estados miembros están obligados a tener debidamente en cuenta el interés superior del niño antes de adoptar una decisión de retorno acompañada de una prohibición de entrada, aun cuando el destinatario de esa decisión no sea un menor, sino su padre»[52].

El TJUE considera que, aunque el otro progenitor sea nacional de la Unión y sea capaz de estar de acuerdo en asumir por sí solo el cuidado diario y efectivo del menor, es un elemento pertinente, pero no suficiente como para asumir que no exista una relación de dependencia entre el menor y el padre (nacional de un tercer Estado). Al respecto, reconoce que para adoptarse tal decisión (expulsión del padre del territorio belga), según reiterada jurisprudencia[53], debe considerarse el interés superior del menor, las circunstancias del caso en concreto y, en particular, la edad, el desarrollo físico y emocional del menor, la intensidad de las relaciones del menor con sus progenitores y el riesgo que entrañaría en el equilibrio del menor la separación de su progenitor nacional de un tercer Estado, siendo competente el juez nacional para apreciar, a la luz de las particularidades del asunto, tanto la necesidad de una decisión prejudicial para poder dictar sentencia como la pertinencia de las cuestiones que plantea al TJUE[54].

El TJUE reconoce que el art. 5 a) de la Directiva 2008/115 obliga a los Estados miembros a tener debidamente en cuenta el interés superior del menor, por lo que no cabe interpretarlo de manera que solo deba tenerse en cuenta cuando la decisión solo se adopte respecto de un menor, excluyéndose cuando dicha medida sea adoptada contra sus progenitores[55]. Respecto al art. 24 de la Carta, es una disposición redactada en sentido amplio, aplicándose también a una decisión de retorno, como la del objeto de sentencia, aunque no esté implicado el menor, pero implica consecuencias para él. Concluye el TJUE que «los Estados miembros están obligados a tener en cuenta el interés superior del menor al adoptar una decisión de retorno acompañada de una prohibición de entrada, aun cuando el destinatario de esta decisión no sea un menor»[56], sino su padre.

52 *Ibidem*, *párraf.* 19.

53 STJUE de 10 de mayo de 2017, asunto C 133/15 (*Chávez-Vílchez y otros*), *párraf.* 70 y 71.

54 STJUE del 11 de marzo de 2021, *op.cit.*, *párraf.* 28.

55 STJUE de 8 de mayo de 2018, asunto C 82/16 (*K. A. y otros*), *párraf.* 107

56 STJUE del 11 de marzo de 2021, asunto C 112/20 (*M. A. y État belge*).

V. A modo de conclusión

El interés superior del menor es un principio inquebrantable en la jurisprudencia del TJUE. La tutela de dicho principio no es tarea fácil. Sin embargo, debemos admitir que se han dado pasos significativos en la consecución de tal objetivo y que se pueden concretar en las tres dimensiones del principio a las que nos hemos referido en el presente trabajo: sustantiva, interpretativa y procesal.

Respecto a la dimensión sustantiva, queda demostrado en la jurisprudencia del TJUE al reiterar la necesidad de llevar a cabo una evaluación minuciosa caso por caso de la situación del menor a la luz del principio del interés superior antes de adoptarse cualquier decisión; todo ello, con el objetivo de que la decisión sea la más beneficiosa para el menor.

En cuanto a la dimensión interpretativa del principio, se evidencia en los procedimientos establecidos en los extintos RBII, RBII *bis* y el actual RBII *ter*, en este último mucho más reforzado teniendo en cuenta la acción activa de la Unión en el ámbito de la protección de menores.

Respecto a la dimensión procesal, el nuevo RBII *ter* es el reflejo de la preeminencia y alcance de dicha demisión en el ámbito comunitario. El Reglamento conserva, como regla básica de competencia judicial internacional en materia de responsabilidad parental, la residencia habitual del menor, lo que constituye una genuina cristalización del DIPr en sede de conflicto de jurisdicción. Y, por tanto, prima el criterio de proximidad para salvaguardar el principio del interés superior del menor —la residencia habitual también está presente como principal conexión en el ámbito de la ley aplicable en el Derecho de familia europeo— lo que constituye una verdadera regla en la búsqueda del equilibrio entre las cuestiones procesales y el interés superior del menor en beneficio de una mayor previsibilidad y certeza. No obstante, no debemos olvidar que el Reglamento admite en algunas ocasiones el conocimiento de la causa por otro tribunal que se ecuentre mejor situado.

Los instrumentos comunitarios en materia de Derecho de familia son un fiel reflejo de las instituciones europeas respecto a la protección del interés superior del menor. El gran desafío es lograr una mayor coherencia dentro del espacio judicial europeo para una consecuente concreción del principio y, para ello, es imprescindible la labor que desarrolla el TJUE.

VI. Bibliografía

Andrés Pérez Martín, L.: «El interés superior de los niños y las niñas, de nuevo sobre la necesidad de la creación del concepto autónomo de su residencia habitual. Auto de 24 de octubre de 2019 sección decimosegunda de la Audiencia Provincial de Barcelona», *Cuadernos de Derecho Transnacional*, vol. 12, n.º 2, 2020.

Ángeles Parra Lucán, M. A.: «El principio del interés del menor en la jurisprudencia», en Picó I Junoy, J., Abel Lluch, X. (dirs): *Problemática actual de los procesos de familia. especial atención a la prueba*, Bosch, Barcelona, 2018.

Ballesteros Barros, Á. M.: «Restitución de menores y orden público europeo: la doctrina Bosphorus sobre protección equivalente», *Cuadernos de Derecho Transnacional*, vol. 14, n.º 1, 2022.

Bernardo San José, A.: «Las normas de competencia internacional en materia de responsabilidad parental en el Reglamento (UE) 2019/1111 del consejo de 25 de junio de 2019», *Cuadernos de Derecho Transnacional*, vol. 12, n.º 2, 2020.

Borrás, A.: «Bruselas II, Bruselas II bis, Bruselas II ter...», *Revista Electrónica de Estudios Internacionales,* n.º 38, 2019.

Calvo Caravaca, A. L. y **Carrascosa González, J.**: *Derecho internacional privado*, vol. II, Comares, 17.ª Edic, 2017.

Carpaneto, L.: «Impact of the best interests of the child on the brussels ii ter regulation», en Bergamini, E, Ragni, Ch. (dirs).: *Fundamental Rights and Best interest of the child in transnational families*, Cambridge University Press, 2019.

Carrillo Pozo, L. F.: «El Reglamento Bruselas II ter y el interés del menor: elementos para un debate», *Bitácora Millennium DIPr*, n.º 14, 2021.

De Bartolomé Cenzano, J. C.: «Sobre la interpretación del interés superior del menor y su trascendencia en el derecho positivo español», *Revista sobre la infancia y la adolescencia*, n.º 3, 2012.

Durán Ayago, A.: «El interés del menor en el conflicto de civilizaciones: elementos para su concreción en un contexto intercultural», en Calvo Caravaca, A. L., Castellanos Ruiz, E. (eds.): *El derecho de familia ante el siglo XXI: aspectos internacionales*, Madrid, Colex, 2004.

— «Aspectos internacionales de la reforma del sistema de protección de menores. Especial referencia a la adopción internacional», *Anuario Español de Derecho Internacional Privado*, Tomo: XVI, 2016.

Dutta, A. y **Schulz, A.**: «First Cornerstones of the EU Rules on Cross-border Child Cases: The Jurisprudence of the Court of Justice of the European Union on the Brussels IIa Regulation From C to Health Service Executive», *Journal of Private International Law*, 2015.

Eekelaa, J.: *Family Law and Personal Life*, 2da. Ed., Oxford University Press, 2017.

Fernández De La Iglesia, E.: «Importancia del concepto de residencia habitual del menor para delimitar la competencia de los Tribunales en los supuestos de sustracción internacional de menores. Estudios sobre Jurisprudencia Europea», en Ruda González, A., Jerez Delgado, C. (direts).: *Estudios sobre Jurisprudencia Europea. Derecho civil y Derecho procesal civil*, Sepín, vol. I, 2020.

Fernández Pérez, A.: «Aproximación al interés superior del menor en el Derecho internacional privado español», *Boletín Mexicano de Derecho Comparado*, n.º 151, 2018.

García-Lozano, S. T.: «El interés superior del niño», *Anuario Mexicano de Derecho Internacional*, vol. XVI, 2016.

García Rubio, M. P.: «¿Qué es y para qué sirve el interés del menor?», *Actualidad Jurídica Iberoamericana*, n.º 13, 2020.

— «Aproximación al significado, contenido y alcance del interés del menor», en AA.VV.: *Relaciones transfronterizas, globalización y Derecho. Homenaje al Profesor Doctor José Carlos Fernández Rozas*, Civitas, Madrid, 2020.

Gluhaia, D.: «Residencia habitual del menor y tribunales competentes para modificar una resolución judicial sobre derecho de visita. Aplicación jurisprudencial de los artículos 8 y 9 del Reglamento (CE) 2201/2003», *Cuadernos de Derecho Transnacional*, vol. 11, n.º 1, 2019.

González Beilfuss, C.: «La sustracción de menores en el nuevo Reglamento 2019/1111», en AA. VV.: *Relaciones transfronterizas, globalización y Derecho. Homenaje al Profesor Doctor José Carlos Fernández Rozas*, Civitas, Madrid, 2020.

González Marimón, M.: *Menor y responsabilidad parental en la Unión Europea,* Tirant lo Blanch, Valencia, 2021.

Guzmán Zapater, M.: «La filiación internacional a examen por el tribunal supremo. A propósito de las sentencias TS 223 y 224 de 17 de abril de 2018», *Cuadernos de Derecho Transnacional*, vol. 11, n.º 2, 2019.

Herranz Ballesteros, M.: «El Reglamento (UE) 2019/1111 relativo a la competencia, el reconocimiento y la ejecución de resoluciones en materia matrimonial y de responsabilidad parental y sobre la sustracción internacional de menores (versión refundida): principales novedades», *Revista Española de Derecho Internacional*, vol. 73, n.º 2, 2021.

— *El interés del menor en los Convenios de la Conferencia de La Haya de Derecho Internacional Privado*, Lex Nova, Valladolid, 2004.

Honorati, C.: «La proposta di revisione del regolamento Bruxelles II bis: più tutela per iminori e più efficacia nell'esecuzione delle sentenze», *Rivista di dirittointernazionale privato e processuale* , 2017.

Kilkelly, U.: «The Best Interests of the Child: a Gateway to Children´s Rights», en AA. VV.: *Implementing Article 3 of the United Nations Convention on the Rights of the Child Best Interests, Welfare and Well-being*, Cambridge University Press, 2016.

Kinsch, P.: «Recognition in the Forum of a Status Acquired Abroad — Private International Law and European Human Rights Law», en AA. VV.: *Convergence and Divergence in Private International Law-Liber Amicorum Kurt Siehr*, Eleven International, La Haya, 2010.

Kruger, T y **Samyn, L.**: «Brussels II bis: Successes and Suggested Improvements», *Journal of Private International Law*, 2006.

Martínez Calvo, J.: «La determinación del interés superior del menor tras la reforma introducida por la ley orgánica 8/2015, de modificación del sistema de protección a la infancia y a la adolescencia», *Actualidad Jurídica Iberoamericana*, 2015.

Merchan Murillo, A.: «El interés superior del menor como cuestión de fondo», *Cuaderno de Derecho Transnacional*, vol. 12, n.º 1, 2020.

Pérez Vera, E.: «El derecho de protección de los menores», AA. VV.: *Comentarios a la Constitución socioeconómica de España*, Comares, Granada, 2002.

Pobjoy, J. M.: «The best interests of the child principle as an independent source of international protection», *International Comparative Law Quarterly*, vol. 64, n.º 2, 2015, p. 331.

Rodriguez Benot, A.: «El criterio de conexión para determinar la ley personal: un renovado debate en Derecho Internacional Privado», *Cuadernos de Derecho Transnacional*, vol.2, n.º 1, 2010.

Rodriguez Pineau, E.: «La refundición del Reglamento Bruselas II bis: de Nuevo sobre la función del Derecho internacional privado europeo», *Revista española de Derecho Internacional*, 2017.

Scalisi, V.: «Il superiore interesse del minore ovvero il fatto come diritto», *Riv. dir. civ.*, vol. 64, 2018-2.

Sedano Tapia, J.: *Contextualizando los derechos de los niños y su interés superior*, Universitat Politècnica de València, 2020.

Vargas Gómez-Urrutia, M.: «La protección del menor en el marco del Derecho internacional», *Cursos de Verano de la UNED*, 2009, p. 8.

Vázquez-Pastor Jiménez, L.: «El interés superior del menor de edad en situación de desprotección como principio rector de la actuación de los poderes públicos», *Boletín del Ministerio de Justicia*, año LXXIII, n.º 2.221, 2019.

¿LAS NACIONALIZACIONES MASIVAS SON UNA BUENA MEDIDA DE PROTECCIÓN DE MENORES?

Lidia Moreno Blesa
Profesora Contratada Doctora de Derecho internacional privado
Universidad Complutense de Madrid
lidimore@ucm.es

I. Consideraciones previas

La realidad jurídica actual pone de manifiesto la aparición de numerosa normativa que viene a mejorar la convivencia social de los ciudadanos y especialmente de los colectivos más vulnerables. En algunos supuestos la regulación incide directamente en los destinatarios a los que va dirigida y en otros lo hace de manera indirecta, pero consigue también impactar de forma positiva. Como consecuencia, se logra un efecto dominó que desencadena efectos beneficiosos en una gran parte de la población. A esto último responde la Ley de Memoria Democrática en vigor, cuando contempla que los hijos y nietos de españoles exiliados tras la Guerra Civil puedan obtener la nacionalidad española[1]. En concreto, la disposición adicional octava de la Ley 20/2022, de 19 de octubre, se refiere a los nacidos fuera de España de padre o madre, abuelo o abuela, que originariamente hubieran sido españoles, y que, como consecuencia de haber sufrido exilio por razones políticas, ideológicas o de creencia o de orientación e identidad sexual, hubieran per-

1 BOE n.° 252, de 20 de octubre de 2022.

dido o renunciado a la nacionalidad española. Para todos ellos se prevé la posibilidad de optar a la nacionalidad española, a los efectos del artículo 20 del Código Civil. Tal y como reza la exposición de motivos de la Ley, se trata de una medida reparadora, que hunde sus raíces en el asentamiento de los principios y valores democráticos que consagra la Constitución de 1978.

En efecto, la Norma Fundamental en España por excelencia se preocupa de la nacionalidad en el Título I, que lleva por nombre «De los derechos y deberes fundamentales». La regulación constitucional proclama el principio de reserva de ley para la adquisición, conservación y pérdida de la nacionalidad española, lo que ha supuesto encomendar al Código civil esta misión, sin que resulte posible acudir a otra fuente distinta de la prevista a estos efectos. Además, se prohíbe que un español de origen pueda ser privado de su nacionalidad española y se contempla la existencia de la doble nacionalidad. Se trata, en consecuencia, de una regulación que lejos de fijar de forma inequívoca y plena el carácter de derecho fundamental de la nacionalidad[2], se orienta más bien a otorgarle tal consideración pero una vez que ya ha sido atribuida o adquirida, lo que además se decide, en principio, libremente por el legislador español. Aunque esta facultad del creador normativo no es la única que determina el estatuto jurídico del nacional, sino que convive con el *corpus iuris* de los derechos humanos, tal y como se prescribe por normas consuetudinarias, por Resoluciones de las Naciones Unidas, por declaraciones o recomendaciones institucionales o por Tratados internacionales[3].

No cabe duda de que la Declaración Universal de los Derechos Humanos, aprobada por la Asamblea General de las Naciones Unidas en su Resolución 217 A (III), el 10 de diciembre de 1948 en París[4], se erigió en el preludio de los tratados jurídicamente vinculantes en esta materia. Su indiscutible valor programático[5] ha inspirado la positivación de los más importantes valores fundamentales para toda la comunidad internacional. En este sentido, nos interesa a los efectos de la materia analizada en este momento el artículo 15, que reconoce el derecho que tiene toda persona a una nacionalidad y establece que a nadie se le privará arbitrariamente de su nacionalidad ni del derecho a cambiarla. Por su parte, para los menores resulta necesario referirse a la Convención sobre los Derechos del niño, de 20 de noviembre

2 Lázaro González, I.: *Los menores en el Derecho español*, Tecnos, Madrid, 2002, p. 625.

3 Espinar Vicente, J.M.: «La función de la nacionalidad y la extranjería en el Derecho internacional privado contemporáneo», *Anuario Español de Derecho Internacional Privado*, t. XII, 2012, p. 58.

4 Se puede acceder a la Declaración Universal de los Derechos Humanos a través del siguiente enlace: https://www.un.org/es/about-us/universal-declaration-of-human-rights (fecha de consulta: 17 de febrero de 2023).

5 Pastor Ridruejo, J. A.: *Curso de Derecho internacional público y organizaciones internacionales*, Tecnos, Madrid, undécima edición, 2007, p. 206. El autor también señala que la Declaración tiene un peso político-jurídico y una significación moral grandes.

de 1989[6], donde también el artículo 7 reconoce al niño desde que nace el derecho a adquirir una nacionalidad. Se trata, en definitiva, de un catálogo importante de normas que van a condicionar la labor del Parlamento español cuando legisle en materia de nacionalidad, sin que puedan establecerse diferencias significativas entre nacionales y extranjeros, salvo las que razonablemente permita el hecho diferencial cuando así lo autoricen las normas fundamentales del Estado español. Cabría, por ende, otorgar a la nacionalidad el carácter de derecho fundamental de los individuos, de conformidad con la confluencia de la normativa interna e internacional vigente en España a este respecto[7]. Esta última, además, se erige en el referente hermenéutico a tener en cuenta para la justa aplicación de las normas relativas a los derechos fundamentales y a las libertades que la Constitución reconoce, de conformidad con el artículo 10.2 de la norma constitucional.

Con todo, los orígenes más remotos de la nacionalidad se pueden encontrar en el concepto romano de *status civitatis* que otorgaba derechos y personalidad a los que gozaban de la ciudadanía romana. En concreto, solo los ciudadanos podían llegar a gozar de todos los derechos, que se diferenciaban en los de orden político, por un lado, y de orden privado, por otro. Así, respecto de los primeros, los ciudadanos tenían el *ius honorum* (derecho al desempeño de cargos públicos), el *ius sufragii* (voto en las asambleas) y el derecho de servir en las legiones. En el caso de la esfera privada, los sujetos que tenían la condición jurídica de *cives* disfrutaban del *ius connubii* (derecho a contraer matrimonio y constituir una familia), el *ius commercii* (tenencia de derechos patrimoniales y celebración de actos relacionados con ellos) y el *ius actionis* (facultad de acudir a los tribunales)[8]. En definitiva, la nacionalidad crea un vínculo jurídico entre los sujetos y el Estado correspondiente, que genera una serie de derechos mutuos de carácter público y privado, así como también es susceptible de dar lugar a los deberes respectivos[9]. Y lo más importante son las diferencias que se pueden producir entre nacionales y extranjeros desde la perspectiva del ordenamiento de un determinado país[10].

Por lo que respecta a la posición jurídica del extranjero en el ordenamiento español, el punto de partida a este respecto sería el artículo 14 de la Cons-

6 BOE n.º 313, de 31 de diciembre de 1990.

7 Fernández Rozas, J. C.: «La reforma del Derecho español de la nacionalidad», en *Cursos de derecho internacional de Vitoria-Casteiz*, Universidad del País Vasco, Servicio Editorial, Vitoria-Gasteiz, 1983, p. 150.

8 Arias Ramos, J. y Arias Bonet, J. A.: *Derecho Romano I. Parte general. Derechos reales, Editoriales de Derecho Reunidas*, Madrid, 18.ª ed., 1986, pp. 74-77.

9 Díez-Picazo, L. y Gullón, A.: *Sistema de Derecho civil. Parte general del Derecho civil y personas jurídicas, vol. I*, Tecnos, Madrid, decimotercera ed., 2016, p. 258.

10 Cerdeira Bravo de Mansilla, G.: «Ser o no ser español: esa es la cuestión: criterios de interpretación, e integración, en materia de nacionalidad y extranjería», *Anuario de Derecho Civil*, tomo LXX, 2017, fasc. I, p. 194.

titución, donde se proclama el principio de igualdad ante la ley sin excluir a los extranjeros. Ahora bien, mientras que en relación con la titularidad parece que la equiparación es clara, resulta menos evidente para el ejercicio. Así lo ha declarado el Tribunal Constitucional, en su sentencia 107/1984, de 23 de noviembre[11], donde se indica que el problema de la titularidad y ejercicio de los derechos y, más en concreto, de la igualdad en el ejercicio de los derechos depende, pues, del derecho afectado. De tal forma que existen derechos que corresponden por igual a españoles y extranjeros, por lo que la regulación ha de ser igual para ambos. Así, se podría aludir, por ejemplo, al derecho a la vida, así como a la integridad física y moral, del artículo 10 de la Constitución. Por su parte, existen derechos que no pertenecen en modo alguno a los extranjeros, como serían los reconocidos en el artículo 23 de la Constitución, según dispone el artículo 13.2 y con la salvedad que se aplica para el derecho de sufragio activo y pasivo en las elecciones municipales. Por último, existen otros que pertenecerán o no a los extranjeros según lo dispongan los tratados y las Leyes, siendo entonces admisible la diferencia de trato con los españoles en cuanto a su ejercicio.

También la Ley Orgánica 4/2000, de 11 de enero, sobre derechos y libertades de los extranjeros en España y su integración social[12], se refiere en su artículo 3 a los derechos de los extranjeros. Al respecto, se establece como criterio interpretativo general, la necesidad de entender que los extranjeros ejercitan los derechos que les reconoce la norma en cuestión en condiciones de igualdad con los españoles. Por lo que, aun siendo posible la diferencia de trato con los españoles en cuanto a su ejercicio, la base del régimen jurídico al cual están sometidos unos y otros es la misma. Aparece, así, el extranjero ante el orden jurídico del foro con unos derechos en esencia muy similares a los del nacional. Se le reconoce un estatuto propio, sin que se aprecie un vacío de régimen jurídico. Por lo tanto, la extranjería deja de constituir una situación negativa que se define por su contraposición a la ciudadanía. Se trata más bien de un estatuto jurídico diferente al del nacional o idéntico en algunos casos, con unos derechos y libertades fundamentales garantizados por la Constitución. Como consecuencia, el sistema tiene proscrito negarlo, así como tampoco puede recortar las facultades que se reconozcan a este respecto al ser desarrolladas en normas de rango inferior[13].

Sirva para ilustrar lo que se acaba de decir, la referencia a la Ley Orgánica 1/1996, de 15 de enero, de Protección Jurídica del Menor[14], en cuyo artículo 1 se declara la aplicación de la mencionada norma y de sus disposiciones de desa-

11 BOE n.º 305, de 21 de diciembre de 1984. ECLI:ES:TC:1984:107.

12 BOE n.º 10, de 12 de enero de 2000.

13 Espinar Vicente, J. M.: *Ensayos sobre teoría general del Derecho internacional privado*, Civitas, Madrid, 1997, pp. 147 y 148.

14 BOE n.º 15, de 17 de enero de 1996.

rrollo a los menores de dieciocho años que se encuentren en territorio español. La consecuencia inmediata de la dicción literal del precepto es que tanto los españoles como los extranjeros quedan bajo la cobertura jurídica de dicha regulación. Además, en el artículo 2 se hace referencia al interés superior del menor, que debe ser valorado y considerado como primordial en todas las acciones y decisiones que le conciernan, tanto en el ámbito público como privado. Lo mismo se indica en la Convención sobre los Derechos del niño, cuando en su artículo 3 se alude a que el interés superior del niño será una consideración primordial a que se atenderá en todas las medicas concernientes a los niños que tomen las instituciones públicas o privadas de bienestar social, los tribunales, las autoridades administrativas o los órganos legislativos. Pues bien, como también este tratado se aplica a todo ser humano menor de dieciocho años, se puede entender que se refiere tanto a españoles como a extranjeros.

Por lo tanto, cuando de la nacionalización masiva se trate y el sujeto menor ostente tanto una nacionalidad extranjera como la española correspondiente, la determinación de la que deba resultar efectiva a los efectos oportunos deberá tener en cuenta su interés superior. Lo mismo podría decirse cuando por ser considerado español se podría beneficiar de la aplicación de la normativa prevista para la ciudadanía de la Unión Europea (en adelante UE). De tal forma que si es un niño el que siendo extranjero accede a la condición de español, también la Carta de los Derechos Fundamentales de la UE alude a su interés superior en el artículo 24, que debe ser considerado primordial en todos los actos llevados a cabo por autoridades públicas o instituciones privadas. De tal forma que será necesario concretar las diferentes vicisitudes por las que puede atravesar ese menor, que siendo ciudadano de un tercer país también lo va a ser de la Unión, para evitar que pueda ser considerado extranjero en detrimento de su nacionalidad española y en atención a su interés superior. Siendo preciso, en consecuencia, analizar todas estas situaciones y comprobar si pueden recibir la misma solución o deben establecerse excepciones en algún caso concreto.

II. La Instrucción de 25 de octubre de 2022 de la Dirección General de Seguridad Jurídica y Fe Pública

Solo cinco días después de que la Ley de Memoria Democráctica fuera publicada en el BOE, el Ministerio de Justicia se pronunció sobre la correcta interpretación de la mencionada norma. A este respecto, hay que tener en cuenta la instrucción de 25 de octubre de 2022, de la Dirección General de Seguridad Jurídica y Fe Pública, sobre el derecho de opción a la nacionalidad española establecido en la disposición adicional octava de la Ley 20/2022, de 19 de octubre, de Memoria Democrática[15]. El objetivo fundamental per-

15 BOE n.° 257, de 26 de octubre de 2022.

seguido por el instrumento hermenéutico ha sido aclarar que la nacionalidad española se concede a los hijos y nietos de españoles emigrados, con independencia de las razones que los llevaron a salir del país. En este sentido se manifiesta su punto séptimo, cuando señala que tanto los nacidos fuera de España de padres o abuelos originariamente españoles, como los nacidos fuera de España de padres o abuelos que por el exilio perdieron la nacionalidad española o renunciaron a ella, podrán ejercitar la opción para el acceso a la nacionalidad. Se trata, en definitiva, de una medida destinada a permitir que hasta tres generaciones de descendientes de españoles puedan convertirse en nacionales de origen, a través de un proceso de nacionalización masiva de extranjeros.

También la instrucción se refiere al tipo de nacionalidad española adquirida en virtud del artículo 20 del Código civil. A este respecto, cabe indicar, que la opción es la vía elegida en este caso para conseguir la condición de ciudadano español. Se trata de una figura que otorga al extranjero una facultad para convertirse en español, siempre que reúna ciertos requisitos y emita una declaración de voluntad en este sentido. Puede catalogarse como un privilegio o beneficio excepcional otorgado por la ley al extranjero. Sin que pueda decirse que el sujeto en cuestión ostenta un derecho subjetivo, sino más bien que se puede beneficiar de una posibilidad que le concede la ley, en ciertos casos, para alcanzar el estatus de español a través de una manifestación por la que evidencia su intención de querer gozar de tal cualidad[16].

Lejos de configurarse como una adquisición derivativa, se concibe como una originaria, aunque sobrevenida. De tal forma que la nacionalidad española produce efectos desde su adquisición, es decir, *ex nunc*, sin carácter retroactivo. Pero no es la única diferencia entre la adquisición de la nacionalidad española por opción del Código civil y la prevista en la disposición adicional octava de la Ley de Memoria Democrática. Así, mientras El artículo 20.1.b) del Código civil limita la posibilidad de optar a la nacionalidad española, al excluir a descendientes de progenitores originariamente españoles que no puedan probar su nacimiento en España, con la Ley 20/2022 no sucede lo mismo. Respecto al plazo para optar en los supuestos contemplados en la disposición adicional octava está limitado a dos años contados desde la entrada en vigor de la norma en cuestión, aunque podrá ser prorrogado por Acuerdo del Consejo de Ministros. Por último, el derecho de opción regulado en la nueva norma no requerirá la renuncia a la nacionalidad anterior. Por lo tanto, puede considerarse una regulación con un ámbito de aplicación personal muy amplio y con unos requisitos para su cumplimiento muy flexibles, lo que sin duda favorecerá a un colectivo muy numeroso de destinatarios.

---

16 O'CALLAGHAN MUÑOZ, X.: Código Civil comentado y con jurisprudencia, La Ley, Madrid, 4.ª ed., 2004, p. 59.

III. La ciudadanía de la Unión

Parece evidente que la nacionalidad se presenta como un vínculo jurídico muy importante para las personas físicas. El nexo que genera determina la posición legal de los sujetos en el sistema de Derecho privado y también en el de Derecho público del ordenamiento jurídico que corresponda[17]. Uno de los principales beneficios que se derivan de la obtención de la nacionalidad española está relacionado con el acceso a la ciudadanía de la Unión y los derechos que esta condición comporta. Sin que la ciudadanía europea, a diferencia de las ciudadanías nacionales, imponga ningún tipo de deber a los ciudadanos de los Estados miembros[18]. A través de la condición de ciudadano de la Unión, los nacionales de los Estados miembros reciben un complemento jurídico que les permite disfrutar de un estándar de derechos muy compacto y extenso, sin que su protección pueda experimentar variaciones cualquiera que sea el territorio europeo donde vivan y la actividad económica o no que realicen[19]. En concreto, resulta posible agrupar los derechos atribuidos a los nacionales de los veintisiete países integrantes de la Organización Internacional supranacional en tres categorías[20], en función de donde surtan sus efectos en cada caso.

En un primer bloque se encuadrarían los que resultan aplicables en el interior de los Estados miembros, tales como el Derecho a circular y residir libremente en el territorio de los países de la Unión Europea (UE) previsto en el artículo 21 del TFUE. En segundo lugar se podrían identificar los que acontecen en el ámbito comunitario de toda la UE, que se recogen en los artículos 22 y 24 del TFUE. Se trata del Derecho que asiste a todo ciudadano de la Unión que resida en un Estado miembro del que no sea nacional de ser elector y elegible en las elecciones al Parlamento Europeo. También se podría aludir a la iniciativa ciudadana legislativa, en la que un grupo de al menos un millón de ciudadanos de la Unión pueden tomar la iniciativa de invitar a la Comisión a que presente una propuesta adecuada sobre cuestiones que requieren de un acto jurídico para los fines de la aplicación de los Tratados. Del mismo modo, resulta posible hacer referencia al Derecho de petición que

---

17 Carrascosa González, J., «Pérdida de la nacionalidad española», en la obra colectiva de Alfonso Ortega Giménez (Director), *Cuestiones prácticas actuales de Derecho de la nacionalidad y de la extranjería*, Thomson Reuters Aranzadi, 2018, p. 17.

18 Alonso García, E.; Heredia Sánchez, L.; López Álvarez, A.; Masanet Fernández, J. M. y Ortega Giménez, A., *Manual práctico orientativo de Derecho de la Nacionalidad,* Thomson Reuters Aranzadi, 2017, p. 18.

19 Mangas Martín, A. y Liñán Nogueras, D. J.: *Instituciones y Derecho de la Unión Europea*, Tecnos, Madrid, décima edición, 2020, p. 160.

20 La categorización taxonómica de los derechos que la ciudadanía de la Unión otorga a los nacionales de los Estados miembros se ha extraído de la obra dirigida por Guzmán Zapater, M.: *Lecciones de Derecho internacional privado,* Tirant lo Blanch, Valencia, 2.ª edición, 2021, pp. 201 y 202.

tiene todo ciudadano de la Unión ante el Parlamento Europeo, así como al Derecho a ponerse en comunicación con el Defensor del Pueblo y al Derecho a dirigirse por escrito a cualquiera de las instituciones u organismos en una de las lenguas oficiales de la Unión y recibir una contestación en ese mismo idioma. Por último, un tercer conjunto de derechos son los que despliegan sus efectos frente a terceros Estados y que se contemplan en el artículo 23 del TFUE. Se trata de la posibilidad que tiene todo ciudadano de la Unión de acogerse, en el territorio de un tercer país en el que no esté representado el Estado miembro del que sea nacional, a la protección de las autoridades diplomáticas y consulares de cualquier Estado miembro.

En definitiva, se puede considerar un catálogo amplio de efectos positivos, lo que además podrá redundar no solo en el nacional de un Estado miembro propiamente dicho, sino también en algunos casos podrá beneficiar a algunos miembros de su familia, aunque no posean la ciudadanía de la Unión. Sería el caso, entre otros, del Derecho a circular y residir libremente en el territorio de los países de la Unión, que puede ser extendido a los ascendientes y descendientes del nacional comunitario, aunque posean la nacionalidad de un tercer Estado[21]. A este respecto, podría ser citada, la Directiva 2004/38CE, de 29 de abril, relativa al Derecho de los ciudadanos de la Unión y de los miembros de sus familias a circular y residir libremente en el territorio de los Estados miembros[22]. La norma en cuestión se refiere en su artículo 2, entre otros, a los descendientes directos del ciudadano de un Estado miembro de la UE, así como a los de su cónyuge o pareja registrada. Además, en el artículo 3 se permite extender la entrada y residencia a otros familiares, dentro de los que se incluyen a los que, en el país de procedencia, estén a su cargo o vivan con él. Ahora bien, mientras que para este último supuesto solo pueden beneficiarse de la libre circulación y residencia en los Estados miembros tras una evaluación por las autoridades del Estado de recepción, para los descendientes directos se contempla un derecho automático de entrada y residencia.

De tal forma que se evidencia una diferencia de trato entre unos familiares y otros, lo que dio lugar a una sentencia del Tribunal de Justicia de la Unión Europea (en adelante TJUE), de 26 de marzo de 2019, en el asunto

21 También se puede extender a los nacionales de terceros países el Derecho de petición al Parlamento Europeo, en el art. 227 del TFUE, y de queja al Defensor del Pueblo, en el art. 228 del TFUE. Del mismo modo, cabría aplicar el Derecho a la protección diplomática y consular a los familiares del ciudadano de la Unión que no posean tal condición, en el art. 5 de la Directiva 2015/637 del Consejo de 20 de abril de 2015, sobre las medidas de coordinación y cooperación para facilitar la protección consular de ciudadanos de la Unión no representados en terceros países.

22 DOUE L 158/77, de 30 de abril de 2004.

C-129/2018[23]. En concreto, se debatía en la resolución judicial si el concepto de familiar directo incluía a una menor que se hallaba bajo la tutela legal permanente de un ciudadano de la Unión con arreglo a la institución de la *kafala* argelina. A este respecto, el fallo judicial rechazó equiparar a la menor sujeta a *kafala* con el concepto de descendiente directo. Ahora bien, lejos de desentenderse de la situación, trató de ofrecer una solución para la entrada de estos menores, lo que se hacía depender de la consideración de estos últimos como otros miembros de la familia[24]. Por lo tanto, se puede evidenciar una sensibilidad jurídica por parte de la normativa de la UE para albergar en su seno un concepto amplio de familia y brindar así a todos los integrantes de la misma una protección adecuada. Como quiera que, además, está descartado un *Spainexit* en los años venideros, se puede avanzar que los derechos reconocidos a los ciudadanos en la Unión Europea perdurarán en el tiempo y, por ende, su disfrute se prolongará de manera indefinida. Por lo tanto, los menores en su condición de descendientes del nacional comunitario, cuando este último sea el único que ha optado a la nacionalidad española y el hijo siga siendo extranjero o también en el caso de que haya conseguido convertirse en español, se verán favorecidos por medidas de protección extras que contempla el Derecho de la Unión y como consecuencia del amparo que presta el concepto de ciudadanía.

IV. La determinación de la nacionalidad efectiva en los casos de nacionalidad múltiple

No cabe duda de que el proceso de nacionalizaciones masivas llevado a cabo por el legislador español producirá situaciones de doble o múltiple nacionalidad en los sujetos que adquieran la española. Se trata de una competencia propia que ostenta el Estado miembro que haya decidido ponerla en práctica y que no puede ser fiscalizada por los demás. En efecto, el TJUE ha tenido ocasión de pronunciarse sobre este asunto y ha reiterado en varias sentencias que la determinación de los modos de adquisición y pérdida de la nacionalidad es, de conformidad con el Derecho internacional, competencia de cada Estado miembro. Además, cualquier categorización taxonómica de los nacionales que formen parte de un determinado país de la Unión puede dejar fuera a los que se considere oportuno, lo que no puede redundar en la

23 Sentencia del Tribunal de Justicia (Gran Sala) de 26 de marzo de 2019, en el asunto C-129/2018, que enfrentó a SM contra Entry Clearance Officer, UK Visa Section. ECLI:EU:C:2019:248.

24 Vid., al respecto, los comentarios esgrimidos sobre la ciudadanía de la Unión y la articulación de los derechos que esta noción comprende en MORENO BLESA, L.: *Derecho de la Unión Europea*, Colex, 1.º edición, 2022, pp. 179 y 180.

privación a estos últimos de derechos a los que pudieran aspirar con arreglo al Derecho comunitario, ya que tales derechos nunca nacieron a favor de esas personas[25]. Así las cosas, podrían suscitarse reparos hacia las políticas de concesión en masa de la nacionalidad en algunos Estados miembros, cuando con su uso abusivo se persiga el acceso a beneficios derivados del Derecho de la UE. Las opiniones encontradas que puedan suscitar medidas de este tipo se derivan de los efectos que pueden producir las naturalizaciones masivas, que lejos de tener un impacto solo en el Estado miembro que las concede, se manifiestan sobre todo en los demás a los que se dirigen al ejercer su derecho a la libre circulación[26].

Las interferencias que estos procesos de aumentos desmesurados de nacionales en un determinado Estado miembro pueden desplegar en los demás se traducen en un conflicto entre la competencia de los países de la UE para determinar quiénes son sus nacionales y el principio de cooperación leal del artículo 4.3 del TUE. Hasta tal punto ello es así, que se ha sugerido acudir a las normas de Derecho comunitario primario y a los principios generales del Derecho de la Unión para limitar la facultad legislativa de los Estados miembros en materia de nacionalidad[27]. Se trataría de salvaguardar el principio de lealtad comunitaria, que podría resultar afectado en el supuesto de que un Estado miembro procediera, sin consulta a la Comisión y a sus socios, a una naturalización masiva injustificada de nacionales de Estados terceros. Con todo, la situación actual pone de manifiesto que los Estados miembros continúan manteniendo la competencia exclusiva para decidir la composición de su población, ya bien sean nacionales de origen o por naturalización, así como a título individual o de manera colectiva, sin que resulte posible imponer una exigencia europea de vinculación entre ese Estado y sus nacionales[28]. Queda, por tanto, al margen del Derecho europeo la determinación de los súbditos que integran un Estado miembro, ya que la falta de competencias a este respecto ha llevado a la inexistencia de normas de la UE sobre esta materia. Aunque, al mismo tiempo, resultará necesario que la atribución de la condición de nacional respete ciertos límites, tal y como vienen marcados por el Derecho de la Unión.

---

25 Sentencia del Tribunal de Justicia de la Unión Europea de 20 de febrero de 2001, en el asunto C-192/99, The Queen v Secretary of State for the Home Department, (ex parte: Manjit Kaur), ECLI:EU:C:2001:106.

26 Rodríguez Pineau, E.: «Identidad y nacionalidad», *Anuario de la Facultad de Derecho de la Universidad Autónoma de Madrid*, n.º 17, 2013, p. 220.

27 Conclusiones del Abogado General Sr. M. Poiares Maduro, presentadas el 30 de septiembre de 2009, en el asunto C-135/08, Janko Rottmann contra Freistaat Bayern, ECLI:EU:C:2009:588.

28 Rodríguez Pineau, E.: «Identidad y nacionalidad», op.cit., p. 221.

IV.1. ¿Qué dice la jurisprudencia del TJUE en materia de nacionalidad?

El TJUE ha tenido ocasión de pronunciarse en diferentes sentencias, sobre las competencias de los Estados miembros en materia de nacionalidad. Desde el año 1992 hasta la actualidad, se han sucedido los pronunciamientos que abogan por reconocer el poder estatal en la determinación de quiénes son sus ciudadanos. Aunque, al mismo tiempo, se impide que dicha atribución pueda menoscabar el ordenamiento de la Unión. Por lo tanto, se reconoce una capacidad de los países de la UE para decidir los modos de adquisición y pérdida de la nacionalidad, pero sin poner en entredicho el ejercicio de las libertades o derechos de la Organización Internacional Supranacional. En concreto, esto último se podría producir en los supuestos donde resulte necesario la determinación de la nacionalidad efectiva del que ostenta varias y al menos una de ellas sea la de un Estado miembro. No cabe duda de la obligación que pesa sobre los socios europeos de respetar la normativa de Bruselas cuando ejerzan sus competencias exclusivas en este terreno. En concreto, con las nacionalizaciones en masa nos podríamos encontrar con un menor plurinacional que se convierte en español pero que sigue residiendo en el extranjero, lo que podría generar dudas sobre la concesión de la ciudadanía de la Unión para otorgarle los beneficios derivados de la misma.

En concreto, para este último supuesto vamos a referirnos al caso *Micheletti,* donde se plantearon situaciones parecidas a las que se acaban de exponer. El asunto en cuestión fue objeto de resolución por el TJUE, en su sentencia de 7 de julio de 1992[29], donde se comenzó señalando que la determinación de los modos de adquisición y pérdida de la nacionalidad es, de conformidad con el Derecho internacional, competencia de cada Estado miembro, que debe ejercerse respetando el Derecho comunitario. Con esta premisa, se ha de aludir a los datos fácticos del supuesto para comprender en qué medida podría quedar comprometida la competencia del Estado miembro a la hora de atribuir la nacionalidad correspondiente. En concreto, el Sr. Micheletti ostentaba la doble nacionalidad italiana y argentina, aunque había mantenido su última residencia habitual en el país latinoamericano. Habiendo conseguido del Ministerio competente español la homologación de su título de odontólogo obtenido en Argentina, solicitó a la Administración española la concesión de una tarjeta provisional de residente comunitario. Si bien la Administración española le expidió la tarjeta solicitada por un período de validez de seis meses, la concesión de la tarjeta definitiva de residente comunitario para establecerse en España le fue denegada.

29 Sentencia del Tribunal de Justicia de la Unión Europea, de 7 de julio de 1992, en el asunto C-369/90, Micheletti y otros, ECLI:EU:C:1992:295.

Como consecuencia, el perjudicado interpuso recurso contencioso-administrativo ante el órgano jurisdiccional competente, que obligó a este último a interponer una cuestión prejudicial al TJUE para interpretar el Derecho de la Unión a la luz de la competencia exclusiva del estado en materia de nacionalidad. En concreto, la negativa de la Administración española se basó en el artículo 9, apartado 9 del Código civil español, que para los supuestos de doble nacionalidad hacía prevalecer la correspondiente al lugar de residencia habitual anterior a la llegada a España del interesado, es decir, para este caso, la nacionalidad argentina. La pregunta que se le formuló a la máxima instancia jurisdiccional de la Unión se centró en determinar si era posible aplicar una legislación interna que no reconociera los «derechos comunitarios» inherentes a la condición de nacional de otro Estado miembro, sólo por el hecho de que tal persona ostentase simultáneamente la nacionalidad de un país tercero y hubiera sido éste el lugar de su residencia habitual, de su última residencia o de su residencia efectiva.

Para responder a la cuestión prejudicial planteada, el TJUE señaló que la legislación de un Estado miembro no puede limitar los efectos de la atribución de la nacionalidad de otro Estado miembro, exigiendo requisitos adicionales para reconocer dicha nacionalidad en orden al ejercicio de las libertades fundamentales previstas en el Derecho de la Unión Europea. Además, indicó que cuando el nacional de un Estado miembro ostenta al mismo tiempo la nacionalidad de un Estado tercero, los demás Estados miembros no pueden subordinar el reconocimiento de su condición de ciudadano comunitario a requisitos tales como la residencia habitual del interesado en el territorio del primer Estado. Por consiguiente, cuando un sujeto demuestra su condición de nacional de un Estado miembro, los demás Estados miembros no pueden negar tal condición basándose en que ostenta también la nacionalidad de un Estado tercero, la cual prevalece sobre la del Estado miembro en virtud de la legislación del Estado de acogida. Se establece, en definitiva, un límite a la competencia exclusiva de los Estados miembros en materia de nacionalidad, cuando a través de ella se conculquen las normas de la Unión.

Una solución idéntica recibió otro asunto resuelto por el TJUE, en su sentencia de 2 de octubre de 1997[30], donde un nacional de los Estados Unidos de América y del Reino Unido, que residía en Florida, se sintió discriminado cuando fue a demandar en Austria a una empresa de la que era accionista. En concreto, el trato diferencial se originó cuando el tribunal austríaco exigió la constitución de una *cautio judicatum solvi* al nacional de otro Estado miembro, que también era nacional de un tercer país, en el que tenía su domicilio, por el motivo de que la persona carecía de bienes y domicilio en el Estado donde estaba litigando, cuando tal exigencia, además, no se imponía

30 Sentencia del Tribunal de Justicia de la Unión Europea, de 2 de octubre de 1997, en el asunto C-122/96, Saldanha, ECLI:EU:C:1997:458.

a los propios nacionales austríacos que carecían en dicho Estado de bienes y domicilio. Pues bien, la respuesta que recibió este caso fue entender que era discriminatorio y contrario al Derecho de la Unión exigir algo diferente a un nacional de un Estado miembro que tenía también una nacionalidad extranjera y residía fuera de la Unión, cuando operaba en otro Estado miembro distinto y a los propios nacionales no se les pedía nada igual.

Resulta evidente la preferencia de la nacionalidad de un Estado miembro de la Unión cuando se simultanea con otra extranjera. Además, las nacionalizaciones masivas llevadas a cabo en España producirán situaciones de estas características. Incluso será posible que el ahora español continúe residiendo fuera de la UE. También cabría que se tratara de un menor, que habiendo optado a la nacionalidad española devenga en plurinacional por no tener que renunciar a su nacionalidad extranjera y continue viviendo a extramuros de Europa. Para estos supuestos, la existencia del artículo 24 de la Carta de los Derechos Fundamentales de la Unión Europea nos debería de llevar a tener en cuenta la solución más acorde con el interés superior del niño. De tal forma que, para el caso concreto, en el que resultara más beneficioso primar su nacionalidad española, la normativa de la Unión ofrecería cauce suficiente para considerarle español y no extranjero.

IV.2. ¿Cómo se resuelven los conflictos de plurinacionalidad en el Derecho internacional privado?

Por su parte, también se plantean dilemas cuando se trata de determinar la nacionalidad predominante a efectos de las normas del Derecho internacional privado español. Si a lo anterior le unimos la existencia de un menor que pudiera ostentar doble nacionalidad prevista en las leyes españolas, esto es, que tuviera la nacionalidad española junto con la de otro Estado de los previstos en los artículos 23.b) y 24.1 del Código civil, habría que preguntarse si cabría considerarle extranjero en base al artículo 9, apartado 9 del Código civil español. Esta situación se podría plantear si la última residencia habitual coincide con la nacionalidad extranjera que ostenta el menor. A estos efectos, podemos traer a colación la Sentencia de la Audiencia Provincial de Oviedo, de 29 de julio de 2005[31], en la que se indica que un doble nacional venezolano y español por aplicación del artículo 24 del Código civil, sería considerado extranjero, dado que al adquirir la venezolana no consta que hubiera renunciado a la española, siendo la primera de las citadas la última adquirida y la coincidente con su residencia habitual según el artículo 9, apartado 9 del Código civil. En efecto, según este último precepto, la nacionalidad determinante a efectos de las normas de conflicto españolas es la

31 Sentencia de la Audiencia Provincial de Oviedo, Sección número 5, ECLI:ES:APO:2005:2178.

nacionalidad que coincide con la residencia habitual del interesado. Pero si el sujeto reside habitualmente en un tercer país, prevale la última adquirida[32].

Para resolver adecuadamente estos supuestos e impedir que el menor sea considerado extranjero, cuando le reporte mayores beneficios su condición de español, se podría acudir a la Convención sobre los Derechos del niño, que en su artículo 3, párrafo 1 se refiere al interés superior del menor. De tal forma que en todas las medidas concernientes a los niños que tomen las instituciones públicas o privadas de bienestar social, los tribunales, las autoridades administrativas o los órganos legislativos priorizarán la mejor solución jurídica para su bienestar integral. Por lo que si con la normativa interna se le consideraría extranjero, con la internacional se le podría catalogar de español, cuando esta última decisión esté más en consonancia con su entera protección. Derivado de lo anterior, también cabría hacer extensiva esta respuesta a los progenitores del menor, cuando hayan recibido idéntico tratamiento jurídico a nivel interno para concretar su nacionalidad efectiva. Al tener una nacionalidad extranjera y ahora la española por opción, pero continuar residiendo en el país cuya primera naturalización se ostenta, se le podría tildar de extranjero por el artículo 9, apartado 9 del Código civil español. Sería posible, no obstante, hacer prevalecer la española en virtud de los instrumentos internacionales. En particular a través del artículo 8 del Convenio para la Protección de los Derechos Humanos y Libertades Fundamentales, de 1950[33], que reconoce el derecho de toda persona a su vida familiar. Por lo que si el hijo pudo ser considerado español, la misma suerte deberían de recibir sus progenitores, que deben proporcionarle cuidado y ayuda en un entorno familiar estable y seguro.

V. Los derechos fundamentales como límites a las competencias sobre nacionalidad de los estados miembros

Le corresponde al Estado español la competencia exclusiva para determinar los modos de adquisición y pérdida de la nacionalidad española. No se admiten injerencias de otros países de la Unión, ni tampoco de las instituciones de la Organización Internacional Supranacional. Una vez otorgada la nacionalidad de un Estado miembro, se consigue la ciudadanía de la Unión, que atribuye a la persona una serie de beneficios por esta sola razón. Las nacionalizaciones masivas pueden ser una vía para ampliar la población de un determinado Estado, al mismo tiempo que se incrementan los ciudadanos de la Unión, con las consecuencias que esta situación pueda reportar no solo para el que la concede sino también para los demás hacia donde

32 Calvo Caravaca, A. L. y Carrascosa González, J.: *Tratado de Derecho internacional privado*, Tirant lo Blanch, Valencia, Toma I, 2.° edición, 2022, p. 1261.

33 BOE n.° 243, de 10 de octubre de 1979.

puedan dirigirse. Cabe que se produzcan fricciones entre el nacionalizador y los receptores de los ciudadanos de la Unión, cuando la decisión de uno genere consecuencias en otros sin que haya sido decidida entre todos. Además, la jurisprudencia del TJUE ha mantenido una posición nada restrictiva en materia de ciudadanía de la Unión, que se ha caracterizado por ofrecer una interpretación amplia y generosa de esta figura. Esto último se ha conseguido cuando ha tratado de evitar las limitaciones al disfrute de los derechos que implica el estatus de ciudadano de la Unión por parte de los nacionales de los Estados miembros[34]. En esta labor han sido determinantes las normas fundamentales del Derecho de la UE, que constituyen el límite infranqueable de las competencias estatales en materia de nacionalidad.

También se ha propugnado progresar en la integración política, a través del establecimiento por la Unión de condiciones uniformes de adquisición y pérdida de la nacionalidad de los Estados miembros. Se trataría de que el Derecho de la Unión estableciera unas condiciones mínimas para que las nacionalidades otorgadas por los Estados miembros pudieran servir de base a la ciudadanía. Tales condiciones, que dejarían inalterable la competencia estatal en materia de nacionalidad, serían un atributo propiamente europeo de la ciudadanía y deberían inspirarse en criterios de efectividad. Además se materializarían en normas jurídicas que permitieran su apreciación automática y uniforme, con lo que se añadiría así a la ciudadanía un ingrediente propiamente europeo[35]. Se aportaría, así, previsibilidad y seguridad jurídica en un ámbito material considerado primordial para el ser humano, pues determina su pertenencia a una concreta nación, de lo que se van a derivar consecuencias públicas y privadas.

Pero mientras lo anterior todavía esté lejos de ser conseguido, se podría acudir a los Derechos Fundamentales para evitar situaciones indeseables cuando sea un menor el que deba ser considerado. Tanto en el ámbito de la Unión Europea como fuera de ella, para determinar la nacionalidad efectiva de un niño en situaciones de plurinacionalidad sería posible referirse a su interés superior. Por un lado, el artículo 24 de la Carta de los Derechos Fundamentales de la Unión Europea permitiría considerarlo primordial, en todos los actos llevados a cabo por cualquier tipo de autoridad. Por otro, el artículo 3 de la Convención sobre los Derechos del Niño también se refiere a lo mismo, en todas las medidas que adopten las diferentes instituciones correspondientes. Se infiere, en consecuencia, que la nacionalidad preferida para un sujeto que todavía está por debajo de la mayoría de edad será la que más le convenga, aunque las normas del Estado en cuestión previstas

34 Cruz Luna, A.: «Ciudadanía de la Unión y nacionalidad. La incidencia del Derecho de la Unión en las competencias sobre la nacionalidad de los Estados miembros», *Revista de Estudios Europeos*, n.º 71, enero-junio, 2018, pp. 187 y 188.

35 Pérez Vera, E.: «Ciudadanía y nacionalidad de los Estados miembros», *Revista de Derecho de la Unión Europea*, n.º 28, enero-junio, 2015, p. 229.

para estos supuestos le hayan atribuido otra diferente. Está fuera de toda duda el que deben prevalecer las normas sobre Derechos Fundamentales y la regulación que contienen sobre el interés superior del menor. A este respecto, resulta relevante el artículo 31 de la Ley de Tratados[36], donde se otorga primacía a las normas jurídicas contenidas en los tratados internacionales válidamente celebrados y publicados oficialmente sobre cualquier otra norma del ordenamiento interno en caso de conflicto con ellas, salvo las de rango constitucional.

VI. Reflexiones finales

En definitiva, podemos concluir que las nacionalizaciones masivas pueden ser una buena medida de protección de menores, cuando con ellas se consigue la condición de nacional de un Estado miembro y, por ende, de ciudadano de la Unión. A este respecto se puede otorgar una especial protección, en función del caso concreto, al sujeto menor de edad y en base a su interés superior, a través de las normas supranacionales de la Organización Internacional de integración económica regional. Del mismo modo, cuando las normas de Derecho internacional privado necesiten de la determinación de la nacionalidad efectiva para resolver los conflictos de leyes, se podrá acudir a su mejor interés para considerarlo español, cuando con ello se le otorgue una especial protección. Tanto la Convención sobre los Derechos del niño, como la Ley Orgánica de Protección Jurídica del Menor van a proporcionar el marco jurídico de referencia a estos efectos. De tal forma que la consideración del menor como extranjero, en virtud de la aplicación de la ley estatal correspondiente, podría ser preterida, cuando su interés superior exija que deba ser declarado español.

También la globalización económica imperante en nuestros días aconseja un tratamiento jurídico de la nacionalidad efectiva acorde con los negocios internacionales de los operadores en el mercado, sobre todo cuando las actividades se desplieguen en el mercado común, interior o único. El beneficio que la ciudadanía de la Unión puede reportar al menor por ser considerado español debe ser puesto en valor, cuando exista la posibilidad de considerarle extranjero. Para solucionar este dilema resultaría posible acudir al interés superior del niño, tal y como se prescribe en la Carta de los Derechos Fundamentales de la Unión Europea. Con todo, quizá la evolución experimentada por la UE en materia de ciudadanía de la Unión, sobre todo a través de los pronunciamientos jurisprudenciales del TJUE, permita ya plantear la posibilidad de una regulación uniforme a este respecto. Se trataría de aprovechar una modificación del Derecho originario para incorporar en sus normas las

36 Ley 25/2014, de 27 de noviembre, de Tratados y otros Acuerdos Internacionales. BOE n.º 288, de 28 de noviembre de 2014.

reglas básicas que deberían de respetar todos los Estados miembros, lo que aportaría previsibilidad y seguridad jurídica a todos los que pudieran entrar en contacto con ellas. En el estado actual de los avances realizados en el proceso de integración económica regional, se trataría de eliminar incertidumbres y apostar por una mayor confiabilidad del sistema a través de progresos en la unificación política.

VII. Referencias bibliográficas

Alonso García, E.; Heredia Sánchez, L.; López Álvarez, A.; Masanet Fernández, J. M. y **Ortega Giménez, A.**: *Manual práctico orientativo de Derecho de la Nacionalidad*, Thomson Reuters Aranzadi, 2017.

Arias Ramos, J. y **Arias Bonet, J. A.**: *Derecho Romano I. Parte general. Derechos reales*, Editoriales de Derecho Reunidas, Madrid, 18.ª ed., 1986.

Calvo Caravaca, A. L. y **Carrascosa González, J.**: *Tratado de Derecho internacional privado*, Tirant lo Blanch, Valencia, Toma I, 2.º edición, 2022.

Carrascosa González, J.: «Pérdida de la nacionalidad española», en la obra colectiva de Alfonso Ortega Giménez (Director), *Cuestiones prácticas actuales de Derecho de la nacionalidad y de la extranjería*, Thomson Reuters Aranzadi, 2018.

Cerdeira Bravo De Mansilla, G.: «Ser o no ser español: esa es la cuestión: criterios de interpretación, e integración, en materia de nacionalidad y extranjería», *Anuario de Derecho Civil*, tomo LXX, fasc. I, 2017.

Cruz Luna, A.: «Ciudadanía de la Unión y nacionalidad. La incidencia del Derecho de la Unión en las competencias sobre la nacionalidad de los Estados miembros», *Revista de Estudios Europeos*, n.º 71, enero-junio, 2018.

Díez-Picazo, L. y **Gullón, A.**: *Sistema de Derecho civil. Parte general del Derecho civil y personas jurídicas*, vol. I, Tecnos, Madrid, decimotercera ed., 2016.

Espinar Vicente, J. M.: «La función de la nacionalidad y la extranjería en el Derecho internacional privado contemporáneo», *Anuario Español de Derecho Internacional Privado*, t. XII, 2012.

Espinar Vicente, J. M.: *Ensayos sobre teoría general del Derecho internacional privado*, Civitas, Madrid, 1997.

Fernández Rozas, J. C.: «La reforma del Derecho español de la nacionalidad», en *Cursos de derecho internacional de Vitoria-Gasteiz*, Universidad del País Vasco, Servicio Editorial, Vitoria-Gasteiz, 1983.

Guzmán Zapater, M.: *Lecciones de Derecho internacional privado*, Tirant lo Blanch, Valencia, 2.ª edición, 2021.

Lázaro González, I.: *Los menores en el Derecho español*, Tecnos, Madrid, 2002.

Mangas Martín, A. y **Liñán Nogueras, D.J.**: *Instituciones y Derecho de la Unión Europea*, Tecnos, Madrid, décima edición, 2020.

Moreno Blesa, L.: *Derecho de la Unión Europea*, Colex, 1.º edición, 2022.

O'Callaghan Muñoz, X.: *Código Civil comentado y con jurisprudencia*, La Ley, Madrid, 4.ª ed., 2004.

Pastor Ridruejo, J. A.: *Curso de Derecho internacional público y organizaciones internacionales*, Tecnos, Madrid, undécima edición, 2007.

Pérez Vera, E.: «Ciudadanía y nacionalidad de los Estados miembros», *Revista de Derecho de la Unión Europea*, n.º 28, enero-junio, 2015.

Rodríguez Pineau, E.: «Identidad y nacionalidad», *Anuario de la Facultad de Derecho de la Universidad Autónoma de Madrid*, n.º 17, 2013.

EL MATRIMONIO FORZADO DE MENORES: UNA MIRADA AUSENTE A LOS CONCEPTOS MÁS POLÉMICOS

Encarnación Abad Arenas
Profesora Contratada Doctora de Derecho Civil
Universidad Nacional de Educación a Distancia
eabad@der.uned.es

I. Introducción

En algunos países, niñas, adolescentes y mujeres adultas, son obligadas por sus propios progenitores o parientes más cercanos a contraer nupcias. Este enlace matrimonial que en función de la edad de la contrayente lo denominamos matrimonio forzado o matrimonio infantil[1], se encuentra apoyado en tradiciones religiosas o costumbres ancestrales[2]. Costumbres o tradiciones en las que se ofrece a la menor a modo de compensación para atajar conflictos o satisfacer deudas pendientes que, afectan de forma negativa a su salud, educación y autonomía económica e, incluso, incrementan el

---

Este trabajo ha sido elaborado en el marco del Proyecto I+D+i «Ejes de la Justicia en tiempos de cambio (EJEJUSTICAM)», financiado por el Ministerio de Ciencia e Innovación.

---

1 Sobre ello, véase ABAD ARENAS, E.: *Matrimonio. Especial consideración a los forzosos, precoces e infantiles*, Juruá, Portugal, 2019, pp. 15 y ss.

2 Véase PÉREZ SOLA, N.: «La protección internacional en el nuevo proyecto de ley de asilo y refugio», en CHUECA SANCHO, Á. GUTIÉRREZ CASTILLO, V. L. y, BLÁZQUEZ RODRÍGUEZ, I. (Coords.): *Las migraciones internacionales en el Mediterráneo y Unión Europea*, Huygens: Fundación Tres Culturas del Mediterráneo, Sevilla, 2009, p. 219.

riesgo de infecciones de transmisión sexual, dada la creencia proverbial de que un hombre enfermo sanará mediante el acceso carnal a una impúber[3].

Matrimonio que como norma general surge de la coacción proveniente del entorno familiar de la víctima y que desemboca en un matrimonio forzado, cuando uno de los cónyuges se niega a contraer las nupcias, momento en el que comienza a recibir todo tipo de presiones.

Así, en la Cuarta Conferencia Mundial de las Naciones Unidas sobre la Mujer, realizada en 1995 en Beijing, se precisó que las menores «son con frecuencia objeto de diversas formas de explotación sexual y económica, prostitución forzada [...] y de matrimonio prematuro, incluso en la niñez». Estableciéndose además dentro de los objetivos estratégicos L. 1 apartado e), como medida a adoptar por los Estados la de: «Promulgar y hacer que se cumplan estrictamente: las leyes destinadas a velar por que sólo se contraiga matrimonio con el libre y pleno consentimiento de los contrayentes; las leyes relativas a la edad mínima para expresar consentimiento y contraer matrimonio y, elevar la edad mínima para contraer matrimonio cuando sea necesario».

Unicef[4], aunque ha precisado a este respecto que, los índices de matrimonio infantil están disminuyendo, lo cierto es que cada año hay aproximadamente 15 millones de niñas que contraen matrimonio antes de cumplir los 18 años. Niñas que representan un grupo extremadamente vulnerable, debido a que se les priva de su infancia, teniendo escasas oportunidades de recibir una educación y, como norma comienzan a procrear demasiado pronto».

Se establece por las convenciones y tratados internacionales de derechos humanos, la obligación a los Estados de promulgar legislaciones para proceder a la erradicación de todas estas tradiciones o costumbres religiosas que son concebidas como prácticas perjudiciales para la menor[5].

Asimismo, múltiples son los efectos acaecidos por estos matrimonios en la vida de la menor. En particular, se ven privadas de su niñez; de su adolescencia; de su libertad personal y, del desarrollo de su propia identidad[6].

---

3 Véase, ABAD ARENAS, E.: «Libertad matrimonial y proyecto de tipificación de los matrimonios forzosos», en CRESPO GARRIDO, M.ª Y MORETÓN SANZ, F. (Dirs.), *El futuro de las políticas sociales desde el nacimiento hasta la senectud: La mujer como protagonista*, Tirant lo Blanch, Valencia, 2015, p. 121.

4 UNICEF.: «Las edades mínimas legales y la realización de los derechos de los y las adolescentes. Una revisión de la situación en América Latina y el Caribe», 2016, p. 16. Disponible en: http://salutsexual.sidastudi.org/resources/inmagic-img/DD40703.pdf, consultado: 24-12-2022.

5 Véase, en relación con las convenciones y tratados internacionales de derechos humanos las aportaciones de ABAD ARENAS, E.: «El matrimonio forzoso concebido como una modalidad matrimonial circunscrita al ámbito migratorio», en NADAL MASEGOSA, A. (Dir), *Migración y Desarrollo. Teoría, Educación, Diagnósticos y Didáctica*, Eumed: Universidad de Málaga, 2021, pp. 43-44.

6 Véase UMEMOTO, S.: (2001): «Matrimonios prematuros», *Digest Innocenti*, n.º 7, 2001, p. 10.

LASARTE ÁLVAREZ[7] subraya la antijuridicidad de estos vínculos forzosos, concluyendo que «además los principios inspiradores de Tratados internacionales de especial importancia y la regla de orden público deben excluir la posibilidad de que reglas religiosas y costumbres ancestrales, asentadas en la desigualdad entre hombre y mujer y en la falta del respeto del ámbito propio de los derechos de la personalidad de los menores, sigan avalando el matrimonio de los menores de edad».

En suma, de una parte, este tipo de matrimonios forzosos había ido desapareciendo de la tradición europea —a excepción de Europa Central y del Este— hasta la reciente localización de algunos casos vinculados a fenómenos migratorios[8] y movimientos poblacionales entre los que aún pervive dicho sistema; De otra, la transferencia de ciertas prácticas o costumbres a lugares en los que tradicionalmente no se realizaban se han originado por los flujos migratorios y la globalización, permitiéndose con ello, el desarrollo de su proyecto de vida en países del contexto europeo donde esta práctica era desconocida por personas de estas procedencias[9].

Además, este tipo de matrimonios y su dificultad para ser detectados dejan en una situación de vulnerabilidad a la población joven que se encuentre inmersa en un núcleo familiar de riesgo. De forma tal, que evitar este tipo de desposorio tiene un importante coste en el ámbito relacional familiar, ya que es organizado por los propios progenitores o, familia extensa, pudiendo darse el caso de que este contexto familiar reaccione de forma negativa contra lo que se considera un «comportamiento occidentalizado» de la menor que debate el código de las costumbres tradicionales de la cultura de origen, en el entendido de que el honor familiar queda dañado y, por tanto, el prestigio de la familia[10].

7 LASARTE ÁLVAREZ, C.: *Principios de Derecho Civil*. T. VI. *Derecho de familia*, Marcial Pons, Madrid, 17.ª ed, 2018, p. 34.

8 SALDAÑA DÍAZ, M.ª N.: «Estándares internacionales adoptados por las Naciones Unidas y el Consejo de Europa para combatir la vulneración de los derechos humanos de las mujeres y niñas en base a prácticas tradicionales nocivas. Los matrimonios infantiles tempranos y forzados», *Anuario de derecho eclesiástico del Estado*, vol. 32, 2016, pp. 268, precisa que la mayor parte de las poblaciones inmigrantes que residen en Europa provienen de países donde tradicionalmente se celebran matrimonios forzados.

9 Véase, en este sentido el caso de Catalunya (Departament d'interior, Generalitat de Catalunya.: «Dades sobre violencia masclista-2020», 2020. Disponible en: https://www.altafulles.cat/wp-content/uploads/2020/11/Dades-ICD_2020.pdf , consultado 24-12-2022). También las aportaciones de ABAD ARENAS, E.: *Matrimonio. Especial consideración a los forzosos, precoces e infantiles*, Juruá, Portugal, 2019, pp. 72-75.

10 GENERALITAT DE CATALUNYA.: «Programa de Seguretat contra la Violència Masclista. Procedimiento de Prevención y atención policial de los Matrimonios Forzados», 2009, p. 5. Disponible en: http://bbpp.observatorioviolencia.org/wp-content/uploads/2018/05/DOC1261477148_Presentacio_Procedimiento-MF_20090603_espanol.pdf, consultado 04/12/2022.

De esta forma, en el ámbito europeo el estudio de este tipo de matrimonios queda circunscrito a cuestiones relacionadas con la integración de los grupos de población migrantes, con su cultura y, con sus tradiciones[11]. Quedando limitada la pretensión del Consejo de Europa desde su constitución por el Tratado de Londres el 05 de mayo de 1949, a la promoción de la democracia y al respeto de los derechos humanos considerando la igualdad entre hombres y mujeres y, adquiriendo una mayor relevancia en la prevención y en la erradicación de la violencia contra la mujer, debido ello a que en los últimos años se ha centrado en las formas de violencia contra la mujer derivadas de prácticas tradicionales que son perjudiciales, como sería el caso de los matrimonios forzados.

En definitiva, se adoptan diversos mecanismos de carácter jurídico, con la pretensión de erradicar este tipo de enlaces matrimoniales que además de comportar una vulneración de los derechos humanos de la mujer y, de los derechos de las menores y, tienen la consideración de delito por el Convenio de Estambul de 2011.

II. Matrimonios forzados o matrimonios infantiles

Los matrimonios forzados, aunque se encuentran definidos de diversa forma por los distintos países, debido a la inexistencia de una definición unánime, lo cierto es que todas estas definiciones encuentran su punto de conexión en el hecho de que éstos son aquéllos que se celebran sin el consentimiento de las personas afectadas o, sin el consentimiento libre y pleno de una de las partes que, como norma general, ha sido forzada a contraer las nupcias[12].

Por tanto, las situaciones que originan este tipo de matrimonio se resumen en aquellas que derivan de la coacción física; psicológica; sexual; emocional o, en aquella que deriva de factores externos: del honor; de la tradición; de las expectativas de los consortes o, del nivel económico. Pudiendo añadirse que cuando el matrimonio forzado se origina y uno o ambos contrayentes son menores de 18 años, también se denomina matrimonio infantil o, a edad temprana o, precoz[13].

---

11 Respecto a la integración de los grupos de población migrantes, véase AA:VV.: «Forced marriage: and análisis of legislation and political measures in Europe», *Crime, Law and Social Change*, vol. 62, n.° 2, 2014, pp. 171-189.

12 En este orden de ideas, RUDE, A., lo define como «la unión de dos personas en la que al menos una de ellas no ha dado su libre y pleno consentimiento para contraer matrimonio». Elemento que de conformidad con el artículo 45 del Código Civil español es esencial en la institución del matrimonio, al igual que ocurre en otros ordenamientos, como sería el caso, por ejemplo, del francés («Forced marriages in Council of Europe member states. A comparative study of legislation and political initiatives», 2005, p. 7. Disponible en: https://eige.europa.eu/resources/CDEG(2005)1_en.pdf, consultado 25-12-2022).

13 Así, SALDAÑA DÍAZ, M.ª N.: prevé que «el matrimonio celebrado sin el consentimiento pleno y libre de al menos uno de los contrayentes es un matrimonio forzado y, además

De forma que, los matrimonios infantiles en ciertos supuestos se equiparán a los matrimonios forzosos, ya que en este tipo de matrimonios no se cuenta con el consentimiento pleno, libre e informado de una de las partes o, de ninguna de ellas.

De ahí que, aunque estos enlaces matrimoniales reciban diferentes acepciones, lo cierto es que en determinadas circunstancias se trata de un mismo tipo, donde el término forzado es sinónimo de precoz y, donde se conculca el libre consentimiento de la persona para contraer nupcias.

Rude[14] ha precisado que en 2005 el Consejo de Europa realizó un estudio en relación con los matrimonios forzados en los 28 países del Consejo, llegando a la conclusión de que este término incluía un amplio abanico de acepciones, siendo éstas, el matrimonio como esclavitud; el concertado; el tradicional; por razones de costumbre, la conveniencia o la respetabilidad percibida; el infantil, el precoz; los ficticios; por conveniencia; el no consumado; el putativo, para adquirir la nacionalidad; el indeseable, entre otras. Punto en el que matiza que mientras que algunos tribunales no consideran, el matrimonio para adquirir la nacionalidad o el simulado como una modalidad de matrimonio forzado, por el contrario, otros sí sostienen tal aseveración.

En definitiva, este no reconocimiento de los efectos derivados de la existencia de estos matrimonios se debe extrapolar a supuestos de matrimonios forzados, ya que al tratarse de una práctica arraigada y proveniente de ciertas comunidades del Norte de África; de Oriente próximo y Oriente medio; de Asia meridional y, de América Latina, resulta indiscutible que se diferencia de otros posibles matrimonios que pueden converger en el contexto migratorio.

III. Inexistencia de los elementos esenciales del matrimonio

Como hemos observado en la definición de matrimonio forzado o en cualquiera de sus acepciones, como primer elemento esencial prima la ausencia del libre y del pleno consentimiento dado por las partes al matrimonio, ya

---

si al menos uno de los contrayentes es menor de 18 años, se trata de un matrimonio infantil o de niños, considerándose este último un matrimonio forzado, debido a que hasta esa edad no se cuenta con el consentimiento pleno libre e informado, debido ello a que las obligaciones que implica el matrimonio exigen madurez y plena capacidad de obrar» («Estándares internacionales adoptados por las Naciones Unidas y el Consejo de Europa para combatir la vulneración de los derechos humanos de las mujeres y niñas en base a prácticas tradicionales nocivas. Los matrimonios infantiles tempranos y forzados», *Anuario de derecho eclesiástico del Estado*, vol. 32, 2016, pp. 265).

14 Rude, A.: «Forced marriages in Council of Europe member states. A comparative study of legislation and political initiatives», 2005, p. 7. Disponible en: https://eige.europa.eu/resources/CDEG(2005)1_en.pdf, consultado 25-12-2022.

que este tipo de matrimonios se configura como aquéllos en los que uno o ambos de los contrayentes no han expresado personalmente su consentimiento pleno y libre a la unión.

En la actualidad, 28 niñas son casadas por minuto, 1.700 cada hora, 41.000 al día, 15 millones en un año, tal y como se desprende de las cifras aportadas por UNICEF[15].

En este sentido, el Alto Comisionado de las Naciones Unidas para los Derechos Humanos en el párrafo 49 de la Declaración y Programa de Acción de Viena, instó a los Estados a que derogasen leyes y reglamentos en vigor y a que eliminasen las costumbres y prácticas que fuesen discriminatorias y perjudiciales para las niñas. También, el Comité de los Derechos de los Niños, impide que los Estados parte permitan o reconozcan el matrimonio entre personas que no hayan alcanzado la mayoría de edad, entendiéndose en su artículo 16. 2 por niño «todo ser humano menor de 18 años de edad, salvo que en virtud de la ley que le sea aplicable haya alcanzado antes la mayoría de edad».

Este Comité, aunque considera que la edad mínima para contraer matrimonio debe ser de 18 años tanto para el hombre como para la mujer, entiende que no debería permitirse el matrimonio antes de que hayan alcanzado la madurez y la capacidad de obrar plena, debido a que al contraer matrimonio éstos asumen obligaciones de cierta relevancia.

Así, la Organización Mundial de la Salud, ha precisado que cuando los menores de edad, en especial, las niñas se casan y tienen hijos, su salud puede verse afectada desfavorablemente, entorpeciéndose, además, su educación y, restringiéndose con ello su autonomía económica[16].

En síntesis, se plantea la necesidad de que se promulguen leyes que de forma expresa estipulen que la edad mínima para contraer nupcias son los 18 años, considerándose como infantil todo aquel matrimonio en el que el contrayente no haya alcanzado dicha edad mínima. También, que al inscribir el matrimonio en el Registro se pida que las partes indiquen su fecha de nacimiento, para comprobar que cumplen con la edad legal o, que fuese obligatorio presentar un documento en el que se certifique de forma fehaciente la edad de las partes a la hora de celebrar el matrimonio. Para el caso de carecer de un registro oficial de nacimientos, se deberían establecer otros medios alternativos, que permitiesen demostrar la edad legal: la fe de bautismo o un historial médico. Además, como las tasas de analfabetismo son muy elevadas, circunstancia que impide, como norma, que las partes procedan a inscribir el matrimonio en el registro, sería oportuno el establecimiento de disposiciones

15 UNICEF.: «Matrimonio Infantil: Ni esposas ni madres ¡Solo niñas!», *Revista de UNICEF Comité Español, Contigo Llegamos Más Lejos*, n.º 226, 2017, p. 4.

16 Comité CEDAW. Recomendación General n.º 21.

en las que la inscripción se realizase oralmente o, en la que se autorizasen formas de firma de carácter alternativo: la huella dactilar.

También resulta necesario aludir al Manual sobre registro de matrimonios, elaborado por los Centros para el Control y la Prevención de Enfermedades, del Departamento de Salud y Servicios Humanos, de Estados Unidos. Manual que puede servir de modelo en estos casos[17].

En suma, los matrimonios forzosos constituyen una violación de las normas de los derechos humanos reconocidas internacionalmente y, conculcan el requisito del consentimiento libre y pleno de ambas partes que es inherente al derecho del matrimonio. Además, en su forma más extrema pueden originar un comportamiento amenazador, de secuestro, de encarcelamiento, de violencia física, de violación o, de homicidio —comportamientos todos que son constitutivos de delito, conforme al vigente Código Penal español— y, su perpetuación se debe al resultado de desigualdad de género; a la ausencia de una cultura de educación y, a una enorme falta de autoestima en las niñas y mujeres.

De modo que, los matrimonios infantiles son los contraídos por un niño o niña, es decir, al menos por una persona menor de 18 años. Asimismo, cabe la posibilidad de que las menores no hayan adquirido ni la madurez física ni jurídica y, en consecuencia, todavía no presenten las condiciones más elementales para poder emitir su consentimiento al matrimonio. Además, estos matrimonios en los que se exponen a las menores prepúberes e inmaduras a relaciones no consentidas, y, que son equiparables a abusos, constituyen una violación del artículo 19. 1[18] de la Convención sobre los Derechos del Niño. Y, finalmente, aunque afectan también a los varones, lo cierto es que en general son una práctica que recae de forma mayoritaria sobre las féminas.

Si bien, será con la Convención sobre los Derechos del Niño[19], cuando los estados firmantes reconozcan a los menores como sujetos de derecho y, por tanto, se convierta a los adultos en sujetos de responsabilidad.

En definitiva, los matrimonios forzados se equiparán a los infantiles, en aquellos casos en los que el enlace matrimonial se realiza con menores, conculcándose el libre consentimiento de la contrayente y, omitiéndose el requisito de edad. Supuestos todos en los que nos encontramos ante un mismo tipo de matrimonio caracterizado como una práctica atentatoria contra la libertad y la autonomía de la menor e, incluso, en casos extremos, contra su propia vida. Además, estos matrimonios que siguen existiendo en diversas

17 Para una mayor información, véase, https://www.usa.gov/espanol/agencias-federales/centros-para-el-control-y-la-prevencion-de-enfermedades-cdc consultado 21-04-2023.

18 Este precepto defiende el derecho del menor a no sufrir abusos sexuales, como una violación de los Derechos Humanos.

19 Esta Convención es un Tratado Internacional de las Naciones Unidas, que fue adoptada por la Asamblea General de las Naciones Unidas el 20 de noviembre de 1989 y, ratificada por todos los países, salvo EEUU y Somalia.

culturas y tradiciones, presentan como rasgo principal el hecho de que es el consentimiento de la niña el que o bien ni siquiera es instado o, su disconformidad ignorada, siendo los propios progenitores los que negocian el matrimonio con los padres del futuro esposo, haciendo caso omiso de las intenciones de la hija menor e, incluso, mayor de edad.

Se trata de matrimonios que encuentran su causa mediata en la desigualdad de género, que hace que, debido a creencias religiosas o culturales, se considere que la fémina —independientemente de que sea mayor o menor de edad— es un mero objeto incapaz de decidir por sí misma cuándo y con quién quiere o desea contraer nupcias. Por tanto, las menores son desposadas forzosamente, ya que ello permite, entre otros aspectos, controlar y garantizar su virginidad, atendiéndose con esto a una costumbre de arraigo patriarcal, donde la mujer carece de voz y voto, al encontrarse privada de poder alguno de negociación respecto a su matrimonio; a su salud y, a sus derechos reproductivos y sexuales.

En definitiva, estos matrimonios requieren de su tipificación como delito específico, con la finalidad de que la Ley pueda sancionar la práctica de todos los matrimonios de esta índole[20]. Además, las tradiciones religiosas o culturales en las que se justifica son constitutivas de manifestaciones específicas de la violencia que se ejerce contra las mujeres y, una vulneración de sus derechos humanos y de sus libertades fundamentales[21].

IV. El matrimonio forzado y su doble tipificación en el Código Penal español

En España, aunque en su literalidad los matrimonios forzados no se encontraban tipificados como delito en el Código Penal (en adelante CP), lo cierto es que algunos de los tipos penales vinculados a estos matrimonios podían ser muy graves. De ahí que, con la aprobación por el Consejo de ministros del Anteproyecto de Ley Orgánica por la que se modifica la Ley Orgánica

20 Téngase presente que, estos matrimonios conculcan el requisito del consentimiento libre y pleno inherente al Derecho del Matrimonio y, originan una vulneran el derecho a que las menores no sufran abusos sexuales.

21 Estos Derechos y Libertades se encuentran reconocidos por la Asamblea General de las Naciones Unidas, en el artículo 3 de su Resolución 217 (III), al establecer que: «Todo individuo tiene derecho a la vida, a la libertad y a la seguridad de su persona». Así como serían reafirmados en el artículo 6. 1 de su Resolución 2200 A (XXI), al precisarse que: «El derecho a la vida es inherente a la persona humana. Este derecho estará protegido por la ley. Nadie podrá ser privado de la vida arbitrariamente» y, en su artículo 9. 1 que: «Todo individuo tiene derecho a la libertad y a la seguridad personales. Nadie podrá ser sometido a detención o prisión arbitrarias. Nadie podrá ser privado de su libertad, salvo por las causas fijadas por ley y con arreglo al procedimiento establecido en ésta».

10/1995, de 23 de noviembre, del Código Penal[22] se introduzca por el legislador el delito de matrimonios forzados en el artículo 172 bis del texto legal.

De esta forma, España se equipará con la mayoría de sus países vecinos al contemplar penas de prisión para este tipo de enlaces matrimoniales; establece un capítulo novedoso en el que se trata la protección de la mujer y la lucha por la igualdad de género y, se adhiere al mandato derivado del Convenio de Estambul. Convenio que en su Preámbulo describe de forma taxativa el matrimonio forzoso como: «una forma grave de violencia contra las mujeres y niñas, una violación grave de sus derechos humanos y un obstáculo fundamental para la realización de la igualdad entre hombres y mujeres». Concretamente, en su artículo 37 se obliga a los Estados parte a tipificar los matrimonios forzados como delito, si de forma intencionada se comete el hecho de obligar a un adulto o un menor a contraer nupcias.

En este sentido, España incorpora el artículo 172[23] bis CP, con la pretensión de cumplir esta obligación descrita en el artículo 37 del mencionado Convenio. No obstante, aunque este precepto encuentra su origen en dicho Convenio, lo cierto es como Palma Herrera precisa que al legislador español se le ha olvidado citarlo en el Preámbulo de la propia Ley[24].

Por tanto, con la Ley Orgánica 1/2015, de 30 de marzo, por la que se modifica la Ley Orgánica 10/1995, de 23 de noviembre, del Código Penal se incorpora la imposición de penas para el caso de delito de matrimonio forzado. Delito que, incluido dentro de los tipos de coacciones, constata que la finalidad perseguida por el legislador español se restringe a la protección de la libertad que ostentan las personas para establecer si contraen o no matrimonio, sin la necesidad de recurrir a otros bienes jurídicos, como es el caso: de la institución del matrimonio[25].

---

22 Anteproyecto que sería aprobado de forma definitiva en mayo de 2013 por el Consejo de ministros y, que respecto del borrador presenta ciertas novedades encaminadas a la defensa de las mujeres, siendo una de éstas la referida al matrimonio forzado, recoge la medida como una modalidad agravada del delito de coacciones, previendo dos modalidades, de una parte, compeler a otra persona a contraer matrimonio y, de otra, forzar a otro a abandonar el territorio español o a no regresar a éste con la finalidad de obligarle a contraer nupcias. Véase, las aportaciones de Abad Arenas, E.: «Libertad matrimonial y proyecto de tipificación de los matrimonios forzosos», en Crespo Garrido, M.ª y Moretón Sanz, F. (Dirs.), *El futuro de las políticas sociales desde el nacimiento hasta la senectud: La mujer como protagonista*, Tirant lo Blanch, Valencia, 2015, pp. 137-138.

23 Precepto ubicado en el Capítulo II «De las Coacciones», del Título VI dedicado a los «Delitos contra la libertad».

24 Palma Herrera, J. M.: «El delito de matrimonio forzado», en Morillas Cueva, L. (Dir.), *Estudios sobre el Código Penal reformado*, Dykinson, Madrid, 2015, p. 398.

25 Véase Torres Rosell, N.: «Artículo 172 bis», en Quintero Olivares, G. (Dir.), *Comentarios al Código Penal español*, Aranzadi, 7.ª ed, Pamplona, 2016, p. 1170.

Así, el nuevo artículo 172 bis CP presenta en sus dos primeros párrafos dos tipos penales diferentes y, en el tercero un subtipo agravado que es aplicable a los dos anteriores.

Así reza el literal del precepto: «1. El que con intimidación grave o violencia compeliere a otra persona a contraer matrimonio será castigado con una pena de prisión de seis meses a tres años y seis meses o con multa de doce a veinticuatro meses, según la gravedad de la coacción o de los medios empleados. 2. La misma pena se impondrá a quien, con la finalidad de cometer los hechos a que se refiere el apartado anterior, utilice violencia, intimidación grave o engaño para forzar a otro a abandonar el territorio español o a no regresar al mismo. 3. Las penas se impondrán en su mitad superior cuando la víctima fuera menor de edad».

Por tanto, se castiga al que obligue a otro a contraer matrimonio con otra persona cuando para la realización de esta conducta típica se haya utilizado alguno de los dos medios establecidos en el mismo tipo penal: es decir, la intimidación grave o la violencia. O con este mismo propósito, la obligue con engaño, violencia o intimidación grave a abandonar el territorio nacional o a no regresar al mismo. Además, se incluye el supuesto de matrimonio forzado infantil y, se especifica que la pena establecida en él se impondrá en su mitad superior cuando la víctima de dicha conducta sea menor de edad.

De forma que, por medio de esta reforma legislativa, este tipo de matrimonio encuentra su tipificación concreta en el contexto de las coacciones, dejando atrás su encasillamiento en la amplia categoría de violencia de género. Categoría en la que se configuraba como un crimen contra la libertad sexual.

Por otra parte, de conformidad con lo expuesto en la Exposición de Motivos de la Ley Orgánica 1/2015, de 30 de marzo, esta regulación encuentra su justificación en el cumplimiento de los diversos instrumentos de Derecho internacional que, firmados en su momento por España, tenían como pretensión luchar contra las violaciones de los Derechos Humanos[26]. Sin embargo, no han faltado autores[27] que opinan que en esta nueva regulación la cuestión que debería haberse tenido en cuenta debería ser aquélla en la que se hubiese unificado en un único capítulo todos los delitos relativos a la violencia intrafamiliar.

Así, en el Preámbulo de la Ley Orgánica 1/2015, de 30 de marzo, el legislador español se ha referido tanto a la Directiva 2011/36/UE, del Parlamento Europeo y

26 Sobre la justificación de la nueva regulación, véase ESQUINAS VALVERDE, P.: «El delito de matrimonio forzado (art. 172 bis CP) y sus relaciones concursales con otros tipos delictivos», *Revista electrónica de ciencia penal y criminología*, n.° 20, 2018, p. 2.

27 Así, PAÍNO RODRÍGUEZ, F. J.: «El nuevo Código Penal y la regulación de la violencia intrafamiliar y de género a la luz de las modificaciones introducidas», *Revista penal*, n.° 37, 2016, p. 167.

del Consejo —ya que en ésta el matrimonio forzado constituye una de las formas por las que se puede explotar a las personas—, como a la Convención de las Naciones Unidas[28] sobre la eliminación de todas las formas de discriminación contra la mujer, suscrita por España en 1983, al establecer en su artículo 16 tanto la adopción por los Estados parte de medidas para eliminar la discriminación contra la mujer en asuntos relacionados con el matrimonio, como la inexistencia de efectos jurídicos en los matrimonios de niños.

Por tanto, dos son los preceptos que en relación con la tipificación de los matrimonios forzados deben tenerse en consideración: el artículo 172 bis CP encuadrado dentro de los «Delitos contra la libertad», en el que se tipifican como una forma de coacciones, transponiéndose el Convenido de Estambul y, el artículo 177 bis CP como una forma de trata de seres humanos, transponiéndose la Directiva 2011/36/UE.

Así, del literal del texto contenido en el artículo 172. 1 bis CP se observa que el precepto establece una tipificación amplia del delito del matrimonio forzado. De modo que, nos encontramos ante una modalidad de coacciones en la que el sujeto pasivo es obligado en contra de su voluntad a contraer matrimonio, mientras que el sujeto activo puede ser cualquier persona. Además, como en estos casos la víctima es obligada a contraer las nupcias por sus propios progenitores o, demás familiares, el sujeto activo y el pasivo se encontrarán unidos por una relación de parentesco y, en consecuencia, y en virtud de la circunstancia mixta de parentesco que pervive, se posibilita la aplicación de lo preceptuado en el artículo 23[29] CP.

En relación con los medios comisivos, el artículo 172. 1 bis CP permite que se obligue a otra persona utilizando violencia o intimidación grave. Respecto a la violencia, se observa que, aunque es coincidente con lo preceptuado para el tipo básico de coacciones del artículo 172 CP, lo cierto es que el legislador expresamente ha introducido la posibilidad de que el delito sea realizado mediante intimidación grave, teniendo en consideración que, en este tipo de matrimonios, las presiones ejercitadas por su entorno en la gran mayoría de los casos únicamente tienen como pretensión atemorizar a la víctima.

La exigencia de que la intimidación utilizada sea «grave» por el precepto, origina que quede fuera de su aplicación la intimidación que no ostente tal carácter y, por tanto, no todos los casos podrán incluirse dentro del artículo. Adjetivo que ha sido objeto de una amplia discusión en doctrina, debido a la enorme dificultad que presenta su interpretación. Así, en 2013, el Consejo General del Poder Judicial en el «Informe al Anteproyecto de Ley Orgánica

28 Uno de los objetivos perseguidos por las Naciones Unidas ha sido la lucha contra el matrimonio infantil, con la pretensión de lograr la Igualdad de Género.

29 «Es circunstancia que puede atenuar o agravar la responsabilidad, según la naturaleza, los motivos y los efectos del delito, ser o haber sido el agraviado [...] ascendiente, descendiente o hermano por naturaleza o adopción del ofensor o de su cónyuge o conviviente».

por la que se modifica la Ley Orgánica 10/1995, de 23 de noviembre, del Código Penal», hizo una referencia a la dificultad que presentaba delimitar qué es una intimidación grave, considerando que lo más loable era suprimir la acepción grave respecto de la intimidación, con la finalidad de que fuese el juez en función de las circunstancias acaecidas y, de forma más específica, las que afecten a las víctimas y su relación con el agresor, el que valorase si la intimidación ejercida era suficiente a tales efectos, tal y como sucede con otros delitos[30].

En suma, se observa la persistencia de las dudas suscitadas a cómo debe interpretarse dicho adjetivo, al objeto de evitar su impunidad, ya que la redacción definitiva de este precepto mantiene que la intimidación sea grave. En este punto, aunque la mejor doctrina[31] entiende que se debe considerar como grave aquella intimidación que tenga la entidad suficiente que permita doblegar la voluntad del sujeto pasivo, condicionando su libertad de elección, lo cierto es que en este tipo de matrimonios y, teniendo en consideración el contexto en el que se suelen originar, lo propio sería estar al caso concreto para poder determinar si la conducta utilizada reviste o no la gravedad que regula el precepto.

También, en relación con la pena se prevé en el nuevo artículo 172. 1 bis CP una pena de prisión de 6 meses a 3 años y 6 meses o, multa de 12 a 24 meses. De forma que, aunque todo apunta a que el delito de matrimonio forzado ha sido configurado como un tipo agravado del delito de coacciones, lo cierto es que la pena entre uno y otro prácticamente es idéntica. Sin embargo, respecto con la pena de prisión, el límite superior para el delito del artículo 172 bis sí ha sido elevado hasta los 3 años y 6 meses, frente a los 3 años previstos para el tipo básico de coacciones, debido posiblemente a la lesividad que presenta la conducta en este nuevo delito.

No obstante, si atendemos a la previsión alternativa de las penas previstas por el precepto, es decir, a la pena de multa de 12 a 24 meses, nos encontramos ante una pena idéntica a la establecida en el delito de coacciones, de ahí que la posibilidad de la configuración de este delito como una modalidad más grave de coacciones decaiga, dada la incoherencia que presenta dicho razonamiento[32].

---

30 Véase, Román Llamosi, S.: «Los delitos de violencia de género. Análisis de la Ley Orgánica 1/2004, de 28 de diciembre, de Medidas de Protección Integral contra la Violencia de Género», *Revista de Derecho VLex*, n.° 179, 2019, p. 55.

31 Manzanares Samaniego, J. L.: «Novedades en los delitos de amenazas y coacciones según el Anteproyecto de reforma del Código Penal (arts. 171. 7, 172. 3, 172 bis y 172 ter)», *Diario La Ley*, n.° 8080, 2013, p. 2.

32 Así, Esquinas Valverde, P.: «El delito de matrimonio forzado (art. 172 bis CP) y sus relaciones concursales con otros tipos delictivos», *Revista electrónica de ciencia penal y criminología*, n.° 20, 2018, p. 5.

En definitiva y, de conformidad con la literalidad del texto contenido en el artículo, la determinación de la pena aplicable estará en relación con la gravedad de la coacción o de los medios utilizados.

Por otra parte, aunque, también se castiga por el artículo 172. 2 bis CP a quien «utilice violencia, intimidación grave o engaño para forzar a otro a abandonar el territorio español o a no regresar al mismo», presentando este delito de matrimonio forzoso una segunda modalidad, lo cierto es que estas conductas se encuentran más relacionadas con la trata de personas[33] que, con el tipo penal de matrimonio forzado, ya que en este caso la violencia, la intimidación grave y el engaño no van referidas a compeler a otra persona a contraer matrimonio, sino que se hace uso de estos medios para forzar a alguien a abandonar el país o a no regresar con la pretensión de contraer matrimonio y, por tanto, la celebración del matrimonio se presenta como finalidad y no como parte de la conducta típica, puesto que la acción primordial es desplazar o evitar el desplazamiento de alguien mediante la utilización de la fuerza.

Por tanto, la novedad que presenta el precepto se concreta en el engaño, obedeciéndose así, a la vinculación entre este delito y la trata de seres humanos, ya que se encuentra dentro de los medios comisivos de esta última figura delictiva y, en consecuencia, esta incorporación resulta de suma importancia, puesto que, en los matrimonios forzados, el engaño se suele ejercer por parte de los familiares o del entorno de quien es obligado a desplazarse para contraer las nupcias.

Sin embargo, a diferencia de lo establecido en el artículo 177 bis CP, en el precepto no se incluye el abuso de una situación de superioridad de un estado de necesidad o de una especial vulnerabilidad de la víctima. Esto plantea la cuestión de determinar cuáles debieron ser las intenciones que tenía el legislador cuando creó esta figura delictiva[34]. Además, en relación con la consumación del delito no habrá que estar a la celebración del matrimonio para entenderlo consumado, sino que será suficiente con que se origine el desplazamiento forzado o con que se haya impedido a la persona entrar a España con la pretensión de compelerla a contraer matrimonio en el extranjero[35].

En síntesis, se observa que el aspecto más espinoso que plantea el artículo 172. 2 bis CP se resume en su relación con el delito de trata de seres

33 Véase De La Cuesta Aguado, P. M.ª.: «XIX. El delito de matrimonio forzado», en Quintero Olivares, G. (Dir.), *Comentario a la reforma penal de 2015*, Aranzadi Thomson Reuters, Navarra, 2015, p. 372.

34 Véase Cisneros Ávila, F.: «Reflexiones sobre el delito de matrimonio forzado del artículo 172 bis del Código Penal», *La Ley Digital*, n.º 9072, 2018, p. 6.

35 Palma Herrera, J. M.: «El delito de matrimonio forzado», en Morillas Cueva, L. (Dir.), *Estudios sobre el Código Penal reformado*, Dykinson, Madrid, 2015, p. 403.

humanos (art. 177 bis CP). Este delito introducido por la reforma practicada por Ley Orgánica 1/2015, de 30 de marzo, origina en relación con este precepto una modificación del delito tipificado en éste e, incluye como una de las pretensiones de la trata de seres humanos la celebración de este tipo de matrimonios.

Además, tras la reforma practicada por Ley Orgánica 1/2015, de 30 de marzo, la celebración de un matrimonio forzado se contempla como una de las finalidades de la trata, de forma que el verbo trasladar y transportar contenidos en la redacción del artículo 177 bis CP se encuentran referidos, tanto al desplazamiento físico de las personas objeto de trata y a la vulneración de su libertad ambulatoria, como a la lesión a su dignidad por medio de su conversión en mercancía[36].

Por tanto, el desplazamiento de una persona para obligarla a contraer matrimonio será constitutivo de delito de trata cuando además de la violación de su libertad se lesione su dignidad por medio del tráfico, al originarse un concurso de normas que se resuelve mediante la aplicación del artículo 177 bis CP en la medida en que se trata de una conducta más grave, quedando el artículo 172 bis CP consumido por aquél[37]. De modo que, el artículo 177 bis CP es mucho más amplio en la determinación de los medios utilizables que el artículo 172 bis CP, al incluir la intimidación no necesariamente grave, el engaño o, el abuso de necesidad o vulnerabilidad, permitiendo ello que la aplicación de este precepto se extrapole a más casos que el artículo 172 bis CP. Además, este precepto también podría aplicarse con una pena mayor en aquellos otros casos en los que la violencia o la intimidación se ejerciesen, pero el matrimonio forzado no llegase a celebrarse.

De este modo se plantea la cuestión de determinar cuál será el tipo penal que se debe aplicar en los casos en los que la persona ha sido obligada con violencia, intimidación o engaño a abandonar el territorio español para contraer un matrimonio forzado.

En estos casos si el presunto autor traslada a la víctima a otro país para obligarla a casarse, nos encontramos ante un concurso de normas entre ambos preceptos —es decir, el artículo 177 bis CP y el artículo 172 bis CP—, que posiblemente se podrían resolver por medio del principio de absorción mediante la aplicación del delito de trata, debido a que este delito incluye como una de sus finalidades el matrimonio forzado sin perjuicio de que, si se llegase a celebrar el matrimonio obligando a la víctima con violencia o intimidación grave, se sancionará de forma separada el matrimonio forzado (art. 177. 9 bis CP).

36 Véase Daunis Rodríguez, A.: *El delito de trata de seres humanos: el art. 117 bis CP*, Tirant lo Blanch, Valencia, 2013, p. 45.

37 Véase Palma Herrera, J. M.: «El delito de matrimonio forzado», en Morillas Cueva, L. (Dir.), *Estudios sobre el Código Penal reformado*, Dykinson, Madrid, 2015, p. 403.

De modo que, en el supuesto de trata, si se entrega en matrimonio a una menor o una mujer a cambio de una dote, nos encontraremos, como Peramato Martin[38] afirma ante la «entrega o recepción de pagos o beneficios para conseguir el consentimiento de la persona que poseyera el control de la víctima» y, por tanto, esta conducta es constitutiva de un delito de trata (art. 177 bis CP), pero si además de lo anterior se hubiese ejercido violencia o intimación grave para obligar a víctima a contraer matrimonio y las nupcias se hubiesen celebrado, entonces entrará en juego la norma concursal del artículo 177. 9 bis CP, debiéndose en estos casos castigar también al autor o autores por el delito de matrimonio forzado.

Para finalizar, aunque en el artículo 172. 3 bis CP se establece un subtipo agravado, imponiéndose en su mitad superior las penas «cuando la víctima fuera menor de edad», lo cierto es que lo propio habría sido que en estos casos se hubiese excluido la posibilidad de alternar la pena de multa con la prisión, asegurándose únicamente la pena de prisión[39].

V. Conclusiones

Los matrimonios forzosos constituyen una vulneración de los derechos de las niñas y adolescentes, así como una manifestación específica de la violencia que se ejerce contra las mujeres y, una vulneración de sus derechos humanos y de sus libertades fundamentales.

De ahí que, su reaparición en Europa haya comportado la necesidad de la promulgación de leyes en las que se establezca expresamente una edad mínima para contraer nupcias, considerándose matrimonio infantil o, forzado infantil el celebrado por contrayentes que no hayan alcanzado dicha edad. Así como la tipificación específica del delito de matrimonio forzado castigándose su realización con penas de prisión y, la aprobación de planes de acciones de prevención y ayuda a las víctimas. Por tanto, se asumen desde el ámbito del Derecho, medidas de erradicación contra estas prácticas o costumbres constitutivas de delito, conforme a su legislación.

En España, tras la aprobación de la Ley Orgánica 1/2015, de 30 de marzo, se ha establecido una doble tipificación de los matrimonios forzados. De una parte, en su artículo 172 bis se prevé como una forma de coacciones transponiéndose el Convenio de Estambul y, de otra, en su artículo 177 bis como una forma de trata de seres humanos transponiéndose la Directiva 2011/36/UE.

38 Peramato Martín, T.: «Matrimonio infantil, precoz y forzado (2.ª Parte)», *Diario La Ley*, n.º 8966, 2017, p. 18.

39 Véase Cisneros Ávila, F.: «Reflexiones sobre el delito de matrimonio forzado del artículo 172 bis del Código Penal», *La Ley Digital*, n.º 9072, 2017, p. 7.

En definitiva, España se equipará con la mayoría de sus países vecinos al contemplar penas de prisión para estos matrimonios, estableciendo de esta forma, un capítulo novedoso en el que se trata la protección de la mujer y la lucha por la igualdad de género y, se ha adherido al mandado derivado del Convenio del Consejo de Europa sobre prevención y lucha contra la violencia contra las mujeres y la violencia doméstica, celebrado en Estambul.

VI. Referencias bibligráficas

Abad Arenas, E.: «El matrimonio forzoso concebido como una modalidad matrimonial circunscrita al ámbito migratorio», en Nadal Masegosa, A. (Dir), *Migración y Desarrollo. Teoría, Educación, Diagnósticos y Didáctica*, Eumed: Universidad de Málaga, 2021, pp. 41-58.

Abad Arenas, E.: *Matrimonio. Especial consideración a los forzosos, precoces e infantiles*, Juruá, Portugal, 2019.

Abad Arenas, E.: «Libertad matrimonial y proyecto de tipificación de los matrimonios forzosos», en Crespo Garrido, M.ª y Moretón Sanz, F. (Dirs.), *El futuro de las políticas sociales desde el nacimiento hasta la senectud: La mujer como protagonista*, Tirant lo Blanch, Valencia, 2015, pp. 121-140.

Cisneros Ávila, F.: «Reflexiones sobre el delito de matrimonio forzado del artículo 172 bis del Código Penal», *La Ley Digital*, n.º 9072, 2017, pp. 1-9.

Daunis Rodríguez, A.: *El delito de trata de seres humanos: el art. 117 bis CP*, Tirant lo Blanch, Valencia, 2013.

De la Cuesta Aguado, P. M.ª.: «XIX. El delito de matrimonio forzado», en Quintero Olivares, G. (Dir.), *Comentario a la reforma penal de 2015*, Aranzadi Thomson Reuters, Navarra, 2015, pp. 365-378.

Departament d'interior, Generalitat de Catalunya: «Dades sobre violencia masclista-2020», 2020. Disponible en: https://www.altafulles.cat/wp-content/uploads/2020/11/Dades-ICD_2020.pd.

Esquinas Valverde, P.: «El delito de matrimonio forzado (art. 172 bis CP) y sus relaciones concursales con otros tipos delictivos», *Revista electrónica de ciencia penal y criminología*, n.º 20, 2018, pp. 1-47.

Generalitat de Catalunya.: «Programa de Seguretat contra la Violència Masclista. Procedimiento de Prevención y atención policial de los Matrimonios Forzados», 2009. Disponible en: http://bbpp.observatorioviolencia.org/wp-content/uploads/2018/05/DOC1261477148_Presentacio_Procedimiento-MF_20090603_espanol.pdf

LASARTE ÁLVAREZ, C.: *Principios de Derecho Civil.* T. VI. *Derecho de familia*, Marcial Pons, Madrid, 17.ª ed, 2018.

MANZANARES SAMANIEGO, J. L.: «Novedades en los delitos de amenazas y coacciones según el Anteproyecto de reforma del Código Penal (arts. 171. 7, 172. 3, 172 bis y 172 ter)», *Diario La Ley*, n.º 8080, 2013, pp. 1-9.

PAÍNO RODRÍGUEZ, F. J.: «El nuevo Código Penal y la regulación de la violencia intrafamiliar y de género a la luz de las modificaciones introducidas», *Revista penal*, n.º 37, 2016, pp. 163-183.

PALMA HERRERA, J. M.: «El delito de matrimonio forzado», en Morillas Cueva, L. (Dir.), *Estudios sobre el Código Penal reformado*, Dykinson, Madrid, 2015, pp. 397-403.

PERAMATO MARTÍN, T.: «Matrimonio infantil, precoz y forzado (2.ª Parte)», *Diario La Ley*, n.º 8966, 2017, pp. 1-25.

PÉREZ SOLA, N.: «La protección internacional en el nuevo proyecto de ley de asilo y refugio», en CHUECA SANCHO, Á. GUTIÉRREZ CASTILLO, V. L. y, BLÁZQUEZ RODRÍGUEZ, I. (Coords.): *Las migraciones internacionales en el Mediterráneo y Unión Europea*, Huygens: Fundación Tres Culturas del Mediterráneo, Sevilla, 2009, pp. 211-236.

ROMÁN LLAMOSI, S.: «Los delitos de violencia de género. Análisis de la Ley Orgánica 1/2004, de 28 de diciembre, de Medidas de Protección Integral contra la Violencia de Género», *Revista de Derecho vLex*, n.º 179, 2019, pp. 1-63.

RUDE, A.: «Forced marriages in Council of Europe member states. A comparative study of legislation and political initiatives», 2005. Disponible en: https://eige.europa.eu/resources/CDEG(2005)1_en.pdf

AA:VV.: «Forced marriage: and análisis of legislation and political measures in Europe», *Crime, Law and Social Change*, vol. 62, n.º 2, 2014, pp. 171-189.

SALDAÑA DÍAZ, M.ª N.: «Estándares internacionales adoptados por las Naciones Unidas y el Consejo de Europa para combatir la vulneración de los derechos humanos de las mujeres y niñas en base a prácticas tradicionales nocivas. Los matrimonios infantiles tempranos y forzados», *Anuario de derecho eclesiástico del Estado*, vol. 32, 2016, pp. 263-316.

TORRES ROSELL, N.: «Artículo 172 bis», en Quintero Olivares, G. (Dir.), *Comentarios al Código Penal español*, Aranzadi, 7.ª ed, Pamplona, 2016, pp. 1168-1175.

UMEMOTO, S.: (2001): «Matrimonios prematuros», *Digest Innocenti*, n.º 7, 2001, pp. 1-34.

UNICEF.: «Las edades mínimas legales y la realización de los derechos de los y las adolescentes. Una revisión de la situación en América Latina y el Caribe», 2016. Disponible en: http://salutsexual.sidastudi.org/resources/inmagic-img/DD40703.pdf

UNICEF.: «Matrimonio Infantil: Ni esposas ni madres ¡Solo niñas!», *Revista de UNICEF Comité Español, Contigo Llegamos Más Lejos*, n.º 226, 2017, pp. 1-16.

ANULACIÓN DE LAUDOS ARBITRALES Y PROTECCIÓN DEL PATRIMONIO DE PERSONAS MENORES DE EDAD. APUNTES PARA ESPAÑA A COLACIÓN DEL ASUNTO *BAZ V. BBA* DE LA *HIGH COURT OF SINGAPUR*

Diego Agulló Agulló
Profesor de Derecho internacional privado
Universidad Pontificia Comillas
dagullo@comillas.edu

I. Introducción

En el asunto *BAZ v. BBA* la *High Court of Singapur* anuló parcialmente un laudo arbitral con sede en este país asiático por vulnerar su orden público. En el laudo, en el que el tribunal arbitral aplicó el Derecho indio al fondo de la controversia, se determinó que unos menores de edad, de entre ocho y doce años en el momento del arbitraje, eran responsables civilmente por incumplimientos derivados de un contrato de compraventa de acciones *SSPSA* de una compañía india. Se ejercitó acción de anulación ante los tribunales de Singapur y el laudo fue anulado parcialmente en tanto que era contrario al orden público de este Estado, que —entendió el tribunal de anulación— incluye la protección de los derechos de las personas menores de edad. El tribunal razonó que no anular el laudo suponía, de hecho, hacer cumplir lo dispuesto en el contrato *SSPSA*, que no se inserta en ninguna de las excepciones contenidas en el Derecho singapurense que, como regla general, establece que los contratos no vinculan a los menores de edad[1].

1 La *High Court of Singapur* determinó: «*the effect of the Award on the Minors is to enforce the SPSSA, which is not a contract falling under any of the exceptions to the general position*

El arbitraje comercial y los derechos de las personas menores de edad no se suelen estudiar de manera conjunta o interrelacionada a pesar de que los menores de edad pueden ser titulares de derechos y deberes y, por tanto, ser susceptibles de verse afectados, de uno u otro modo, por un arbitraje. En este trabajo, que plasma las ideas expuestas en una comunicación realizada en las III Jornadas Internacionales sobre Sistemas Jurídicos de Europa e Iberoamérica, se pretende ofrecer una visión de cómo el ordenamiento jurídico español reaccionaría, o debería reaccionar, ante un supuesto similar al acontecido a colación del asunto singapurense *BAZ v. BBA* de la *High Court of Singapur.* En concreto, analizaremos la cláusula de orden público en el control jurisdiccional del arbitraje en España y la interrelación entre las normas imperativas y el orden público y cómo, y en qué circunstancias, los derechos de los menores de edad podrían insertarse en la citada cláusula de orden público en sede de anulación o de reconocimiento y ejecución de un laudo arbitral en España. Todo ello atendiendo a la reciente jurisprudencia constitucional que, de alguna manera, matiza la noción de orden público en este país.

II. La cláusula de orden público en el control jurisdiccional del laudo arbitral en España

II.1. Una aproximación conceptual a la cláusula de orden público en el arbitraje comercial

El control jurisdiccional del laudo arbitral puede ejercitarse, con carácter general, bien en sede de anulación de la sentencia arbitral, bien en sede de reconocimiento y ejecución de un laudo extranjero[2]. En España, en materia

---

that contracts do not bind minors. This violates the protection given to minors in contractual relationships under Singapore law. The Award finds them jointly and severally liable for the fraudulent misrepresentation that induced the counterparty to enter the SPSSA. This liability is imposed on the Minors for the fraudulent misrepresentation of their guardian or principal on matters which the Minors had no knowledge of. This has the effect of violating the protection given to a minor under s 35(7) of the Civil Law Act. As stated above, the provision protects a minor even where the minor made a misrepresentation personally. All in all, such an award against the Minors that saddles them with legal liability for an amount exceeding S$720 million shocks the conscience, and it violates Singapore's most basic notion of justice to find the Minors liable under a contract that was entered into when they were only between three to eight years old at the material time. At the time of the arbitration, they were only between eight and twelve years old». *BAZ v. BBA* — HC/OS n.° 490 of 2016 (HC/SUM n.° 4497 of 2016) (HC/SUM n.° 4499 of 2016) (Disponible en https://www.elitigation.sg/gd/s/2018_SGHC_275, último acceso 21/03/23), párr. 180. *Vid.* también a este respecto Sasson, M.: «Public Policy in International Commercial Arbitration», *Journal of International Arbitration*, n.° 3, 2022, pp. 417 y 420.

2 Radicati Di Brozolo, L.: «Arbitrage commercial international et lois de police. Considérations sur les conflits de juridictions dans le commerce international», *Recueils des cours de l'Académie de Droit international de La Haye*, vol. 315, 2005, pp. 329 y 333.

de anulación, el artículo 41.1.f) de la Ley 60/2003, de 23 de diciembre, de Arbitraje (Ley de Arbitraje) dispone que uno de los motivos de anulación es que el laudo sea contrario al orden público. El punto 2 del mismo precepto indica que este motivo de anulación puede ser apreciado de oficio por el tribunal de control o a instancia del Ministerio Fiscal, cuando éste esté legitimado para intervenir en el proceso de anulación.

En el ámbito del reconocimiento y la ejecución de un laudo extranjero, en España es de aplicación el Convenio sobre reconocimiento y ejecución de sentencias arbitrales extranjeras, hecho en Nueva York el 10 de junio de 1958 (Convenio de Nueva York) con carácter *erga omnes* ya que España, al ratificar este tratado, no hizo uso de la reserva de reciprocidad[3]. Además, en caso de conflicto entre tratados en materia de reconocimiento y ejecución de laudos extranjeros, rige el principio de máxima eficacia, siguiendo el ordenamiento español una orientación pro reconocimiento[4]. El Convenio de Nueva York establece en su artículo V que uno de los motivos de no reconocimiento de un laudo extranjero en un Estado contratante es que la sentencia arbitral sera contraria al «orden público de ese país».

El órden público y su aplicación en materia de arbitraje comercial es una cuestión que ha suscitado mucho debate entre la doctrina y la jurisprudencia. Se ha discutido si nos enfrentamos a una noción puramente nacional, esto es a un orden público del Estado en el que se ejercita el control, lo que parece derivarse de la literalidad del art. V del Convenio de Nueva York; o bien nos encontramos ante un concepto de orden público transnacional cuya fuente son principios del Derecho internacional y que se separa de la concepción que cada Estado pueda tener del orden público; también se ha discutido si la noción de orden público debe ser la misma en sede de anulación y en el ámbito de reconocimiento de laudo extranjero[5].

Asimismo, ha sido objeto de discusión científica y jurisprudencial la diferencia entre el orden público material y el orden público procesal; la falta de motivación del laudo como motivo de anulación con base en el orden público; el Derecho de la competencia y el Derecho de los mercados financieros como causal de orden público; la prejudicialidad penal y el orden público[6]; la

---

3 Calvo Caravaca, A. L. y Carrascosa González, J.: *Tratado de Derecho internacional privado*, Tirant Lo Blanch, Valencia, 2020, (*acceso online*).

4 *Idem*.

5 Sobre la consideración del orden público como una cláusula de contenido transnacional y no como una noción de fuente puramanete nacional, *vid*. Zappalá, F.: «Auténtico orden público internacional desde la óptica del Arbitraje Internacional», *Revista de Derecho Público*, n.° 34, enero-junio 2015, pp. 19-20.

6 Si bien en este trabajo no vamos a tratar la prejudicialidad penal como posible elemento de orden público, interesa citar a este respecto las SSTC 50/2022 de 4 de abril (ECLI:ES:TC:2022:50) y 79/2022 de 27 de junio (ECLI:ES:TC:2022:79). El TC español adopta una concepción muy amplia de la noción de orden público, integrando elementos nacio-

valoración de la prueba en el arbitraje y el orden público; la noción de orden público «económico» o «constitucional» y la relación entre las normas imperativas y el orden público, cuestión esta última en la que nos centraremos en el epígrafe II.3. de este trabajo.

El orden público puede calificarse como una cláusula general, concepto este último «con escaso número de características y con un gran alcance respecto de los objetos afectados»[7]. Existen dos tesis doctrinales sobre la interpretación y la aplicación de esta compleja cláusula general: la tesis del resultado final y la tesis del proceso de formación del resultado.

La tesis del resultado final consiste en determinar si el laudo arbitral es contrario o no al orden público pero sin que el tribunal de control tenga que entrar a valorar de ningún modo el proceso de formación jurídica del resultado que se plasma en el laudo, esto es, el razonamiento jurídico seguido por el tribunal arbitral o, en definitiva, el tribunal de control debe abstenerse de entrar a valorar el fondo del asunto sometido a arbitraje. Por otro lado, la tesis del proceso de formación del resultado se centra en que «el orden público debe operar frente al «resultado del laudo» y también frente al «proceso de formación jurídica del laudo», que debe controlarse. De este modo, el orden público internacional español exige controlar la motivación del laudo, la fundamentación

nales e internacionales: «se entiende el conjunto de principios jurídicos públicos, privados, políticos, morales y económicos, que son absolutamente obligatorios para la conservación de la sociedad en un pueblo y en una época determinada (...) , y, desde el punto de vista procesal, el orden público se configura como el conjunto de formalidades y principios necesarios de nuestro ordenamiento jurídico procesal, y solo el arbitraje que contradiga alguno o algunos de tales principios podrá ser tachado de nulo por vulneración del orden público. Puede decirse que el orden público comprende los derechos fundamentales y las libertades garantizados por la Constitución, así como otros principios esenciales indisponibles para el legislador por exigencia constitucional o de la aplicación de principios admitidos internacionalmente». *Vid.* STC 46/2020 15 de junio (ECLI:ES:TC:2020:46) (FJ 4).

7 Miquel González indica —se incluyen también citas a otros autores— que «el concepto de cláusulas generales dista mucho de ser claro y ha sido objeto de muchas definiciones. Se definen por contener elementos del supuesto de hecho normativo de gran extensión y escasa intensidad, por tanto serían conceptos con escaso número de características y con gran alcance respecto de los objetos afec tados. También de un modo muy destacado se las ha definido así: «Cláusulas generales son disposiciones jurídicas que en relación al contexto normativo con tienen conceptos muy generales y/o muy indeterminados, se refieren a supuestos de hecho muy generales o que son muy abstractos». De modo más breve, pero comprensivo de un aspecto muy importante, se ha dicho que son «expresiones de valores porosas y vagas». *Vid.* Miquel González, J. M.: «Cláusulas generales y desarrollo judicial del Derecho», Anuario de la Facultad de Derecho de la Universidad Autónoma de Madrid, n.° 1, 1997, p. 304. Hedemann, en otro contexto, manifestaba que las cláusulas generales podrían ser un peligro para el Derecho y el Estado, pero puntualizaba que su utilización no implicaba, en todo caso y necesariamente, un efecto catastrófico. *Ibídem*, p. 297. Sobre la difícil diferenciación entre cláusulas generales y conceptos jurídicos indeterminados, *vid.* García Salgado, M. J.: «Determinar lo indeterminado: sobre cláusulas generales y los problemas que plantean», Anuario de Filosofía del Derecho, n.° 20, 2003, pp. 108-110.

jurídica contenida en dicha motivación, de modo que sea posible acreditar que la decisión arbitral es fruto de una interpretación y aplicación razonable del Derecho. Ello, sin embargo, no permite realizar un control del «acierto arbitral» en la solución jurídica del caso. Se trata, en definitiva, de dejar claro que el resultado recogido en el laudo arbitral no es consecuencia de una «aplicación arbitraría de la legalidad», que no es «manifiestamente irrazonable», que no incurre en «error patente», pues «en tal caso, la aplicación de la legalidad sería tan sólo una mera apariencia»[8].

II.2. Una aproximación al orden público y su aplicación en el arbitraje comercial por parte de los tribunales españoles

Durante algún tiempo, el Tribunal Superior de Justicia de Madrid dictó algunas resoluciones judiciales anulando laudos arbitrales aplicando de manera algo extensiva la noción de orden público contenida en el causal de anulación del art. 41.1.f) de la Ley de Arbitraje[9]. El Tribunal Constitucional español ha concedido el amparo en, hasta la fecha en la que se escribe el presente trabajo, seis sentencias que matizan la cláusula de orden público a la que ya se había referido el propio tribunal de garantías en resoluciones más antiguas[10].

El Tribunal Constitucional ha establecido que el arbitraje no se incardina en el artículo 24 (tutela judicial efectiva) de la Constitución, sino en el 10, matizando la utilizada expresión que refiere que el arbitraje es un «equivalente jurisdiccional». En este sentido, la STC 65/2021 de 16 de marzo dispone que «cuando las partes de una controversia, en ejercicio de la autonomía de la libertad (art. 10 CE), deciden acudir al procedimiento arbitral, eligen sustraerse de las normas que rigen

8 Calvo Caravaca, A. L. y Carrascosa González, J.: *Tratado* (...) *op. cit. (acceso online).*

9 Por todas, *vid*. Auto TSJ Madrid de 4 de abril de 2017, Auto TSJ Madrid de 3 de mayo de 2017, Sentencia TSJ Madrid de 4 de mayo de 2017, Sentencia TSJ Madrid de 8 de enero de 2018, Auto TSJ Madrid de 22 de mayo de 2018, Sentencia TSJ Madrid de 13 de diciembre de 2018, Auto TSJ Madrid de 5 de marzo de 2019, Sentencia TSJ Madrid de 1 de octubre de 2019, Providencia TSJ Madrid de 26 de diciembre de 2019, Sentencia TSJ Madrid de 4 de octubre de 2019, Auto TSJ Madrid 27 julio 2020, Sentencia TSJ Madrid 43/2019 de 8 de noviembre, Auto TSJ Madrid de 3 de abril de 2020.

10 En cuanto a las resoluciones del TC más antiguas en materia de arbitraje, *vid*. SSTC 43/1988 de 16 de marzo (RTC 1988/43), 174/1995 de 23 de noviembre (RTC 1995/174), 75/1996 de 30 de abril (RTC 1996/75), 176/1996 de 11 de noviembre (RTC 1996/176) y 1/2018 de 11 de enero (ECLI:ES:TC:2018:1). La nueva oleada de sentencias del TC sobre esta materia son las SSTC 46/2020 15 de junio (ECLI:ES:TC:2020:46), 17/2021 de 15 de febrero (ECLI:ES:TC:2021:17), 55/2021 de 15 de marzo (ECLI:ECLI:ES:TC:2021:55), 65/2021 de 4 de abril (ECLI:ECLI:ES:TC:2021:65), 50/2022 de 4 de abril (ECLI:ES:TC:2022:50) y 79/2022 de 27 de junio (ECLI:ES:TC:2022:79).

el procedimiento judicial (art. 24 CE) y también, claro está, al enjuiciamiento y valoración de los órganos judiciales, a quienes desde ese momento les está vedado el conocimiento del asunto» (FJ 4).

En concordancia con lo anterior, el órgano jurisdiccional de control debe tener una intervención mínima en el arbitraje, que se aleja de la tutela judicial efectiva y se constituye como una institución que deriva verdaderamente de la voluntad de las partes. La STC 46/2020 dispone que la Ley de Arbitraje «configura la institución arbitral como un mecanismo heterónomo de resolución de conflictos, al que es consustancial la mínima intervención de los órganos jurisdiccionales por virtud y a favor de la autonomía de la voluntad de las partes, que han decidido en virtud de un convenio arbitral sustraer de la jurisdicción la resolución de sus posibles controversias y deferir a los árbitros el conocimiento y solución de sus conflictos, que desde ese momento quedan vedados a la jurisdicción por expresa voluntad de las partes» (FJ 4)[11].

Que se proclame una mínima intervención de los órganos jurisdiccionales en el control del laudo arbitral no significa que ese control no deba existir. De hecho, la acción de anulación es un mecanismo útil que fortalece la institución arbitral y permite extraer del sistema aquellos laudos que no cumplen con la voluntad que tenían las partes de resolver una controversia con garantías y ajustada a sus indicaciones manifestadas en la propia cláusula arbitral. Así, la Ley Modelo de la CNUDMI sobre Arbitraje Comercial Internacional de 1985 (con las enmiendas aprobadas en 2006), y en la que se fundamenta la Ley de Arbitraje española, regula en su artículo 34 «la petición de nulidad como único recurso contra un laudo arbitral»[12].

Cosa distinta es el cómo debe llevarse a cabo ese control jurisdiccional del laudo arbitral atendiendo al recién citado principio de mínima intervención. El Tribunal Constitucional manifiesta que debe realizarse a través de un juicio o control «externo» del laudo arbitral (STC 46/2020, FJ 4) sin que pueda el órgano

11 En este mismo sentido, *vid*. STC 17/2021 de 15 de febrero (ECLI:ES:TC:2021:17) (FJ 2), STC 50/2022 de 4 de (ECLI:ES:TC:2022:50) (FJ 3), STC 79/2022 de 27 de junio (ECLI:ES:TC:2022:79) (FJ 2).

12 En la Exposición de Motivos de la Ley de Arbitraje se puede leer que «esta ley prolonga esa sensibilidad, esa vocación y esa práctica, pero con la pretensión de producir un salto cualitativo. Así, su principal criterio inspirador es el de basar el régimen jurídico español del arbitraje en la Ley Modelo elaborada por la Comisión de las Naciones Unidas para el Derecho Mercantil Internacional, de 21 de junio de 1985 (Ley Modelo de CNUDMI/UNCITRAL), recomendada por la Asamblea General en su Resolución 40/72, de 11 de diciembre de 1985, «teniendo en cuenta las exigencias de la uniformidad del derecho procesal arbitral y las necesidades de la práctica del arbitraje comercial internacional». El legislador español sigue la recomendación de las Naciones Unidas, acoge como base la Ley Modelo y, además, toma en consideración los sucesivos trabajos emprendidos por aquella Comisión con el propósito de incorporar los avances técnicos y atender a las nuevas necesidades de la práctica arbitral, particularmente en materia de requisitos del convenio arbitral y de adopción de medidas cautelares».

jurisdiccional entrar a valorar cuestiones de fondo decididas por el árbitro o tribunal arbitral y sin que en ningún caso la acción de anulación pueda convertirse en una segunda instancia[13]. De las arriba referidas, quizás el Tribunal Constitucional se posiciona a favor de adoptar la tesis del resultado final, en detrimento de la tesis del proceso de formación del resultado.

Cabe preguntarse cómo el principio de mínima intervención y el control externo del laudo que deben llevar a cabo los órganos jurisdiccionales que conozcan de una acción de anulación afectan a la aplicación de los motivos de anulación del art. 41 de la Ley de Arbitraje y, más concretamente, cómo afectan a la cláusula general de orden público del art. 41.1.f).

La respuesta a las cuestiones anteriores debe ser la de interpretar la cláusula de orden público de una manera restrictiva. Así, la STC 17/2021 se refiere a «(...) los riesgos de desbordamiento del concepto de orden público como causa de anulación de los laudos arbitrales [art. 41 f) LA] (...)» y a «(...) la necesidad de llevar a cabo una interpretación restrictiva del mismo, so pena de vulnerar la autonomía de la voluntad de las partes (art. 10 CE) y su renuncia puntual a la tutela jurisdiccional (art. 24 CE) (...)» (FJ 2)[14].

En cuanto a si la motivación del laudo arbitral supone un elemento que pueda incluirse en la cláusula de orden público, la STC 65/2022 dispone que «asentado, por consiguiente, el arbitraje en la autonomía de la voluntad y la libertad de los particulares (arts. 1 y 10 CE), el deber de motivación del laudo no se integra en el orden público exigido en el art. 24 CE para la resolución judicial, sino que se ajusta a un parámetro propio, definido en función del art. 10 CE. Este parámetro deberán configurarlo, ante todo, las propias partes sometidas a arbitraje a las que corresponde, al igual que pactan las normas arbitrales, el número de árbitros, la naturaleza del arbitraje o las reglas de prueba, pactar si el laudo debe estar motivado (art. 37.4 LA) y en qué términos. En consecuencia, la motivación de los laudos arbitrales carece de incidencia en el orden público» (FJ 5)[15].

---

13 La STC 17/2021 determina que «el posible control judicial del laudo y su conformidad con el orden público no puede traer como consecuencia que el órgano judicial supla al tribunal arbitral en su función de aplicación del derecho. Tampoco es una segunda instancia revisora de los hechos y los derechos aplicados en el laudo, ni un mecanismo de control de la correcta aplicación de la jurisprudencia. Por consiguiente, debe subrayarse una vez más que si la resolución arbitral no puede tacharse de arbitraria, ilógica, absurda o irracional, no cabe declarar su nulidad amparándose en la noción de orden público» (FJ 2). Vid. en este mismo sentido SSTC 50/2022 (FJ 3), 65/2021 (FJ 5), 79/2022 (FJ 2).

14 *Vid.* en este mismo sentido SSTC 50/2022 (FJ 3).

15 Gómez Jene critica duramente esta resolución por, entre otros aspectos, no tener en cuenta la STJUE de 1 de junio de 1999 (C-126/97) *Eco Swiss* y la STJUE de 6 de marzo de 2018 (C-284/16) *Achmea*. *Vid.* Gómez Jene, M.: «Arbitraje Europeo: una crítica a la Sentencia del Tribunal Constitucional 65/2021, de 15 de marzo», *Cuadernos de Derecho Transnacional*, vol. 13, n.º 2, 2021, pp. 745-753.

Una cuestión que todavía resulta espinosa es la relativa a la contravención del Derecho de la competencia y, particularmente el Derecho *antitrust* de fuente europea, como elemento que puede integrarse en la cláusula de orden público. Cabe mencionar la STSJ Madrid de 22 de octubre de 2021 en la que se anula un laudo por haber el tribunal arbitral aplicado el Derecho de la Competencia de fuente española (fundamentalmente, la Ley 15/2007 de Defensa de la Competencia) y no haber resuelto la controversia en aplicación del art. 101 del Tratado de Funcionamiento de la Unión Europea y de la jurisprudencia del TJUE que lo interpreta. El Magistrado Rodríguez Padrón emite un voto particular discrepante por entender que la sentencia de anulación «lleva a cabo un verdadero enjuiciamiento paralelo sobre el fondo del asunto, y realiza —en profundo e ilustrado esfuerzo argumental— un examen de la controversia sometida a arbitraje (...)» y añade que el tribunal de anulación «reflexiona extensamente sobre conceptos concretos también en paralelo a lo que han razonado los árbitros en su motivación del Laudo, y con ello se sitúa en el plano de un verdadero Tribunal de apelación revisando la «correcta» aplicación del Derecho realizada en sede arbitral».

Parece que resulta complejo aplicar el principio de mínima intervención y, particularmente, el de control o juicio externo del laudo arbitral para determinar si éste contraviene o no el orden público. En esencia, surge la cuestión de cómo debe enfrentarse el juez de control al laudo arbitral para determinar esta posible contravención. A nuestro juicio, la mejor manera de hacerlo es adoptando una posición de control verdaderamente externo y minimalista de tal manera que con una mera lectura del laudo arbitral pueda encontrarse alguna contravención del orden público. Utilizando la expresión empleada por la *Cour d´appel de Paris* y tomada prestada del escrito de una de las partes en el asunto *Thalès v. Euromissile* de 18 de noviembre de 2004, hay contravención cuando el laudo arbitral *«crève les yeux»*, esto es, es evidente, no hay duda de la conculcación del orden público ante los ojos del tribunal de anulación[16]. Así, en palabras de la *Cour d´appel*, el quebranto del orden público debe ser flagrante, efectivo y concreto[17].

---

16 La *Cour d´appel de Paris* determina: «*que le caractère d'évidence criante dépeinte par la société Thalès de l'illicéité des accords contractuels ayant néanmoins échappé à l'ensemble de tous ceux qui ont eu à connaître, selon leurs responsabilités, de l'arbitrage bien qu'il soit permis de les considérer particulièrement avertis de ces questions, il faut maintenant rechercher, si au vu du débat entre les parties dans la procédure du recours en annulation, l'illicéité dénoncée, à son tour, pour reprendre l'expression de la société Thalès,«crève les yeux» de la Cour*» (párr. 26).

17 El tribunal frances establece: «*considérant que la violation de l'ordre public international au sens de l'article 1502-5° du NCPC doit être flagrante, effective et concrète, que le juge de l'annulation peut certes, dans le cadre de ses pouvoirs de nature disciplinaire, porter une appréciation en droit et en fait sur les éléments qui sont dans la sentence déférée à son contrôle, mais pas statuer au fond sur un litige complexe qui n'a jamais encore été ni plaidé, ni jugé devant un arbitre concernant la simple éventualité de l'illicéité de certaines stipulations contractuelles*» (párr. 31).

En la STSJ Madrid de 22 de octubre de 2021, el tribunal de control realiza, tal y como se indica en el voto particular disrepante, una sustitución de la labor de los árbitros, yendo más allá de un mero control externo del laudo. El Derecho de la competencia es lógicamente una cuestión de orden público, pero en este caso el laudo arbitral no ignora el Derecho de la competencia en absoluto sino que, atendiendo a la regla de la doble barrera, aplica el Derecho antiturst de fuente nacional española si bien tampoco desoye por completo el Derecho de la competencia de fuente europea al que cita en varias ocasiones[18]. El tribunal de control, en aplicación del principio de mínima intervención y de juicio externo del laudo, debería haberse limitado a atestiguar que los árbitros han aplicado el derecho de la competencia pero sin pretender sustituir sus argumentaciones y, ni mucho menos, decidir sobre el acierto o desacierto de los árbitros en aplicación de tales normas jurídicas. En consecuencia, el TSJ de Madrid no debería haber anulado el laudo arbitral.

II.3. Orden público, normas imperativas y protección del patrimonio de personas menores de edad

Una cuestión discutida doctrinal y jurisprudencialmente es cuál es la diferencia entre nociones como «normas imperativas», «leyes de policía», «leyes de aplicación inmediata», «leyes de aplicación necesaria», «leyes de orden público» entre otras, y la cláusula de orden público[19]. De Miguel Asensio, en materia de ley aplicable, refiere que el incumplimiento de una norma imperativa del foro puede calificarse en algunos casos como quebranto del orden público

---

18 Marcos Fernández explica: «en principio, el diseño y formulación de las prohibiciones de defensa de la competencia en el Derecho nacional y los remedios contra ellas no tienen por qué ser idénticos a los previstos en el TFUE y en sus disposiciones de aplicación. Como es sabido, debe observarse la doctrina de la «doble barrera», que obliga a la aplicación simultánea de la LDC y de la disposición pertinente del TFUE cuando se aplique el art. 1 o el 2 de la LDC a una conducta que afecte al comercio entre los Estados miembros (art. 3.1 del Reglamento CE 1/2003), y —además— la aplicación del art. 1 de la LDC no puede conducir a la prohibición de conductas que no estuvieran prohibidas con arreglo al art. 101 del TFUE (art. 3.2 del Reglamento CE 1/2003). No obstante, es posible que los remedios previstos en el plano doméstico sean distintos a los utilizados por la Comisión Europea, incluso que sean de naturaleza penal». *Vid.* Marcos Fernández, F.: «Las prohibiciones de prácticas anticompetitivas (TFUE y LDC): ¿Es infractor quien facilita la comisión de las conductas prohibidas?», *Anuario de Derecho de la competencia*, n.º 1, 2016, p. 381.

19 Lalive con cita de Franceskakis y Graulich recogía, ya en 1977, que existía una confusión *«entre le domaine de l'ordre public et celui des lois internes immédiatement applicables»* y afirmaba que podrían ser consideradas normas de aplicación inmediata o aplicación necesaria *«les lois relatives à la monnaie, au contrôle des changes, aux banques, au travail, à la sécurité sociale, à l'internement des aliénés, au régime des investissements étrangers, etc., et ce n'est certes pas un hasard si plusieurs d'entre elles présentent un caractère marqué de «droit public».* *Vid.* Lalive, P.: «Tendences et Méthodes en Droit International Privé», *Recueils des cours de l'Académie de Droit international de La Haye,* vol. 155, 1977, pp. 122 y 123.

del foro[20]. Añade el autor que «de particular difusión goza la clasificación de las normas imperativas de D.I.Pr. en atención a los objetivos perseguidos, en especial, en materia contractual, la separación entre normas destinadas a satisfacer intereses estatales de política económica, comercial, defensiva y normas que tienen como objetivo principal la protección de la parte negocial considerada merecedora de especial tutela, en particular de los consumidores» (...)» y precisa que «respecto de las segundas el dato esencial es asegurar la efectiva tutela de quien el ordenamiento considera merecedor de especial protección, objetivo que no excluye el empleo de reglas de conflicto bilaterales —materialmente orientadas—, pues se trataría de normas sustituibles por otras de ordenamientos extranjeros, siempre que se asegure la tutela deseada»[21].

En materia de protección del patrimonio de menores de edad en España, el art. 166 del Código Civil podría ser considerado norma imperativa y su incumplimiento podría ser contrario al orden público español[22]. Este precepto dispone «los padres no podrán renunciar a los derechos de que los hijos sean titulares ni enajenar o gravar sus bienes inmuebles, establecimientos

---

20 El autor señala que «la delimitación de una categoría de normas imperativas con base en el criterio de que son aplicables —conforme al propio ordenamiento del que forman parte— a las situaciones privadas internacionales en un determinado ámbito espacial con independencia de cuál sea la ley rectora de la situación privada no está exenta de dificultades, pues las normas imperativas (del foro) en su conjunto (no sólo las que son en todo caso imperativas en el plano internacional) pueden en ocasiones desplazar a las de la ley extranjera aplicable, en la medida en que ésta sea contraria al orden público del foro». De Miguel Asensio, P.: «Derecho imperativo y relaciones privadas internacionales», *Homenaje a Don Antonio Hernández Gil*, Centro de Estudios Ramón Areces, Madrid, 2001, párr. 5.

21 *Idem*.

22 El Tribunal Supremo tuvo la oportunidad de pronunciarse, en la STS 16/2013 de 5 de febrero (ECLI:ES:TS:2013:229), sobre el interés superior del menor como elemento de orden público en un asunto relativo a un contrato en materia de fútbol profesional tremendamente gravoso para un menor. Así, el TS dispuso: «de lo anteriormente expuesto cabe declarar, en el presente caso, la nulidad del meritado precontrato de trabajo, de 22 abril 2002, con la consiguiente nulidad de la cláusula penal prevista en el pacto quinto de dicho precontrato, por resultar contrario a los límites inherentes al orden público en materia de contratación de menores, especialmente en lo referente a tutela del interés superior del menor en la decisión personal sobre su futuro profesional como aspecto o presupuesto del desarrollo de su libre personalidad. Ámbito fundamental que el precontrato vulnera o menoscaba pues el interés del menor, que debería ser la piedra angular e informadora de la reglamentación dispuesta en su conjunto, resulta ignorado ante una cláusula penal de tamaña envergadura que impide, como si de un contrato se tratase, dado sus plenos efectos obligacionales, la libre elección que sólo el menor debe decidir por sí mismo. Ante estas consecuencias, no pueden estimarse las alegaciones o fundamentaciones que resaltan la posibilidad en dicho pacto o estipulación de excepcionar el cumplimiento del contrato de trabajo con base a distintos motivos: razones de estudios, de trabajo ajeno al fútbol o de familia, pues las alternativas que se ofrecen no restablecen el ámbito de decisión del menor respecto de su futuro profesional como jugador de fútbol al contemplarse «sólo si el menor abandonase su actividad deportiva» y, en todo caso, «sin vincularse a otro club de fútbol que no fuera, exclusivamente, el Fútbol Club Barcelona».

mercantiles o industriales, objetos preciosos y valores mobiliarios, salvo el derecho de suscripción preferente de acciones, sino por causas justificadas de utilidad o necesidad y previa la autorización del Juez del domicilio, con audiencia del Ministerio Fiscal».

Así, si un laudo arbitral que se deriva de una arbitraje con sede en España determina la responsabilidad de menores de edad en la enajenación de unas acciones, tal y como sucede en el asunto singapurense *BAZ v. BBA*, el tribunal de control, si se ejercitara acción de anulación, podría —realizando un control externo del laudo— analizar si la enajenación de esos valores mobiliarios y el sometimiento a arbitraje de la controversia se realizó por causas justificadas de utilidad o necesidad y con autorización judicial y audiencia del Ministerio Fiscal. Si se hizo de tal manera, el laudo no tendría por qué anularse. No obstante, si no se contó, por ejemplo, con la autorización judicial preceptiva, el laudo arbitral podría ser contrario a una norma imperativa española, en este caso el art. 166 del Código Civil, y podría ser declarado contrario al orden público español y ser anulado[23].

A nuestro juicio, si nos encontráramos con un laudo derivado de un arbitraje con sede en España pero en el que se aplicó al fondo de la controversia un Derecho extranjero y, por ejemplo, el menor está domiciliado en otro Estado, quizás podría valorarse la posibilidad de sustituir la norma imperativa española por la norma imperativa extranjera siempre que esta última garantizara, al mismo nivel que la primera, la protección de los menores de edad involucrados. Este mismo análisis de sustitución de normas imperativas con los mismos estándares de tutela podría realizarse en sede de reconocimiento de un laudo extranjero en España.

III. Reflexiones finales

La noción de orden público en materia de arbitraje debe interpretarse de manera restrictiva. Así, el juez de control del laudo arbitral debe atender al principio de mínima intervención judicial en el arbitraje y realizar en todo caso un juicio externo de la sentencia arbitral. En ese juicio externo no puede caber una sustitución de la labor decisoria que corresponde al árbitro o tribunal arbitral ni tampoco, como regla general, una valoración del acierto o desacierto de los árbitros en la aplicación del Derecho de tal manera que el órgano jurisdiccional no puede convertirse en una segunda instancia.

---

23 Sobre la interpretación dela art. 166 del Código Civil y sobre lo que debe considerarse en Derecho español valor mobiliario u objeto precioso, *vid*. Berrocal Lanzarot, A. I.: «De nuevo sobre la administración y disposición por quienes ejercen la patria potestad del patrimonio mobiliario propiedad de un hijo menor de edad», *Cuadernos de Estudios Empresariales*, n.° 13, 2003, pp. 5-60.

Asimismo, una norma imperativa del foro puede ser parte del orden público de ese foro. En concreto, el art. 166 del Código Civil puede considerarse como norma imperativa del foro en materia de protección del patrimonio de personas menores de edad, pudiendo un laudo arbitral que no tiene en cuenta una aplicación adecuada de este precepto, correr el riesgo de ser anulado por los tribunales ordinarios por contravención del orden público, al igual que sucedió en el asunto singapurés *BAZ v. BBA*. A nuestro juicio, el incumplimiento de una norma imperativa del foro no tendría por qué ser considerada conculcada y por tanto no tendría por qué activarse la excepción de orden público, en sede de anulación o en sede de reconocimiento de laudo extranjero, si se hubiera aplicado otra norma imperativa que garantizara los mismos niveles de protección contemplados por la norma imperativa no aplicada.

IV. Referencias

DOCTRINA

Berrocal Lanzarot, A. I.: «De nuevo sobre la administración y disposición por quienes ejercen la patria potestad del patrimonio mobiliario propiedad de un hijo menor de edad», *Cuadernos de Estudios Empresariales*, n.º 13, 2003.

Calvo Caravaca, A. L. y **Carrascosa González, J.**: *Tratado de Derecho internacional privado*, Tirant Lo Blanch, Valencia, 2020.

De Miguel Asensio, P.: «Derecho imperativo y relaciones privadas internacionales», *Homenaje a Don Antonio Hernández Gil*, Centro de Estudios Ramón Areces, Madrid, 2001.

García Salgado, M. J.: «Determinar lo indeterminado: sobre cláusulas generales y los problemas que plantean», *Anuario de Filosofía del Derecho*, n.º 20, 2003.

Gómez Jene, M.: «Arbitraje Europeo: una crítica a la Sentencia del Tribunal Constitucional 65/2021, de 15 de marzo», *Cuadernos de Derecho Transnacional*, vol. 13, n.º 2, 2021.

Lalive, P.: «Tendences et Méthodes en Droit International Privé», *Recueils des cours de l'Académie de Droit international de La Haye,* vol. 155, 1977.

Marcos Fernández, F.: «Las prohibiciones de prácticas anticompetitivas (TFUE y LDC): ¿Es infractor quien facilita la comisión de las conductas prohibidas?», *Anuario de Derecho de la competencia*, n.º 1, 2016.

MIQUEL GONZÁLEZ, J. M.: «Cláusulas generales y desarrollo judicial del Derecho», *Anuario de la Facultad de Derecho de la Universidad Autónoma de Madrid*, n.º 1, 1997.

RADICATI DI BROZOLO, L.: «Arbitrage commercial international et lois de police. Considérations sur les conflits de juridictions dans le commerce international», *Recueils des cours de l'Académie de Droit international de La Haye*, vol. 315, 2005.

SASSON, M.: «Public Policy in International Commercial Arbitration», *Journal of International Arbitration*, n.º 3, 2022.

ZAPPALÁ, F.: «Auténtico orden público internacional desde la óptica del Arbitraje Internacional», *Revista de Derecho Público*, n.º 34, enero-junio 2015.

JURISPRUDENCIA

FRANCIA

- Sentencia de la *Cour d´appel de Paris* (*Thalès v. Euromissile)* de 18 de noviembre de 2004.

SINGAPUR

- *BAZ v. BBA* — HC/OS n.º 490 of 2016 (HC/SUM n.º 4497 of 2016) (HC/SUM n.º 4499 of 2016) (Disponible en https://www.elitigation.sg/gd/s/2018_SGHC_275, último acceso 21/03/23).

UNIÓN EUROPEA

- STJUE de 1 de junio de 1999 (C-126/97) *Eco Swis.*
- STJUE de 6 de marzo de 2018 (C-284/16) *Achmea.*

ESPAÑA

Tribunal Constitucional

- STC 43/1988 de 16 de marzo (RTC 1988/43).
- STC 174/1995 de 23 de noviembre (RTC 1995/174).
- STC 75/1996 de 30 de abril (RTC 1996/75).
- STC 176/1996 de 11 de noviembre (RTC 1996/176).
- STC 1/2018 de 11 de enero (ECLI:ES:TC:2018:1).
- STC 46/2020 15 de junio (ECLI:ES:TC:2020:46).
- STC 17/2021 de 15 de febrero (ECLI:ES:TC:2021:17).

- STC 55/2021 de 15 de marzo (ECLI:ECLI:ES:TC:2021:55).
- STC 65/2021 de 4 de abril (ECLI:ECLI:ES:TC:2021:65).
- STC 50/2022 de 4 de abril (ECLI:ES:TC:2022:50).
- STC 79/2022 de 27 de junio (ECLI:ES:TC:2022:79).

Tribunal Supremo

- STS 16/2013 de 5 de febrero (ECLI:ES:TS:2013:229).

Tribunales Superiores de Justicia

- Auto TSJ Madrid de 4 de abril de 2017.
- Auto TSJ Madrid de 3 de mayo de 2017.
- Sentencia TSJ Madrid de 4 de mayo de 2017.
- Sentencia TSJ Madrid de 8 de enero de 2018.
- Auto TSJ Madrid de 22 de mayo de 2018.
- Sentencia TSJ Madrid de 13 de diciembre de 2018.
- Auto TSJ Madrid de 5 de marzo de 2019.
- Sentencia TSJ Madrid de 1 de octubre de 2019.
- Providencia TSJ Madrid de 26 de diciembre de 2019.
- Sentencia TSJ Madrid de 4 de octubre de 2019.
- Auto TSJ Madrid 27 julio 2020.
- Sentencia TSJ Madrid 43/2019 de 8 de noviembre.
- Auto TSJ Madrid de 3 de abril de 2020.
- Sentencia TSJ Madrid de 22 de octubre de 2021.

PROTECCIÓN DEL MENOR INFRACTOR: GARANTÍAS Y DERECHOS INHERENTES A LA JUSTICIA JUVENIL

Elisabet Cueto Santa Eugenia
Profesora Ayudante Doctora de Derecho Procesal en ICADE.
(Universidad Pontificia Comillas)
ecueto@comillas.edu

I. Características específicas del menor infractor

La justicia juvenil establece el modo de intervenir sobre los menores que han cometido una conducta tipificada, y el objetivo de que exista un sistema de responsabilidad separado del de los adultos es lograr que la intervención tenga en cuenta la condición de persona en desarrollo del sujeto que ha llevado a cabo la acción. Esto no es baladí y viene respaldado por una serie de instrumentos internacionales que revisaremos a continuación.

De este modo, atendiendo a la naturaleza del sujeto menor de edad que ha llevado a cabo una acción tipificada como delito, surge la necesidad de especificar una serie de estándares y principios concretos para ellos. De la normativa internacional que revisaremos a continuación, puede desprenderse la finalidad educativa del proceso de menores, que surge de que los menores son personas que se encuentran en proceso de formación.

Además, resulta importante hacer hincapié en todas las cuestiones que dibujan la frontera entre el proceso penal de adultos y el proceso de menores, exponiendo pormenorizadamente las diferencias existentes a nivel tanto sustantivo como procesal entre uno y otro sistema. En este sentido cabe mencionar que aunque hay una serie de estándares mínimos que el proceso penal de adultos y el proceso de menores comparten (como por ejemplo el derecho a la tutela judicial efectiva), también hay otras cuestiones que son peculiaridades inherentes únicamente al proceso de menores, como la especialización de los profesionales, la adaptación del procedimiento para que el menor pueda participar y comprenderlo, la protección especial a la intimidad, la restricción de la publicidad del procedimiento (fundamentada en la especial vulnerabilidad del menor o menores) o, en fin, las medidas con propósitos educativos. Todos estos estándares y principios específicos que caracterizan al proceso de menores están asentados en el principio del *interés superior del menor*[1], cuyos rasgos fundamentales explicaremos con posterioridad. Cabe mencionar que los principios y derechos establecidos por los instrumentos internacionales que veremos a continuación tienen aplicación directa en el Estado español tal como dicta el art. 39.4 de la Constitución Española[2].

El fundamento específico de las peculiaridades del sistema de justicia juvenil estriba en la necesidad de hallar un equilibrio entre el carácter sancionador y el educativo del propio sistema, ambos necesarios a tenor de las características concretas que presentan los sujetos protagonistas del mismo —que son personas que se encuentran en desarrollo y reciben un tratamiento peculiar en todo el ordenamiento jurídico[3]—. Así, podría decirse que los derechos que son específicos de las personas menores de edad —o que se ven afectados por el hecho de que el sujeto sea menor, como por ejemplo el derecho a la intimidad, que toma un cariz más profundo para proteger la especial vulnerabilidad del menor— tienen que verse específicamente abordados por los sistemas de justicia juvenil, estableciendo medidas de corte educativo, especializando a los profesionales en contacto con menores infractores o, en definitiva, adaptando el sistema a las necesidades de los sujetos sometidos a él.

A lo largo de los apartados siguientes analizaremos de forma concreta las garantías y derechos establecidos por diversos instrumentos internacionales, para después examinar el modo en que estos son abordados por el sistema de justicia juvenil español.

---

1 En palabras de MARTÍN OSTOS: *«el interés superior del menor en la actualidad constituye la principal fuente de inspiración de actividad legislativa, administrativa y judicial relacionada con menores».* MARTÍN OSTOS, J.: «El testigo menor de Edad en el Proceso Penal», *Anuario de Justicia de Menores*, 2019, pp. 16.

2 Este precepto recoge de manera expresa el derecho de los niños a gozar de la protección prevista en los acuerdos internacionales que velan por sus derechos. Constitución Española, Art. 39.

3 Véanse por ejemplo la Constitución Española (arts. 20, 39), el Código Civil, la Ley Orgánica de Protección Jurídica del Menor, etc.

II. Instrumentos internacionales de justicia juvenil

II.1. Convención sobre los Derechos del Niño

La Convención sobre los Derechos del Niño[4] (CDN) es el instrumento jurídico vinculante más ratificado de Naciones Unidas[5] y data del año 1989. Supuso un cambio de paradigma en relación con la consideración de los menores como sujetos de derechos y, en su artículo 3 se estableció el principio del *interés superior del menor,* que constituye de forma innegable la piedra angular de los distintos sistemas de justicia juvenil dado que implica que en cualquier decisión que pueda impactar a una persona menor de edad, sus necesidades e intereses tendrán que ser tenidas en cuenta de forma primordial.

Además de consagrar el principio del *interés superior del menor*, la CDN establece en su art. 40[6] una serie de garantías y derechos que asisten al menor infractor. Dichas garantías no se limitan a las propias del proceso penal de adultos —es decir, cuestiones como la presunción de inocencia, ser informado de sus derechos, acceso a un intérprete etc.—, sino que también se establecen una serie de peculiaridades que responden a que el sujeto de este procedimiento sea menor de edad. En este sentido se establece la importancia de tener en cuenta la edad del niño a la hora de promover su reintegración en sociedad[7] y la necesidad de que los Estados establezcan leyes, procedimientos, autoridades e instituciones específicos para menores de edad separados de los adultos.

II.2. Reglas de Beijing

Las Reglas de Beijing[8] son treinta orientaciones básicas elaboradas en el seno de Naciones Unidas en el año 1985. Estas reglas establecen una serie

4 Convención sobre los Derechos del Niño, Resolución de la Asamblea General de Naciones Unidas 44/25, de 20 de noviembre de 1989; de ahora en adelante CDN. (https://www.ohchr.org/sp/professionalinterest/pages/crc.aspx , consultado 24/04/2023.

5 A este respecto cabe realizar el comentario de que el único Estado Miembro de Naciones Unidas que no lo ha ratificado son los Estados Unidos de América (que son únicamente signatarios del tratado).
Página web de Naciones Unidas.
https://treaties.un.org/Pages/ViewDetails.aspx?src=TREATY&mtdsg_no=IV-11&chapter=4&clang=_en , consultado 24/04/2023.

6 Convención sobre los Derechos del Niño, *cit.,* Art. 40.

7 Hernández Galilea, J. M., «El proceso de la Ley Orgánica 5/2000» en AAVV: *El sistema español de Justicia Juvenil,* Ed. Dykinson, Madrid, 2002, pp. 79.

8 Reglas de Beijing, Reglas Mínimas de las Naciones Unidas para la Administración de la Justicia de Menores, Resolución de la Asamblea General de Naciones Unidas 40/33, de 29 de noviembre de 1985. (http://www.cidh.org/ninez/pdf%20files/Reglas%20de%20Beijing.pdf , consultado 24/04/2023.

de pautas mínimas para administrar justicia a los menores de edad infractores y resultaron de gran importancia, puesto que sentaron las bases de la justicia juvenil, constituyéndose como el primer instrumento jurídico internacional en recoger normas para la administración de justicia de menores —teniendo en cuenta los derechos inherentes a la infancia y el proceso de desarrollo de los sujetos—[9].

Las reglas están compuestas por una serie de conceptos abiertos e indeterminados, redactados así de forma intencional para que de ese modo resulten aplicables en distintos sistemas jurídicos, pudiendo de ese modo adaptarse a los distintos países en los que resultan de aplicación[10]. En este sentido cabe mencionar que a pesar de que no son un instrumento vinculante, el Comité de los Derechos del Niño en su comentario general n.º 10[11] recomienda que los Estados Miembros de la ONU actúen conforme a ellas.

Este instrumento internacional tiene una gran relevancia de cara a sentar las bases de distintas garantías y derechos que asisten a los menores infractores. Cabe destacar, en concreto, que pone de relieve la necesidad de tener en cuenta las condiciones especiales del niño como tal y expone el modo de llevar esto a cabo, por medio de políticas como la especialización de los profesionales que intervienen en el proceso[12] —hace referencia, por ejemplo, a la especialización de policías en contacto con menores de edad en la regla 12— o la presencia de padres o tutores a lo largo del proceso (regla 15.2).

II.3. Directrices de Riad

Las Directrices de Riad[13] abordan el problema de la delincuencia juvenil desde una perspectiva diferente de la intervención sobre menores delincuentes: la de la prevención. De este modo, este instrumento recoge políticas a seguir para prevenir posibles actitudes antisociales por parte de los adoles-

---

9 Vázquez González, C., *Derecho Penal Juvenil Europeo*, Ed. Dykinson, Madrid, 2005, pp. 69.

10 González Tascón, M. M., *El tratamiento de la delincuencia juvenil en la Unión Europea. Hacia una futura política común*, Lex Nova, Valladolid, 2010, pp. 73.

11 *Vid.* Observación General n.º 10 respecto a los derechos del niño en la justicia juvenil, Comité de los Derechos del Niño, 25 de abril de 2007.

12 En relación con la importancia de la especialización de los operadores en contacto con personas menores de edad, Ornosa Fernández, M. R., *Derecho Penal de Menores,* Bosch, 4.ª Edición, Barcelona, 2007, pp. 47.

13 Directrices de Riyadh, para la Prevención de la Delincuencia Juvenil, Resolución de la Asamblea General de las Naciones Unidas 45/112, de 14 de diciembre de 1990. (https://www.ohchr.org/sp/professionalinterest/pages/preventionofjuveniledelinquency.aspx , consultado 24/04/2023.

centes. Estas directrices establecen la necesidad de que los Estados lleven a cabo planes de prevención mediante el análisis del problema que supone la justicia juvenil y la creación de mecanismos de respuesta adecuados y concretos. Hace referencia de forma específica a distintos ámbitos desde los cuáles se puede incidir en la prevención de la delincuencia juvenil: la familia, la educación, la comunidad y los medios de comunicación[14].

II.4. Observaciones Generales del Comité de los Derechos del Niño

El Comité de los Derechos del Niño ha publicado diversos comentarios en los que indica cómo han de interpretarse los instrumentos internacionales que establecen los fundamentos de los diversos procesos de menores. En relación con la justicia juvenil, resultan especialmente relevantes dos de sus observaciones generales (la 10 y la 24), que sientan las bases para interpretar la normativa internacional relativa a menores inmersos en el sistema de responsabilidad penal. Así la Observación General n.º 10[15], deja establecidos principios importantísimos para cualquier proceso de menores —haciendo hincapié en el *interés superior del menor*—, y los derechos básicos que asisten a los menores infractores.

Esta observación hace frente a cuestiones primordiales, tales como la edad específica de los menores para quienes se debería establecer un sistema de responsabilidad separado del de los adultos —recomendando a los Estados que no apliquen su sistema penal de adultos a personas de menos de 18 años—. También establece la importancia de que los sistemas de justicia juvenil permitan que se lleven a cabo mecanismos que desvíen al menor del procedimiento judicial, así como cuestiones relativas a la prevención de la delincuencia juvenil.

Además de esto, establece la base de ciertos estándares organizativos para los distintos sistemas de justicia juvenil, tanto en relación con las posibles medidas a imponer a menores de edad, como en relación con la privación de libertad, la detención preventiva y el internamiento posterior a la sentencia.

La Observación n.º 24[16], por su parte, implica una actualización de la anterior. Ese instrumento reviste utilidad porque aborda asuntos vitales, haciendo

14 Ornosa Fernández, M. R., *op. cit.,* pp. 53.

15 Observación General n.º 10 respecto a los derechos del niño en la justicia juvenil, Comité de los Derechos del Niño, 25 de abril de 2007.

16 Observación General n.º 24 relativa a los derechos del niño en el sistema de justicia juvenil, Comité de los Derechos del Niño, 18 de septiembre de 2019.

hincapié en que resulta preferible desviar a los menores —siempre que esto sea posible— hacia procedimientos menos invasivos que los judiciales, a los que solo deberá acudirse como último recurso[17]. Esto implica una referencia al principio de intervención mínima, pero también al de oportunidad, dando relevancia a que las medidas extrajudiciales queden integradas dentro del sistema de justicia juvenil, para conseguir que los procesos se deriven a este tipo de mecanismos menos intrusivos.

Además, la Observación hace alusión a otras cuestiones como la presencia de los padres o tutores del menor a lo largo del procedimiento[18], a la importancia de promover y procurar su participación efectiva y a diversas garantías que habrán de regir en los procedimientos empleados para intervenir a menores infractores, tales como el derecho a ser oído[19], la presunción de inocencia[20], la irretroactividad de las normas[21], el respeto a la vida privada, la posibilidad de contar con asistencia jurídica, de intérprete u de cualquier otra índole o el respeto a la intimidad y la vida privada del menor[22].

III. Garantías y derechos recogidos por la legislación española

En líneas generales podríamos decir que el sistema español de justicia juvenil se ajusta a los estándares establecidos por Naciones Unidas previamente revisados. Para demostrar esa afirmación, el presente apartado se encargará de revisar sucintamente algunos de los preceptos de la LORPM, analizando el ajuste entre las garantías establecidas a nivel internacional y nuestro sistema.

III.1. Medidas de corte educativo

Resulta absolutamente imprescindible recordar que la justicia juvenil no solo posee principios y garantías específicos, sino que también persigue una finalidad particular: no se busca la retribución por el delito sino

17 Observación General n.º 24, *op. cit.*, Párrafos 15-19.

18 Observación General n.º 24, *op. cit,* Párrafos 47 y 54 y ss.

19 Observación General n.º 24, *op. cit,* Párrafos 44 y 45.

20 Observación General n.º 24, *op. cit,* Párrafo 43.

21 Observación General n.º 24, *op. cit,* Párrafo 42.

22 Observación General n.º 24, op. *cit,* Párrafo 66 y ss.

la educación[23] y la socialización del menor que aún está en desarrollo[24]. El derecho a la educación, establecido como primordial por la Convención de sobre los Derechos del Niño, es el prisma desde el cual se aborda el fenómeno de la delincuencia juvenil —el ejemplo paradigmático de esto son las Directrices de Riad, previamente mencionadas—.

En relación con esto, es importante hacer hincapié en que esta socialización no es, como sucede en el derecho penal de adultos, una «re-socialización», sino que se trata de una socialización primera, ya que los sujetos sobre los que opera la LORPM están transitando hacia su inserción en la vida adulta. Así, aunque es cierto que las penas previstas para la comisión de delitos por parte de adultos, estarán orientadas hacia la resocialización de los sujetos[25], esta «orientación» no tiene comparación con el caso de los menores, donde no solo la orientación de las medidas es educadora, sino que la finalidad en sí misma del proceso en su conjunto lo es. Es decir, que las particularidades de los menores como personas en desarrollo y su derecho a recibir una intervención de corte educativo en pos de garantizar su *interés,* sienta un fundamento bien diferenciado en uno y otro proceso.

De este modo, las medidas recogidas por la LORPM, a diferencia de las penas estipuladas por el Código Penal, son de corte educativo a pesar de tener un componente sancionador. Esto tiene como objetivo que los menores se desarrollen y se integren socialmente de forma correcta[26]. Hay diversos ejemplos de esto, como la libertad vigilada, que consiste en limitarse a supervisar al menor mientras este adquiere las habilidades, capacidades y

---

23 La educación del menor infractor constituye uno de los objetivos principales de la justicia juvenil, tanto en España como a nivel internacional, así, podemos observar que los sistemas guardan similitudes en relación con este punto. Grande Seara, P.: «El principio de oportunidad reglada en el proceso de menores portugués (proceso tutelar educativo)», *InDret: Revista para Análisis del Derecho,* Barcelona, 2011, pp. 5 y ss. o Albrecht, P. A.: *El derecho penal de menores,* Ed. Promociones y Publicaciones Universitarias, Colección El Sistema Penal, Barcelona, 1990, pp. 94 y ss.

24 En relación con la finalidad educativa y socializadora del sistema de justicia juvenil español, *vid.* De la Rosa Cortina, J. M.; «Los Principios del Derecho Procesal Penal de Menores», *Tribunales de Justicia: Revista Española de Derecho Procesal*, págs. 21-45, n.° 11, noviembre de 2003, Demetrio Crespo, Eduardo; Sanz Hermida, Á.: «Sobre el fin de la (re-)educación en el proceso de menores: luces y sombras a la luz de la normativa actual», *Revista General de Derecho Penal, Iustel, 19*, 2013, y Cámara Arroyo, S.: «Sanciones en los sistemas de Justicia Juvenil: Visión comparada (Especial referencia a los sistemas de responsabilidad penal de menores de España y Colombia», *Derecho y Cambio Social,* n.° 44, 2016, pp. 8 y ss.

25 Y de hecho esto está así estipulado en el art. 25.2 de la Constitución Española.

26 Tárrago Ruiz, A.: «El ministerio fiscal: menores y violencia escolar», en AA. VV., González Montes, F. (coord.), *Violencia Escolar, Aspectos socioculturales, penales y procesales*, Ed. Dykinson, Madrid, 2008, pp. 113.

actitudes necesarias para su desarrollo personal y social[27]. Esta medida, en el fondo, implica realizar un seguimiento al menor y sus circunstancias y, en aquellos casos en los que los agentes de socialización existentes en la vida del menor cumplan su función de contención, las aguas volverán a su cauce y el menor desarrollará una actitud prosocial.

En general, la relación entre el nivel de restricción de la medida impuesta a un menor y su nivel de reincidencia ha sido profusamente estudiada, y puede afirmarse que los menores que han cumplido medidas más restrictivas presentan mayor tendencia a la reincidencia[28]. Cabe preguntarse si esto se debe a que los menores a quienes se les imponen medidas restrictivas, como pueda ser el internamiento, se corresponden con aquellos que han cometido delitos graves o muy graves y eso implica que son personas que, a pesar de su corta edad ya tienen una trayectoria delincuencial trazada, o si las medidas más restrictivas fallan, en sí mismas, en su función reeducadora.

III.2. Especialización de los profesionales

La necesidad de especializar a los profesionales que participan en el proceso —que es un asunto abordado en profundidad por las Reglas de Beijing— figura tanto en la exposición de motivos de nuestra ley como en la disposición final cuarta. Estos preceptos hacen referencia a que es imprescindible formar en materia de menores a los jueces, fiscales y abogados que intervengan en esta jurisdicción[29]. Además de esto, la disposición final tercera de la LORPM[30] también hace referencia a la especialización de grupos específicos de la policía, para que en las ocasiones en las que se detenga a personas menores estas se realicen por agentes especializados y familiarizados con el trato que hay que dispensar a sujetos menores de edad[31].

27 Ley Orgánica 5/2000, *cit.,* exposición de motivos, III.18. y *vid.* Álvarez de Neyra Kappler, S, Núñez-Cortes Contreras, P.: «El menor infractor y las claves para su tratamiento rehabilitador», *Dereito,* vol. 21, n.° 2, 2012, pp. 48.

28 Cuervo Gómez, K, Villanueva Badenes, L, Querol Molinos, J. M., Zorio Corella, P.: «Trayectorias delictivas y medidas educativas en el juzgado de menores», *Universitas Psychologica*, vol. 17, n.° 1, 2018, pp. 2 y ss.

29 En relación con la especialización de los operadores jurídicos en el proceso de menores, Martín Ostos, J. S.: *Jurisdicción Penal de Menores*, Juruá Editorial, Lisboa, 2016, Págs. 46-52.

30 LO 5/2000, *cit.*, Disposiciones finales tercera y cuarta.

31 Cabe destacar que para estos efectos existen las UFAM (Unidades de Atención a la Familia y a la Mujer), que, aunque actúan en otros ámbitos aparte de la intervención sobre menores infractores —como puede ser ofrecer asistencia a mujeres víctimas de violencia de género o violencia sexual—, también son los encargados de llevar a cabo la actuación policial relativa a la intervención sobre menores infractores. Al respecto. Página web oficial de la UFAM, Policía Nacional: https://www.policia.es/_es/tupolicia_conocenos_estructura_dao_cgpoliciajudicial_ufam.php , consultado 24/04/2023.

La especialización de los profesionales en contacto con menores revierte en la comprensión del menor infractor y eso garantiza su derecho a ser oído —siendo esto vital de cara a garantizar su *superior interés*—. En este sentido, es relevante indicar que la especialización, no debería de ser meramente jurídica en relación con las especialidades existentes en la jurisdicción de menores —que también resultan relevantes, dado que hay muchas, como la abreviación de los plazos en aras de resultar rápidos o las funciones especialmente relevantes del Ministerio Fiscal, que en el proceso de menores regulado por la LORPM hace de instructor del procedimiento y de garante del interés del menor infractor—, sino que también habrá de darse una especialización psicológica o de sensibilización social, para poder así ajustar el procedimiento de forma efectiva a las capacidades del menor y su modo de expresarse[32].

En general, la especialización de los operadores jurídicos relacionados con menores inmersos en un proceso de responsabilidad es la que puede lograr que la justicia se adapte a las necesidades del menor infractor. En estrecha relación con esto, cabe mencionar que la *«child friendly justice»* o justicia adaptada o amigable para menores, es una corriente que ya está firmemente asentada en Europa[33] —especialmente después de la promulgación de las Directrices del Consejo de Europa sobre justicia adaptada para niños[34]—. Esta corriente consiste en garantizar que los procesos de menores estén debidamente ajustados tanto a su nivel de comprensión como a sus necesidades. En este sentido es relevante que la información se presente de manera clara para que el menor pueda entenderla, y que el modo en que se promueva su participación habrá de tener en cuenta el hecho de que se trate de una persona en desarrollo.

III.3. Desviación por medio del principio de oportunidad

La Convención sobre los Derechos del Niño establece en su artículo 40.3[35] la importancia que tiene que la respuesta a las infracciones de menores sea flexible. Esto sirve para garantizar el *interés superior del menor* y a su vez permite que el Estado lleve a cabo su función educativa con aquellos menores que han

32 BERNUZ BENEITEZ, M. J.: «Cuando los menores declaran en la justicia de menores», *Cuadernos Electrónicos de Filosofía del Derecho*, n.° 40, 2019, pp. 15.

33 LIEFAARD, T, KILLKELLY,, U.: «Chid-friendly Justice, Past, present and future», en GOLDSON, B (ed.), *Juvenile Justice in Europe, Past, Present and Future*, Routledge, London, 2019, pp. 57 y ss.

34 GOLDSON, B, Muncie, J.: «Towards a global 'child friendly' juvenile justice?», *International Journal of Law, Crime and Justice,* vol. 40,2012, pp. 50.

35 Convención sobre los Derechos del Niño, *cit.,* Art. 40.

cometido una infracción. En el sistema español de justicia juvenil, la flexibilidad de la intervención sobre menores se individualiza fundamentalmente por medio del del principio de oportunidad[36], implicando que siempre que resulte posible y apropiado, no se perseguirá judicialmente al menor infractor, sino que se buscará una solución alternativa adecuada.

El principio de oportunidad puede definirse como la facultad que asiste al titular de la acción para disponer de su ejercicio, pudiendo, de este modo, no ejercitar dicha acción o incluso desistirla[37]. En este sentido, resulta de vital importancia aclarar que el proceso de menores da cabida al principio de oportunidad bajo una modalidad específica porque su fundamento y su finalidad son específicos. En este sentido, el principio de oportunidad en el ámbito de los menores exhibe la peculiaridad de que se deriva de la finalidad sancionadora-educativa de estos procesos. Esto presenta una clara diferencia respecto de los argumentos que se esgrimen para aplicar el principio de oportunidad en adultos, donde lo que motiva la aplicación de mecanismos de oportunidad es la economía procesal, que establece que, en el caso de que los delitos cometidos sean de muy escasa entidad —es decir, los también llamados delitos de bagatela[38], como por ejemplo el hurto de algo muy poco valioso—, la persecución de la comisión delictual no compensa en relación con el gasto que supone llevar a cabo el proceso —en el sentido tanto económico como temporal—. El principio de oportunidad en adultos permite, en definitiva, que en el proceso penal se lleve a cabo un tratamiento diferenciado de los hechos punibles y se elija la persecución de aquellos con mayor interés social y significación[39].

Una vez aclarado que el principio de oportunidad en menores tiene un fundamento específico, cabe mencionar que posibilita dar una respuesta individualizada al menor concreto, teniendo en cuenta para ello sus circunstancias sociales y familiares, su nivel de desarrollo y su edad. Esto permite no perseguir la comisión de un hecho tipificado mediante un proceso judicial o hallar una resolución alternativa. La individualización de la respuesta atendiendo a las circunstancias del menor y el caso concreto está fundamentada en el ya explicado principio del *interés superior del menor.*

Para poner en práctica el principio de oportunidad existen diversos mecanismos que consisten en la desjudicialización del caso, no intervención en

36 Bueno de Mata, F.: «Manifestaciones del principio de oportunidad en la justicia de menores española y europea», *Justicia: revista de derecho procesal,* Ed. Bosch, n.º 1, 2020, pp. 307 y ss.

37 Gimeno Sendra, V.: «Los procedimientos penales simplificados», *Poder Judicial*, 1986, pp. 34.

38 Armenta Deu, T.: *Criminalidad de bagatela y principio de oportunidad: Alemania y España,* Promociones y Publicaciones Universitarias, Barcelona, 1991, pp. 23.

39 Castillejo Manzanares, R.: «El fomento del principio de oportunidad», en AA. VV., *El proceso penal. Cuestiones fundamentales,* Tirant lo Blanch, Valencia, 2017, pp. 587 y ss.

el mismo, el desistimiento de la persecución, o su preclusión[40]. En concreto, la LORPM habilita fundamentalmente dos posibilidades: la decisión de no incoar el expediente evitando que se ejercite la acción *ab initio* o la posibilidad de finalizar el proceso cuando ya ha comenzado, por medio de un sobreseimiento o su conclusión anticipada. Estas posibilidades están recogidas en los artículos 18, 19 y 27.3 de la LORPM[41], que revisaremos a continuación.

El primero (art. 18 LORPM) hace referencia a la posibilidad de que el Ministerio Fiscal, que es el órgano que instruye el caso, decida no incoar el expediente[42] —es decir, que acontece durante la instrucción y es una posibilidad que consiste en desistir del inicio del procedimiento, decretando un archivo del caso tras las práctica de las diligencias preliminares—; mientras que los preceptos 19 y 27 son las dos caras de un mismo mecanismo, que también acontece durante la instrucción pero cuando el expediente ya ha sido incoado, y que supone que, cuando el Equipo Técnico lo estime conveniente, podrá proponer que no se continúe tramitando el expediente. El Ministerio Fiscal, en esos casos, solicitará al Juez de Menores que sobresea el expediente.

La decisión de no incoar el expediente prevista por el art. 18 de la LORPM suele darse con motivos de corrección en el ámbito educativo y familiar[43], mientras que el segundo mecanismo se presenta como una posibilidad de que se dé una conciliación o reparación entre el menor y la víctima —aunque cabe mencionar que en los casos en los que esta no pudiera llevarse a cabo, bastará con que el menor se comprometa a cumplir la actividad educativa propuesta por el equipo técnico en su informe—[44].

Ambos mecanismos requieren que el delito cometido por el menor revista poca entidad (se trate de un delito menos grave o leve sin violencia o intimidación[45], y rigen en pos de encontrar una respuesta a la conducta que se adecúe mejor al interés del menor concreto, ya suponga esto acudir a conciliación o permitir que se la respuesta sea dada desde el ámbito familiar o educativo en vez a desde el judicial.

---

40 Molina López, R.: «El principio de oportunidad en el proceso penal de menores (Análisis comparado de los ordenamientos colombiano y español)», *Nuevo Foro Penal,* n.° 72, Bogotá, 2009, pp. 61 y ss.

41 LO 5/2000, *cit.,* Arts. 18,19 y 27.

42 López Picó, R.: «La intervención del Ministerio Fiscal en la fase de instrucción del proceso penal de menores: mecanismos de desjudicialización», *Revista de derecho y Proceso Penal*, n.° 58, 2020, pp. 19 y ss.

43 Grande Seara, P.: «Incoación del Expediente de Reforma y Fase de Instrucción», en AAVV.: *Proceso Penal de Menores*, Tirant lo Blanch, Valencia, 2008, pp. 140 y ss.

44 González Tascón, M. M.: *op. cit.*, pp. 221.

45 López López, A. M.: *Ley Orgánica de Responsabilidad Penal de los Menores, (Comentarios, Concordancias y Jurisprudencia)*, Editorial Comares, Granada, 2004, Págs. 159-161

IV. Conclusión

Los menores son personas de edad que se encuentran en desarrollo y poseen una serie de necesidades y derechos específicos, de entre los cuales cabe destacar el derecho a la educación. Es por esto que el sistema de justicia juvenil, además de pretender dar una solución a la comisión de ilícitos por parte de menores, debe adaptarse a las necesidades y derechos inherentes a los sujetos protagonistas del proceso.

Hay diversos instrumentos internacionales que establecen garantías, tales como el hecho de que los operadores jurídicos en contacto con menores que han cometido una infracción estén especializados, y el sistema —separado del de adultos— se ajuste a las necesidades de los menores, implicando que el proceso de responsabilidad penal sea el último recurso y la respuesta que se le ofrezca al menor infractor sea de corte educativo.

A pesar de que aún queda mucho camino por delante, podría decirse que el sistema de justicia juvenil español está bastante ajustado a los estándares internacionales recomendados por Naciones Unidas, estableciendo la especialización de los operadores jurídicos, mecanismos de desjudicialización de los casos menos graves y medidas de corte educativo.

V. Bibliografía

Albrecht, P. A.: *El derecho penal de menores,* Ed. Promociones y Publicaciones Universitarias, Colección El Sistema Penal, Barcelona, 1990.

Álvarez De Neyra Kappler, S. y **Núñez-Cortes Contreras, P.**: «El menor infractor y las claves para su tratamiento rehabilitador», *Dereito,* vol. 21, n.º 2, 2012.

Armenta Deu, T.: *Criminalidad de bagatela y principio de oportunidad: Alemania y España,* Promociones y Publicaciones Universitarias, Barcelona, 1991.

Bernuz Beneitez, M. J.: «Cuando los menores declaran en la justicia de menores», *Cuadernos Electrónicos de Filosofía del Derecho*, n.º 40, 2019.

Bueno de Mata, F.: «Manifestaciones del principio de oportunidad en la justicia de menores española y europea», *Justicia: revista de derecho procesal,* Ed. Bosch, n.º 1, 2020.

Cámara Arroyo, S.: «Sanciones en los sistemas de Justicia Juvenil: Visión comparada (Especial referencia a los sistemas de responsabilidad penal de menores de España y Colombia», *Derecho y Cambio Social,* n.º 44, 2016.

Castillejo Manzanares, R.: «El fomento del principio de oportunidad», en AA. VV.: *El proceso penal. Cuestiones fundamentales,* Tirant lo Blanch, Valencia, 2017.

Cuervo Gómez, K, Villanueva Badenes, L, Querol Molinos, J. M. y **Zorio Corella, P.**: «Trayectorias delictivas y medidas educativas en el juzgado de menores», *Universitas Psychologica*, vol. 17, n.º 1, 2018.

De La Rosa Cortina, J. M.: «Los Principios del Derecho Procesal Penal de Menores», *Tribunales de Justicia: Revista Española de Derecho Procesal*, n.º 11, noviembre de 2003.

Demetrio Crespo, E. y **Sanz Hermida, Á.**: «Sobre el fin de la (re-)educación en el proceso de menores: luces y sombras a la luz de la normativa actual», *Revista General de Derecho Penal, Iustel, 19*, 2013.

Hernández Galilea, J. M.: «El proceso de la Ley Orgánica 5/2000» en AA. VV.: *El sistema español de Justicia Juvenil,* Ed. Dykinson, Madrid, 2002.

Gimeno Sendra, V.: «Los procedimientos penales simplificados», *Poder Judicial*, 1986.

Goldson, B. y **Muncie, J.**: «Towards a global 'child friendly' juvenile justice?», *International Journal of Law, Crime and Justice,* vol. 40, 2012.

González Tascón, M. M.: *El tratamiento de la delincuencia juvenil en la Unión Europea. Hacia una futura política común*, Lex Nova, Valladolid, 2010.

Grande Seara, P.: «El principio de oportunidad reglada en el proceso de menores portugués (proceso tutelar educativo)», *InDret: Revista para Análisis del Derecho,* Barcelona, 2011.

Grande Seara, P.: «Incoación del Expediente de Reforma y Fase de Instrucción», en AA. VV.: *Proceso Penal de Menores*, Tirant lo Blanch, Valencia, 2008.

Liefaard, T, Killkelly, U.: «Chid-friendly Justice, Past, present and future», en Goldson, B. (ed.).: *Juvenile Justice in Europe, Past, Present and Future*, Routledge, London, 2019.

López López, A. M.: *Ley Orgánica de Responsabilidad Penal de los Menores, (Comentarios, Concordancias y Jurisprudencia)*, Editorial Comares, Granada, 2004.

López Picó, R.: «La intervención del Ministerio Fiscal en la fase de instrucción del proceso penal de menores: mecanismos de desjudicialización», *Revista de derecho y Proceso Penal*, n.º 58, 2020.

Martín Ostos, J.: «El testigo menor de Edad en el Proceso Penal», *Anuario de Justicia de Menores*, 2019.

Martín Ostos, J. S.: *Jurisdicción Penal de Menores*, Juruá Editorial, Lisboa, 2016.

Molina López, R.: «El principio de oportunidad en el proceso penal de menores (Análisis comparado de los ordenamientos colombiano y español)», *Nuevo Foro Penal,* n.º 72, Bogotá, 2009.

Ornosa Fernández, M. R.: *Derecho Penal de Menores,* Bosch, 4.ª Edición, Barcelona, 2007.

Tárrago Ruiz, A.: «El ministerio fiscal: menores y violencia escolar», en AA. VV.: *Violencia Escolar, Aspectos socioculturales, penales y procesales*, Ed. Dykinson, Madrid, 2008.

Vázquez González, C.: *Derecho Penal Juvenil Europeo*, Ed. Dykinson, Madrid, 2005.

VI. Normativa utilizada

- Constitución Española, de 1978.
- Convención sobre los Derechos del Niño, Resolución de la Asamblea General de Naciones Unidas 44/25, de 20 de noviembre de 1989; (https://www.ohchr.org/sp/professionalinterest/pages/crc.aspx.
- Directrices de Riyadh, para la Prevención de la Delincuencia Juvenil, Resolución de la Asamblea General de las Naciones Unidas 45/112, de 14 de diciembre de 1990. (https://www.ohchr.org/sp/professionalinterest/pages/preventionofjuveniledelinquency.aspx.
- Ley Orgánica 1/1996, de 15 de enero, de Protección Jurídica del Menor, de modificación parcial del Código Civil y de la Ley de Enjuiciamiento Civil.
- Observación General n.º 10 respecto a los derechos del niño en la justicia juvenil, Comité de los Derechos del Niño, 25 de abril de 2007.
- Observación General n.º 24 relativa a los derechos del niño en el sistema de justicia juvenil, Comité de los Derechos del Niño, 18 de septiembre de 2019.
- Real Decreto de 24 de julio de 1889 por el que se publica el Código Civil.
- Reglas de Beijing, Reglas Mínimas de las Naciones Unidas para la Administración de la Justicia de Menores, Resolución de la Asamblea General de Naciones Unidas 40/33, de 29 de noviembre de 1985. (http://www.cidh.org/ninez/pdf%20files/Reglas%20de%20Beijing.pdf.

LA PROTECCIÓN INTERNACIONAL DE ADULTOS VULNERABLES: SOLUCIONES DEL CONVENIO DE LA HAYA 2000 Y ARGUMENTOS SOBRE LA (NECESARIA) ADHESIÓN DE ESPAÑA

Marina Vargas Gómez-Urrutia
Profesora titular de Derecho internacional privado
Universidad Nacional de Educación a Distancia (UNED)
mvargas@der.uned.es

Esta contribución se adscribe al Proyecto PID2020-114611RB-100-Ministerio de Ciencia e Innovación. Título: «Protección del menor en las crisis familiares internacionales: análisis del Derecho internacional privado español y de la Unión Europea» (IP,s: Mónica Guzmán Zapater y Mónica Herranz Ballesteros (UNED).

I. Introducción

El Convenio de La Haya de 13 de enero de 2000[1] es el instrumento convencional de mayor calidad técnica en las soluciones que garantizan la protección de los adultos vulnerables en situaciones de tráfico jurídico externo. Más allá del número de Estados contratantes[2], las respuestas del Convenio a los problemas de competencia judicial internacional, ley aplicable y reconocimiento y ejecución de decisiones dictadas por otros Estados contratantes, además de la cooperación de autoridades, constituyen una importante pieza técnico-jurídica en el engranaje de la protección de los colectivos de adultos «frágiles» en supuestos transfronterizos.

Para el sistema español de Derecho internacional privado (en adelante DIPr), la adhesión al Convenio (en lo sucesivo CH2000) permitiría superar algunas inconsistencias y lagunas de nuestras normas reguladoras internas. Así lo indica S. Adroher Biosca[3].

> Por ejemplo, puede suceder que, a la luz de las normas internas de DIPr, nuestros tribunales carezcan de competencia judicial internacional para adoptar medidas de apoyo respecto de españoles que residen en el extranjero (art. 22 LOPJ); o que el ordenamiento jurídico que eventualmente tuviera que aplicar un tribunal español para, por ejemplo, modificar la capacidad de obrar (ley nacional, ex art. 9.1 Cc) no esté prevista en ese ordenamiento extranjero (el art. 9.6 Cc no incluye la capacidad de obrar en su ámbito de materias); o, que en los poderes de representación conferidos por el adulto exista un mandato preventivo sometido a derecho extranjero que pretenda desplegar efectos en España (el art. 10.11 Cc no da una respuesta satisfactoria). Y, finalmente, en sede de reconocimiento de las medidas de apoyo dictadas en otro país respecto de un español que resida en el extranjero,

1 Convenio de 13 de enero de 2000 sobre Protección Internacional de los Adultos. En lo sucesivo Convenio de La Haya de 2000, CH2000 o, simplemente, el Convenio. Texto completo disponible en: https://www.hcch.net/es/instruments/conventions/full-text/?cid=71 [Consultado 22-03-2023].

2 A la fecha de entrega de este texto escrito (marzo 2023) constan 20 Estados contratantes de los que 15 son Estados miembros de la UE (Alemania*, Austria*, Bélgica*, Chipre*, Estonia, Finlandia*, Francia*, Grecia*, Irlanda*, Italia*, Letonia, Luxemburgo*, Malta*, Países Bajos*, Polonia*, Portugal*, República Checa*). Los señalados con asterisco (*) son Estados parte de la *Convención de las Naciones Unidas sobre los Derechos de las Personas con Discapacidad*, hecha en Nueva York el 13 de diciembre de 2006. España no se ha adherido al CH2000 pero sí es Estado parte de la Convención de Nueva York de 2006 (BOE 96, de 26 abril 2008).

3 En Adroher Biosca, S., «La protección de adultos en el Derecho internacional privado español», *Revista Española de Derecho Internacional*, enero-junio, 2019, vol. 71/1, pp. 163-185; Id., «La protección de adultos en el Derecho internacional privado español: desafíos y puesta al día», Ponencia 6 de julio de 2022. Curso de Formación – Escuela Judicial (CGPJ), *sobre la protección de adultos vulnerables en situaciones transfronterizas y de las garantías procesales de los adultos vulnerables en procesos penales* (cortesía de la autora).

el sistema español, aunque favorable al reconocimiento, presenta las dificultades en la medida en que ha de discernirse el tipo de proceso en origen (contencioso o de jurisdicción voluntaria) para determinar el régimen jurídico aplicable al reconocimiento.

Merece recordarse brevemente que la discusión acerca de si la normativa material española anterior a la reforma de la **Ley 8/2021, de 2 de junio por la que se reforma la legislación civil y procesal para el apoyo a las personas con discapacidad en el ejercicio de su capacidad jurídica**[4] era o no respetuosa con los principios del art. 12 de la CNY2006 quedó zanjada por nuestro Tribunal Supremo en varias resoluciones. Por ejemplo, el TS: (1) sostuvo que las figuras de la tutela y la curatela, junto a otras figuras como la guarda de hecho y el defensor judicial, son eficaces para la protección de la persona en muchos supuestos y que es desde la perspectiva de la eficacia de la protección como deben interpretarse los preceptos del Código civil y de la Ley de Enjuiciamiento civil (STS 298/2017, de 16 de mayo); (2) descartó que nuestro procedimiento de modificación de la capacidad y la constitución de la tutela y la curatela fueran discriminatorios y contrarios a los principios de la Convención (STS 716/2015, de 15 de julio); (3) asentó que la modificación de la capacidad y la constitución de un apoyo y una medida de protección no era algo rígido sino flexible y que debía adaptase a la concreta necesidad de protección de la persona afectada, señalando que esto plasma en la idea de la «graduación de la incapacidad» y en la «valoración del contexto en que se desarrolla la vida de cada persona» (STS 341/2014, de 1 de julio); (4) indicó que el «juicio de capacidad» de nuestro sistema se concebía como una valoración concreta y particularizada de cada persona que permitía llevar a cabo un «traje a medida» (SSTS 341/2014, de 1 de junio y 244/2015, de 13 de mayo).

Pues bien, el sistema de previsión de apoyos instaurado en la Ley 8/2021, de 2 de junio está inspirado directamente en el art. 12 de la CNY2006. Destacar, entre otros aspectos, las **provisiones judiciales de apoyo**: (1) ya no se precisa un nuevo pronunciamiento sobre la capacidad de la persona, es decir, desaparece el juicio de incapacitación y la actuación judicial se centra en la **provisión de apoyos** (art. 249 Cc); (2) dentro de las medidas de apoyo, la ley contempla las de naturaleza volunta-

4 Únicamente dos artículos de DIPr (arts. 9.6 y 10.8) fueron reformados por la Ley 8/2021. Una valoración crítica sobre la reforma desde la perspectiva del DIPr, en: CALVO CARAVACA, A. L. / CARRASCOSA GONZÁLEZ, J., «Ley aplicable a la protección de personas mayores de edad en Derecho internacional privado español. Reflexiones críticas sobre la modificación del artículo 9.6, párrafo segundo, del Código civil» en *La reforma de la discapacidad*, vol. I, Cap. XI. Fundación Notariado-Dykinson, 2022; CHÉLIZ INGLÉS, M. C., «Medidas de protección a los mayores de edad discapacitados, en un entorno internacional», *Diario La Ley*, n.° 9541 de 20/12/2019, p. 5; DURÁN AYAGO, A., «Nuevos escenarios en la protección internacional de adultos», en *Protección jurídica de los mayores* (MARTÍNEZ GALLEGO, E. M., coord.), *La Ley*, 2004, 443-460; VAQUERO LÓPEZ, C., «Nuevas normas de Derecho Internacional Privado estatal en materia de protección de adultos y de menores», en *Anuario español de Derecho internacional privado*, t. XVI, 2016, pp. 395-414.

ria, la guarda de hecho, la curatela y el defensor judicial (art. 250 Cc) siendo que la provisión judicial interviene en las medidas que afectan a la curatela y al defensor judicial; (3) tanto la regulación de los apoyos como la provisión judicial de los mismos se centra en la persona **en su voluntad, deseos y preferencias**; (4) en la Ley 8/2021 no existe una referencia al interés superior de la persona con discapacidad que sí aparece en la CNY2006. Se trata de preservar la autonomía de la voluntad y no contraponer el **interés de la persona** con **su voluntad, deseos y preferencias**; (5) más compleja es la provisión judicial de apoyos en relación con la curatela ya que implica un doble enjuiciamiento: el **juicio de capacidad y de necesidad de la medida** (art. 268 Cc) y la cuestión del nombramiento de un curador (art. 276 Cc) cuando existe auto curatela (art. 271 Cc); (6) el juez queda vinculado por la designación realizada por el interesado bien directamente bien por delegación (delegación anticipada de la auto curatela); en su defecto, la designación recaerá sobre un orden de personas cuyo llamamiento es legal y por ende vincula al juez (arts. 276-277 CC)[5].

En esta contribución sostenemos que España debería firmar el CH2000 para mejorar su sistema de DIPr. La discusión en círculos académicos y jurídicos de nuestro país se centra en *el cuándo* y en si ha de modificarse la Ley 8/2021 para cumplir las previsiones del Convenio (en particular la correcta coordinación de las actuaciones administrativas y judiciales, los efectos extraterritoriales de los certificados y los poderes de representación). La doctrina española internacional privatista es favorable a la adhesión, aunque con matices[6]: de una parte, no pierde de vista los profundos cambios en la «car-

5 El TS ya se ha pronunciado sobre la aplicación de la Ley 8/2021. Ante la duda acerca de si pueden acordarse medidas de apoyo «en contra» de la voluntad de la persona afectada (por ejemplo, por una enfermedad mental), el TS concluye que sí es posible a la luz de la propia ley (STS 589/2021, de 8 de septiembre) y que deben ser proporcionadas y ajustadas al tiempo que resulte necesario. En cualquier caso, las salvaguardias han de estar sujetas al examen periódico del juez. En relación con la duda sobre si el juez puede declarar la (in) idoneidad de una persona designada en un documento de auto curatela, el TS ha dejado claro que este juicio corresponde al juez (no a los servicios sociales) debiendo motivar en su resolución las razones que determinan que esa persona no es idónea para el cargo de curadora (STS 706/2021, de 19 de octubre). Fuente: Ponencia del magistrado de la Sala 1.ª del Tribunal Supremo Ignacio Sancho Gargallo, «El sistema de provisión judicial de apoyos ideado por la Ley 8/2021» en Curso de Formación – Escuela Judicial (CGPJ), *sobre la protección de adultos vulnerables en situaciones transfronterizas y de las garantías procesales de los adultos vulnerables en procesos penales* (cortesía del autor).

6 Desde la perspectiva del DIPr, y en consonancia con la Ley 8/2021, véanse las ponencias de las profesoras Adroher Biosca y Diago Diago en la Conferencia auspiciada por el Institut Notarial de Dret Internacional Privat (INDIP) celebrada el 23 de marzo de 2022. Disponible en: https://www.youtube.com/watch?v=VKkvBje8cqY. [Consultado 22-03-2023]. Mientras que la ponencia de S. Adroher sobre «El Convenio de La Haya de 2000 en materia de protección de adultos: argumentos en torno a su eventual ratificación», ejemplifica las inconsistencias y lagunas de la vigente regulación de las normativa de DIPr interna, la ponencia de P. Diago sobre «El apoyo a las personas con discapacidad y el Derecho internacional privado español: la regulación actual», hace hincapié en las mejoras técnicas y en las disfunciones de las normas de DIPr vigentes. En ambas ponencias se toman en cuenta los principios del

grafía» de la discapacidad tras la reforma y, de otra parte, es consciente de que el Informe del Instituto de Derecho Europeo de 21 de marzo de 2020 ha interpelado a la UE para que tome una postura más activa hacia los Estados miembros que aún no se han adherido al CH2000 (A. MUÑOZ[7]).

Al mismo tiempo no es posible pasar por alto la iniciativa europea de 21 de diciembre de 2021 que pretende una armonización de las normas de DIPr para que la protección de adultos vulnerables sea la misma en toda la UE. La necesidad de armonización de las normas de DIPr mediante un Reglamento europeo aparentemente es una cuestión pacífica entre los expertos de la Comisión. Más controvertida resulta la posición de algunos Estados miembros acerca de si la materia de protección de adultos vulnerables entra o no en el ámbito del DIPr europeo de la familia (a efectos del procedimiento previsto en el art. 81.3 TFUE) y si la UE tiene una competencia externa paralela que incluya la posibilidad de celebrar convenios internacionales en la materia (vía art. 261TFUE). Expertos e investigadores académicos en sus opiniones (*discussion*) e informes (*papers*[8]) han puesto de relieve que despejar ambas

art. 12 de la CNY2006 y las normas materiales internas (Ley 8/2021). Bien es cierto que algunos académicos consideran que el Convenio, terminológicamente hablando, ha quedado superado por la CNY2006. La Conferencia de La Haya es consciente de este desfase. En el documento de 12 de octubre de 2022 ya se incluye la posible eliminación de los términos «guardianship» y curatorship» del texto convencional (en revisión) y las opiniones de expertos de 35 países de los cinco continentes que han señalado: «It was noted that a number of States have put in place guardianship or curatorship institutions based on supported decision-maling mechanisms». Véase *Pos0603sible Amendments to the 2000 Protection of Adults Convention* (nov. 2022). Disponible: https://www.hcch.net/es/publications-and-studies/details4/?pid=6795&dtid=57 [Consultado 22-03-2023]

7 En las Conclusiones del Consejo sobre la protección de los adultos vulnerables en el conjunto de la Unión Europea de 19 de agosto de 2021 se pide a los Estados miembros que: (…) «promuevan un mayor conocimiento del Convenio de La Haya de 2000 en los órganos jurisdiccionales y entre los profesionales y todas las partes que intervienen en su aplicación (…); que avancen en los procedimientos de ratificación del Convenio de La Haya de 2000, a fin de ultimar la ratificación lo antes posible (…); que inicien lo antes posible o impriman impulso a las consultas nacionales sobre una posible adhesión al Convenio de La Haya de 2000, en el caso de los restantes Estados miembros; que se aseguren de que las medidas nacionales de protección de los adultos vulnerables son acordes a la CDPD» (DOUE C 330I, de 17/8/2021). Sobre este informe, véase MUÑOZ, A., «Notas sobre el Informe del Instituto de Derecho Europeo acerca de la protección de adultos en situaciones internacionales», en *Cuadernos de Derecho Trasnacional* (octubre 2020), vol. 12, n.º 2, pp. 1099-1105. Disponible en: https://www.europeanlawinstitute.eu/projects-publications/completed-projects-old/protection-of-adults/ [Consultado 22-03-2023]

8 Por ejemplo, en el documento (*Position Paper*) de 26 de marzo de 2022, de la *European Association of Private International Law* (EAPIL), su Grupo de Trabajo liderado por el profesor Pietro Franzina (Milan) y en el que participan Estelle Gallant (Toulouse 1), Cristina González Beilfuss (Barcelona), Katja Karjalainen (Finlandia), Thalia Kruger (Amberes/Antwerp), Tamás Szabados (Eötvös Loránd University) y Jan von Hein (Freiburg) sostiene una posición en cuanto a que la UE no debe firmar el Convenio si los Estados Miembros, en su totalidad, no se adhieren al mismo. Asimismo, y ya en 2016, se pronunciaba KATIA

cuestiones es previo a cualquier otra consideración. En concreto, cómo coordinar la acción exterior de la UE y la de los Estados miembros en relación con la adhesión al Convenio de la Haya de 2000[9]. Con todo, parece que primará la postura de la Comisión en el sentido de que la acción de la UE en este nivel normativo es acuciante para acabar con el actual estado fragmentario de la regulación en cada Estado miembro. Y es por lo que se apuesta por una combinación donde la acción exterior de la UE asegure la adhesión de los Estados miembros al CH2000[10].

Como ha recordado F.J. Forcada Miranda[11] tanto los postulados de la CNY2006 como los principios de la Carta de los Derechos Fundamentales de la Unión Europea han de ser respetados por todas las normas del ordenamiento jurídico español. Si las normas internas de DIPr sobre protección de adultos vulnerables tienen las carencias ya señaladas, y la UE insiste a los Estados miembros para que se adhieran al CH2000, la «espera» de la parte española tiene difícil justificación. Asimismo, y aunque el CH2000 sea anterior a la CNY2006 sus postulados son respetuosos con los principios de los artículos 3 y 12[12]. No cabe pues reproche al CH2000 sobre el particular.

Karjalainen, de la Universidad de Helsinki, a favor de la adhesión de la UE al CH, 2000 por considerar poco factible logar un consenso entre los Estados Miembros para legislar la materia mediante un Reglamento. Igualmente abogaba por la necesidad de promover la firma del Convenio entre los Estados Miembros y ponía de relieve las disfunciones de las normas de conflicto españolas para la determinación de la capacidad (ley nacional en virtud del art. 9.1 CC vs ley de la residencia habitual para las medidas de protección de acuerdo con el art. 9.6 Cc). *Vid.*, K. Karjalainen, «Ancianos, movilidad y derecho internacional privado. El punto de vista de la Unión Europea», en *Working Papers* 2/2016 Jean Monet Chair-European Private Law-Universitat de Barcelona. Disponible en: http://diposit.ub.edu/dspace/handle/2445/104557 [Consultado 22-03-2023]

9 Comisión Europea, *Civil judicial cooperation – EU-wide protection for vulnerable adults.* Sitio web: https://ec.europa.eu/info/law/better-regulation/have-your-say/initiatives/12965-Civil-judicial-cooperation-EU-wide-protection-for-vulnerable-adults_en [Consultado 22-03-2023]. Sobre este llamamiento a la acción, Francina, P., «La protección internacional de adultos vulnerables: un llamamiento a la acción a nivel de la Unión Europea», *Anuario Español de Derecho Internacional Privado*, t. XVI, 2016, pp. 127-145.

10 Position Paper in response to the European Commission's public consultation on an EU-wide protection for vulnerable adults. Disponible en: https://ec.europa.eu/info/law/better-regulation/have-your-say/initiatives/12965-Civil-judicial-cooperation-EU-wide-protection-for-vulnerable-adults/F2953287_en [Consultado 22-03-2023]. Al cierre de esta contribución la Comisión ha publicado la propuesta de Reglamento (Bruselas, 31-05-2023 (COM)2023, 280 final).

11 Forcada Miranda, F. J., «La protección jurídica transfronteriza de los adultos vulnerables en la Unión Europea», Ponencia 4 de julio de 2022. Curso de Formación – Escuela Judicial (CGPJ), sobre *La protección de adultos vulnerables en situaciones transfronterizas y de las garantías procesales de los adultos vulnerables en procesos penales* (cortesía del autor). Francina, P.

12 Repárese que el texto convencional de La Haya tuvo en cuenta los 28 puntos de la Recomendación 99 4(1) de 23 de febrero de 1999, del Comité de ministros del Consejo de

Dicho lo anterior, pasamos a comentar algunos de los aspectos del CH2000 con el fin de ofrecer un panorama esquemático de sus soluciones. Para ello se ha seguido la clasificación clásica de DIPr por sectores de problemas, coincidentes con las previsiones del texto convencional (competencia, ley aplicable, reconocimiento y ejecución y cooperación). Previamente, se realiza una introducción a la finalidad y ámbitos de aplicación del Convenio. Y se termina con unas reflexiones a modo de conclusiones valorativas[13], además de la bibliografía de referencia.

II. Finalidad y ámbitos de aplicación del CH 2000

II.1. Finalidad

El objetivo del Convenio es *asegurar la protección en situaciones internacionales de los adultos que, debido a una alteración o insuficiencia de sus facultades personales, no están en condiciones de velar por sus intereses* (Preámbulo, par. 1). Se trata de evitar los *conflictos entre los sistemas jurídicos* y, por consiguiente, tratándose de situaciones internacionales el Convenio tiene por objeto determinar (art. 1.2): el Estado cuyas autoridades son competentes para tomar medidas de protección de la persona o de los bienes del adulto (sector de problemas de competencia judicial internacional); la ley

Europa sobre los principios referentes a la protección jurídica de los mayores incapacitados. También el texto de La Haya es respetuoso con el art. 12 CNY2006, que es la clave de bóveda del sistema de protección. Señala que las personas con discapacidad tienen capacidad jurídica en igualdad de condiciones con los demás en todos los aspectos de la vida (apartado 2) y exige asegurar el establecimiento de medidas relativas al ejercicio de esta capacidad jurídica proporcionando salvaguardias adecuadas y efectivas que respeten los derechos, la voluntad y la preferencia de la persona (apartado 4). De los trabajos sobre la CNY2006 resultan relevantes para el DIPr: ÁLVAREZ TORNÉ, M., «Current issues in the protection of adults from the perspective of Private international law», *Revista Electrónica de Estudios Internacionales*, n.° 32, 2016; BELLIDO, C., «La capacidad jurídica de las personas con discapacidad: análisis del artículo 12 de la Convención Internacional de Nueva York», en *Instituto de Derecho Iberoamericano*, sección Tribuna, marzo, 2022. Disponible en: https://idibe.org/tribuna/la-capacidad-juridica-las-personas-discapacidad-analisis-del-articulo-12-la-convencion-internacional-nueva-york/ [Consultado 22-03-2023]. VICENTE BLANCO, D. J., «La protección de los adultos en el derecho internacional privado codificado por la Conferencia de La Haya», *Oñati Socio-Legal Series — Instituto Internacional de Sociología*, vol. 1, n.° 8, 2011, pp. 1-23.

13 Este comentario al texto convencional tiene su origen en la ponencia impartida por la autora en el Curso organizado por la Escuela Judicial y el Consejo General del Poder Judicial el 6 de julio de 2022 sobre *La protección de adultos vulnerables en situaciones transfronterizas y de las garantías procesales de los adultos vulnerables en procesos penales*. Su referencia es VARGAS GÓMEZ-URRUTIA, M., «Una aproximación al Convenio de 13 de enero de sobre la protección internacional de los adultos: fortalezas y debilidades» Ponencia curso CGPJ-Escuela Judicial, julio 2022 (inédita).

aplicable por estas autoridades en el ejercicio de sus competencias (sector de problemas de ley aplicable); la ley aplicable a la representación del adulto; asegurar el reconocimiento y la ejecución de las medidas de protección en todos los Estados contratantes; establecer entre los Estados contratantes la cooperación necesaria para conseguir los objetivos del Convenio.

En la consecución de este objetivo y, consiguientemente, en la estructura de las normas de DIPr., ya sea en su vertiente conflictual unilateral o bilateral, se considera como cuestión primordial el *interés del adulto* y el *respeto a su dignidad y a su voluntad*[14]. En este sentido, las soluciones del Convenio responden a la idea de atender los intereses en presencia en la concreta relación jurídica tomando en cuenta la posición de posible debilidad estructural de los adultos concernidos (adultos «frágiles»)[15].

II.2. Ámbito de aplicación del Convenio: personal, temporal, espacial y material

¿Quién es adulto y como se interpreta la expresión que tenga mermadas sus facultades? (ámbito de aplicación personal). El Convenio define al *adulto* como una persona que haya alcanzado la edad de 18 años (art. 2.1) y que tenga mermadas sus facultades personales (art. 1.1). El límite de los 18 años coincide lógicamente con el límite máximo establecido en el Convenio de la

14 Véase en PÉREZ VERA, E. *Opera Selecta — Estudios de Derecho internacional* (J. A. CARRILLO SALCEDO / J. M. ESPINAR VICENTE, Dirs.), UNED, 2012, pp. 684-705, esp. pp. 684 y 695. Y los comentarios comparando los dos convenios de La Haya (menores 1996 y adultos 2000) de A. BORRÁS, «La protección internacional del niño y del adulto como expresión de la materialización del derecho internacional privado: similitudes y contrastes», *Pacis Artes — Obra Homenaje al profesor J. D. González Campos*, Edisofer-REDI, 2005, pp. 1287-1308. Sobre este Convenio, la profesora PÉREZ VERA, en su discurso de Ingreso en la Real Academia de Jurisprudencia y Legislación de Granada, en el año 2000, señalaba que en la construcción e interpretación de las excepciones a la plena capacidad de obrar de los adultos (vulnerables) decía que la positivación de su protección y las obligaciones jurídicas deben articularse teniendo en cuenta el *principio que afirma la esencial dignidad de la persona humana* y *el respeto a los derechos humanos*. En cuanto a su ámbito de aplicación personal, como bien indicaba PÉREZ VERA, el Convenio cubre todas las hipótesis, desde los sistemas que condicionan la adopción de medidas de protección a la existencia formal de una incapacitación hasta aquellos que admiten, sobre todo en relación con las personas mayores o muy mayores, que cabe una intervención protectora sin declaración formalizada de incapacidad (ad. ex. en derecho alemán). También la Ley 8/2021, de 2 de junio que modificó, entre otros, los arts. 249 y 250 Cc lo contempla.

15 LAGARDE, P., *Informe explicativo al Convenio de La Haya de protección sobre protección internacional de adultos* (nueva edición revisada, abril, 2017), Publicaciones de la Conferencia de la Haya de Derecho internacional privado, p. 49. En lo sucesivo, será citado como Informe LAGARDE, v.2017.

Haya sobre protección de menores de 1996[16]. En este sentido se evitan los problemas de delimitación del ámbito de aplicación de ambos convenios en lo que se refiere a las personas.

Toda vez que la protección de determinados adultos es la guía que permite definir el ámbito de aplicación del Convenio, y por consiguiente las medidas a adoptar (art. 4), la definición de la protección evita utilizar acepciones jurídicas como incapaz o incapacitado prefiriendo una descripción objetiva de *adulto necesitado de protección*. En este sentido, el texto hace referencia a dos elementos de hecho: (1) la *disminución o insuficiencia de las facultades personales* del adulto. Por ejemplo, quedan excluidos los adultos víctimas de violencia externa (ad. ex., mujeres maltratadas que requerirían intervención de medidas de tipo policial). Como se señala en el INFORME LAGARDE, los adultos que el Convenio aspira a proteger son aquellos que «padecen una insuficiencia de sus facultades mentales, así como las personas de avanzada edad que sufren una disminución de esas mismas facultades, especialmente las personas afectadas por la enfermedad de Alzheimer»; y (2) que dicha disminución sea de tal índole que *el adulto no esté en condiciones de proteger sus intereses*.

La interpretación de este elemento ha de ser amplia incluyendo no solo los intereses patrimoniales del adulto, sino también los personales y de salud. Por ejemplo, el hecho de que el adulto desatienda gravemente el interés personal o patrimonial de los familiares de los que es responsable también puede ser síntoma de la alteración de sus facultades[17].

Normas transitorias y ámbito de aplicación temporal. La aplicación temporal del Convenio presenta una doble perspectiva. De una parte, el momento temporal que ha de tomarse en cuenta para la aplicación de las normas de competencia judicial internacional, para el reconocimiento y ejecución y para los poderes de representación (art. 50). Y, de otra parte, la entrada en vigor propiamente dicha.

En cuanto a las *normas de competencia judicial internacional*, sólo se aplicarán en un Estado a partir de la entrada en vigor del Convenio en dicho Estado. En ese sentido, las medidas adoptadas en virtud de las normas de competencia anteriormente vigentes no quedarán invalidadas por el hecho de la entrada en vigor del Convenio, incluso si las autoridades que las adoptaron no tuvieren ya competencia en virtud de las reglas del Convenio. En cuanto a las *normas sobre reconocimiento y ejecución*, el Convenio se aplicará a las

16 *Convenio relativo a la competencia, la ley aplicable, el reconocimiento, la ejecución y la cooperación en materia de responsabilidad parental y de medidas de protección de los niños, hecho en La Haya el 19 de octubre de 1996*. Instrumento de ratificación, BOE n.º 291, de 2 de diciembre de 2010. En lo sucesivo, Convenio de La Haya sobre protección de menores o CH menores,1996.

17 Informe LAGARDE, v.2017, p. 49.

medidas adoptadas después de su entrada en vigor tanto en el Estado de origen como en el Estado de requerido. Por tanto, las adoptadas anteriormente deberán ser reconocidas conforme a las reglas del derecho interno del Estado requerido. Finalmente, *los poderes de representación conferidos antes de la entrada en vigor* del Convenio también se reconocerán si se hubieran otorgado siguiendo las reglas del art. 15. Dicho precepto se refiere a la ley aplicable a la existencia, alcance, modificación y extinción de los poderes de representación. Esta extensión del ámbito de aplicación temporal no obliga a reconocer los actos de ejecución en aplicación de dichos poderes antes de la entrada en vigor del Convenio en el Estado de que se trate.

De acuerdo con su artículo 57.1, el Convenio entró en vigor el 1.° de enero de 2009[18]. La entrada en vigor para cada Estado que lo acepte o apruebe posteriormente será *el día primero del mes siguiente a la expiración de un periodo de 3 meses después del depósito del instrumento de ratificación, aceptación aprobación o adhesión* (art. 57.2)[19]

Desde el *punto de vista geográfico*, el Convenio no contiene ninguna delimitación de las personas a las que les resulte aplicable. Es decir, no establece un presupuesto de aplicación de tipo personal como sucede en otros textos internacionales, sobre todo en el ámbito de la UE. En consecuencia, su «ámbito de aplicación geográfico» varía en función de cada una de sus disposiciones. Por ejemplo, cuando las normas de competencia se refieren a las autoridades de la residencia habitual del adulto, el Convenio se aplicará a todos los adultos que tengan su residencia habitual en ese Estado contratante. Si el Convenio establece una norma de conflicto de leyes en relación con la representación del adulto, esta norma será aplicable a todos los adultos cualquier que sea su nacionalidad o lugar de residencia, salvo disposición en contrario[20].

¿Cuál es el ámbito de aplicación material del CH2000? Mientras que las medidas de protección de adultos están enumeradas en el artículo 3, las materias excluidas se indican en el artículo 4. La enumeración del artículo 3 es meramente ilustrativa, aunque extensa pues intenta cubrir un amplio espectro de situaciones. Así, el Convenio se aplicará:

- *A la determinación de la incapacidad y el establecimiento de un régimen de protección*. De acuerdo con el Informe Lagarde (punto 20),

18 Entrada en vigor: el día primero del mes siguiente a la expiración de un periodo de tres meses después del depósito del tercer instrumento de ratificación, aceptación o aprobación previsto por el artículo 53.

19 Las Partes contratantes de este Convenio que también revisten la calidad de Miembro de la HCCH (es decir, de la Organización) puede consultarse en: https://www.hcch.net/es/instruments/conventions/status-table/?cid=71 [Consultado 22-03-2023]

20 Se trata en este sector de problemas (ley aplicable) de una norma de carácter universal (como en la mayoría de los Convenios de La Haya de ley aplicable). Informe LAGARDE, v.2017, p. 50.

este régimen puede ser general o parcial, puede afectar únicamente a determinados actos del adulto o solo a un sector de su actividad. Igualmente, la incapacidad puede ser parcial.

- *La colocación del adulto bajo la protección de una autoridad judicial o administrativa*. Esta protección no implica necesariamente una declaración de incapacidad del adulto. De acuerdo con el Informe Lagarde (punto 21), «el adulto puede seguir a cargo de sus asuntos o seguir administrándolos sin la asistencia de terceras personas y ser colocado bajo la protección de una autoridad judicial o administrativa (se corresponde por ejemplo con la institución francesa de la «guardia judicial» o *placement sous sauvegarde de justice*).
- *La tutela, curatelas y otras instituciones análogas*. En estos casos se entiende que el adulto necesitará ser representado de manera continuada o simplemente asistido, supervisado o aconsejado en sus actos de la esfera civil (Informe Lagarde, punto 22).
- *La designación y funciones de toda persona u organismo encargado de ocuparse de la persona o de los bienes del adulto, de representarlo o de asistirlo*. En este caso, la persona puede ser un tutor, un curador y también mero gestor tutelar en el caso en que no se haya considerado necesario constituir una tutela completa. También incluye, por ejemplo, un tutor *ad hoc* que sea nombrado para representar al adulto en un caso de conflicto de intereses con su representante legal o también en un centro sanitario o en una residencia de ancianos facultado para tomar decisiones médicas relativas al adulto en ausencia de su representante legal (Informe Lagarde, punto 23).
- *La colocación del adulto en un centro u otro lugar en el que pueda prestársele protección*. Esta expresión suscitó diferencias de interpretación entre las delegaciones participantes. Se quería eliminar por cuanto se entendía que la colocación de adultos en centros médicos podría ser una medida que fuera en contra de la voluntad o sin el consentimiento del interesado y por el conflicto incluso de orden público que deberían quedar fuera del Convenio. Se mantuvo sin embargo por conservar la simetría con el Convenio sobre protección de menores (Informe Lagarde, punto 24).
- *La administración, conservación o disposición de los bienes del adulto*. En esta redacción amplia se incluyen las operaciones patrimoniales tales como la compraventa, gestión de valores, inversiones o liquidación de herencias deferidas al adulto (Informe Lagarde, punto 25)
- *La autorización de una intervención puntual para la protección de la persona o de los bienes del adulto*. Por ejemplo, una intervención quirúrgica o la venta de un bien (Informe Lagarde, punto 26).

Las materias excluidas del ámbito de aplicación del Convenio (art. 4) son taxativas (*son las que son*) de donde, todo lo que no esté expresamente excluido entrará en el ámbito de aplicación del Convenio, salvo existencia de otro texto convencional o internacional que regulase la cuestión concreta. La razón de ser de las exclusiones recogidas en el artículo 4 puede obedecer a que esa materia ya se encuentre expresamente regulada por otro Convenio (por ejemplo las obligaciones de alimentos, la celebración, nulidad y disolución del matrimonio así como la separación legal, los regímenes matrimoniales y los regímenes de la misma naturaleza aplicables a relaciones análogas al matrimonio o los trust y las sucesiones); o a que su naturaleza sea de derecho público (fiscal, seguridad social, medidas públicas de salud, infracciones penales o cuestiones migratorias).

III. Reglas para la determinación de la autoridad competente

El Convenio prevé normas uniformes que determinan las autoridades con competencia para adoptar las medidas necesarias de protección del adulto. Así, atribuye la competencia principalmente a las autoridades del Estado de residencia habitual del adulto (art. 5) aunque, si se trata de *refugiados adultos* son competentes las autoridades del Estado en cuyo territorio se encuentre este (art. 6). También reconoce la competencia concurrente, aunque subsidiaria, de las autoridades del Estado de la nacionalidad del adulto (art. 7), así como una serie de competencias complementarias pero subordinadas al consentimiento de las autoridades del Estado de la residencia habitual (art. 8). De forma paralela, se admite la competencia de las autoridades del Estado en el que se encuentren situados los bienes del adulto para adoptar medidas de protección relativas a dichos bienes (art. 9) y del Estado en cuyo territorio se encuentre el adulto o bienes que le pertenezcan para adoptar medidas de urgencia (art. 10) o medidas de protección de la persona de carácter temporal o territorial limitado (art. 11). Finalmente, se permite que las autoridades con competencia inicial puedan solicitar a las autoridades de otros Estados adoptar medidas de protección cuando ello redunde en interés del adulto (art. 12).

III.1. Consideraciones en torno al criterio general de atribución de competencia: la residencia habitual del adulto

Varias ideas conviene retener para la comprensión de la noción de residencia habitual y su juego como criterio de atribución de competencia en el art. 5 y concordantes del Convenio. La atribución de competencia a las autoridades de la residencia habitual del adulto (para adoptar medidas de protección tanto de la persona como de los bienes) es un criterio clásico tomado en el mismo sentido que en el Convenio de 1996 sobre protección internacional de menores. Aunque el Convenio no ofrezca una definición de residencia habitual, ello no es óbice para interpretar dicha noción de la misma manera que en el resto de los convenios de La Haya (en particular el CH1996). En este sentido, *residencia habitual* debe seguir siendo un concepto empírico pues cualquier definición tendría el inconveniente de poner en tela de juicio la interpretación de esta expresión en los demás convenios. El cambio de residencia habitual o traslado del adulto a otro Estado contratante atribuirá la competencia a las autoridades del Estado de la nueva residencia, aunque debe resaltarse que las medidas adoptadas en el primer Estado permanecerán en vigor en sus propios términos hasta que nos sean modificadas, sustituidas o revocadas por otra autoridad competente (art. 12).

Cuando se trate de adultos refugiados, desplazados o sin residencia habitual cuya protección internacional sea necesaria organizar, el criterio de la residencia habitual resulta inoperante. Se opta por la misma solución del CH1996 «a favor de las autoridades del Estado en cuyo territorio se encuentren (estos adultos)», extendiéndose la misma solución a los adultos cuya residencia habitual no pueda determinarse (*forum neccesitatis*). Se arbitra una previsión especial para el cese de esta competencia cuando el adulto a que se refiere el art. 6 adquiera la residencia habitual en otro Estado contratante. La respuesta del Convenio no es conferir de forma inmediata la competencia general a las autoridades de este último Estado (art. 5.2) sino mantener operativas las medidas ya adoptadas con carácter temporal y con eficacia territorial limitada (art. 11).

III.2. Atribución de competencia a las autoridades del Estado de la nacionalidad del adulto: su carácter concurrente y subsidiario

El art. 7.1 otorga competencia a las autoridades de un Estado contratante del que sea nacional el adulto. Este criterio no aplica a los casos comprendidos en el artículo 6 (adultos refugiados o que, debido a desórdenes ocurridos en el Estado de su nacionalidad, sean internacionalmente desplazados). Conviene destacar que la referencia a «un Estado contratante» significará que, si el adulto tuviera varias nacionalidades, la competencia se atribuirá concurrentemente a las autoridades de cada uno de los Estados de los que fuera nacional (concurrencia de competencias). Como condiciones de aplicación de este foro, el precepto exige a las autoridades de la nacionalidad comunicar su intención de asumir la competencia a las autoridades del Estado de la residencia habitual; estas autoridades no estarán obligadas a reconocer las medidas adoptadas por las autoridades de la nacionalidad del adulto. Además de este requisito de la comunicación previa, se limita la conservación de la competencia a las autoridades de la nacionalidad solo si consideran que están en mejores condiciones para valorar los intereses del adulto.

El carácter o naturaleza subsidiaria de la competencia de las autoridades de la nacionalidad del adulto se confirma en los apartados 2 y 3 del citado artículo 7 al señalar que esta competencia no podrá ejercerse en cuando las autoridades competentes de la residencia habitual del adulto hayan informado a las autoridades del Estado de la nacionalidad bien que han tomado todas las medidas requeridas por la situación o bien que han decidido que no se debe tomar ninguna medida o bien que exista un procedimiento en curso ante ellas. En estos casos las autoridades de la nacionalidad deberán renunciar a la competencia e incluso cerrar el procedimiento en el caso de que ya estuvieran conociendo. Esta información se lleva a cabo mediante un formulario donde se detalla la circunstancia o circunstancias referidas en el art. 7, o en el art. 10 (medidas de urgencia) o en el artículo 11 estudio de la adopción de medidas o que se ha tomado ya una decisión respecto de las medidas.

III.3. Traslado de la competencia a un foro apropiado (arts. 8 y 9)

Puede suceder que las autoridades de la residencia habitual o las del Estado en que se encuentre el adulto no sean las que estén mejor situadas para valorar adecuadamente lo que mejor convenga al adulto en su interés. El Convenio prevé una solución específica en los artículos 8 (para la persona) y 9 (para sus bienes) permitiendo que dichas autoridades *motu proprio* o previa petición de la autoridad de otro Estado contratante, requiera o solicite que se tomen medidas de protección. En este caso, el Convenio prevé un formulario de comunicación donde se hace constar si es por propia iniciativa o a petición de otra autoridad; si las medidas que se solicitan afectan a la persona del adulto o si afectan a su patrimonio o a un determinado bien recogiendo así los apartados del art. 8.2. del Convenio. De acuerdo con el ejemplo que ofrece el Informe Lagarde puede tratarse de un adulto que reside en un Estado que no es el de su nacionalidad y que esté bajo la protección de una persona que acaba de fallecer y que tiene un único familiar que pudiera asumir la protección pero que tiene la residencia habitual en otro Estado. Pues bien, en principio, las autoridades de dicho Estado estarían mejor situadas para valorar la idoneidad de este familiar y organizar las condiciones del ejercicio de la protección. Se excluye en esta redacción a las autoridades del Estado de la nacionalidad del adulto dado que estas podrán ejercer directamente su competencia en virtud del art. 7.

III.4. Foro en casos de urgencia (art. 10)

De acuerdo con el artículo 10 del Convenio, las autoridades de cualquier Estado contratante en cuyo territorio se encuentre el adulto o algún bien perteneciente al mismo tienen competencia para tomar medidas de protección necesarias *en casos de urgencia*. Se entiende que se está ante un caso de urgencia cuando la situación no puede ser remediada únicamente con la intervención de las autoridades de la residencia habitual (o las de la nacionalidad de conformidad con los preceptos ya examinados más arriba). Se presume, pues, que si no se interviene de modo urgente se pudiera irrogar un perjuicio irreparable a la persona o bienes del adulto.

Esta excepción a la norma general de competencia ha de interpretarse de manera restrictiva, sin que pueda entenderse que el art. 10 es una norma de atribución de competencia general. Su carácter excepcional, si bien concurrente con el foro de la residencia habitual, se justifica por la premura y en evitación de retrasos. Por ejemplo, si el adulto no se encuentra en su lugar de residencia habitual y debe ser sometido a una intervención quirúrgica urgente una dilación en la adopción de la medida por las autoridades competentes podría ser letal si llegase demasiado tarde[21].

Los efectos de las medidas adoptadas en virtud de este precepto cesarán tan pronto como las autoridades competentes hayan tomado las medidas exigidas por la situación (apartado 2). Y en el caso de que el adulto tenga su residencia habitual en un Estado no contratante, los defectos cesaran en cada Estado contratante tan pronto sean reconocidas por las autoridades de otro Estado (este reconocimiento dependerá del Derecho nacional de cada país). Finalmente, el apartado 4 del artículo 10 establece un deber de información de las medidas tomadas a las autoridades de la residencia habitual del adulto utilizándose a tal fin el Formulario intitulado *Información sobre las medidas de protección relativas a un adulto* anexo al Convenio.

IV. Criterios de conexión para la determinación de la ley aplicable

Como regla general, al ejercer las competencias de conformidad con el Convenio, las autoridades de los Estados contratantes aplicarán su propia legislación. La excepción a la regla general de ley aplicable se refiere a los poderes de representación. El CH2000 se aparta de las soluciones previstas en el CH1996 en la medida en que el adulto puede organizar anticipadamente su régimen de protección y elegir la ley aplicable a los poderes de representación. Veamos brevemente esta estructura.

21 Informe LAGARDE, v.2017, pp. 69-70.

IV.1. Ley aplicable a las medidas de protección (arts. 13-14)

La coincidencia *forum-ius* facilita a la autoridad competente aplicar la ley que mejor conoce. Se entiende que la aplicación de la *lex fori* como *lex auctoritatis* facilitará dicha ejecución por el hecho de que van a ser conformes a la ley de dicho Estado (art. 13). No obstante, y como cláusula de excepción a la regla anterior, el Convenio prevé una regla —*basada en el interés del adulto*— que permite aplicar o tenerse en cuenta la ley de otro Estado con el que la situación tenga un vínculo estrecho (art. 13)[22].

En relación con las *condiciones de aplicación* de la medida, si el adulto cambia de residencia habitual las medidas de protección y su aplicación se regirán por la ley de ese otro Estado. La expresión *condiciones de aplicación* tiene un sentido amplio. Este precepto pretende paliar las medidas de protección en un Estado que no sea aquel en el que se han adoptado, con independencia de que esta situación tenga su origen o no en un cambio de ley. Por ejemplo, puede suceder que la ley de ese otro Estado condicione un determinado acto (*ad. ex.*, la venta de un inmueble por un tutor/curador/otros) a una autorización (judicial) específica, entonces, esta será obligatoria, aunque en el Estado donde se adoptó no se exija. Sin embargo, esta previsión no se aplica a los poderes de representación conferidos por el propio adulto que tiene una regulación específica en el art. 15.3 según vamos a ver a continuación.

IV.2. Ley aplicable a los poderes de representación conferidos por un adulto en caso de incapacidad (arts. 15-17)

El artículo 15 del Convenio contempla la posibilidad de que sea el propio adulto quien organice por adelantado su protección pensando en el momento en que ya no pueda decidir o defender sus intereses. El Convenio establece al efecto el derecho del adulto a elegir a una persona y a conferirle poderes de representación. La elección puede consistir en un acuerdo celebrado con la persona elegida o en un acto unilateral de poderdante. El régimen jurídico de ley aplicable de este mandato o poder de representación es diferente al man-

22 Por ejemplo, si se solicita una autorización a las autoridades de la residencia habitual (y no a las del Estado en el que se encuentre el adulto como lo autorizaría el artículo 9) para vender un bien del adulto situado en el extranjero, es preferible que la autoridad competente pueda aplicar o tomar en consideración la *lex rei sitae* y conceder la autorización prevista por ésta, la *ley real*, incluso aunque la ley de la autoridad competente no exija ninguna autorización en la materia (Informe Lagarde v.2017, p. 76).

dato ordinario regulado en el Convenio de La Haya de 14 de marzo de 1978 sobre ley aplicable a los contratos de intermediarios y a la representación[23].

La *existencia, alcance, modificación y extinción de los poderes de representación* se rigen por la ley del Estado de la residencia habitual del adulto en el momento del acuerdo o del acto unilateral, a no ser que haya designado otra ley *expresamente por escrito*. La elección de ley puede ser a favor de: a) la ley de un Estado del que el adulto sea nacional; b) la ley del Estado de la anterior residencia habitual; o c) la ley de un Estado en el que se encuentren situados los bienes del adulto. De esta forma, el Convenio permite el reconocimiento de los «poderes de representación» —o instituciones similares— en los Estados contratantes que no cuentan con una institución análoga. Esto garantiza al adulto que las disposiciones previstas para la gestión de sus asuntos se respetarán en otros Estados contratantes[24]. De acuerdo con el Informe Lagarde[25], la interpretación del texto permite implícitamente al adulto elegir distintas leyes para regular el poder de representación (el *depeçage* o desmembramiento) lo que parece justificado en los casos en que el adulto posee bienes en distintos Estados.

El apartado 3 del art. 15 somete las *modalidades de ejercicio* de los poderes de representación a la ley del Estado en que se ejerciten. Este precepto, como ya se ha anticipado, ha de ponerse en relación con el art. 14 que, asimismo, somete las *condiciones de aplicación* de las medidas adoptadas en Estado contratante que vayan a surtir efectos en otro Estado a la ley de ese otro Estado. El término modalidades de ejercicio ha de interpretarse con un sentido más limitado que el de «alcance» de los poderes (art. 15.1). Según el Informe Lagarde debería comprender solo algunos detalles. Si bien, en el transcurso de los debates estos no se explicitaron[26].

El artículo 16 del Convenio prevé la *revocación o modificación de los poderes de representación* otorgados de acuerdo con el art. 15 cuando los mismos no se ejerciten de manera suficiente para garantizar la protección

23 En este Convenio, el mandato se rige, en defecto de elección de ley, por la ley del establecimiento profesional o de la residencia habitual del intermediario (art. 6). De acuerdo con el art. 8 apartado a), será dicha ley la que se aplique en particular al cese de los poderes del intermediario.

24 «Los poderes conferidos pueden ser de muy variada índole. Pueden estar relacionados con la gestión del patrimonio del adulto, así como con su cuidado personal. Es frecuente encontrar en ellos instrucciones para que la persona apoderada rechace por ejemplo un tratamiento terapéutico en caso de enfermedad incurable» (Informe Lagarde, v.2107, p. 76).

25 *Idem*, p. 78.

26 Por ejemplo, podría incluirse como «modalidad de ejercicio» la verificación mediante un procedimiento local de la existencia y el alcance de los poderes, el registro de la escritura de su otorgamiento o también el procedimiento de autorización cuando el mandato para el caso de incapacidad prescribe una autorización. (Informe Lagarde, v.2017, p. 81).

de la persona o de los bienes del adulto. La autoridad competente en virtud del Convenio deberá prever la adopción de medidas que tenga en cuenta en lo posible la ley a que se refiere el art. 15. La idea que subyace en esta previsión es evitar que las autoridades de la residencia habitual del adulto sustituyan la protección querida por el adulto en el poder de representación (es decir, por la protección que le otorga su propia ley).

El principio de buena fe de los terceros contratantes y la validez de los actos celebrados por un tercero de buena fe con otra persona que «tendría la condición de representante del adulto de acuerdo con la ley del Estado en que se haya celebrado el acto» se preserva siempre que el acto se hubiere celebrado entre personas que se encuentren el territorio del mismo Estado y siempre que el tercero no supiera o no hubiera podido saber que dicha calidad se regía por esta última ley (art. 17[27]).

IV.3. Previsiones generales sobre los problemas de aplicación del ordenamiento jurídico designado por la norma de conflicto

Alcance universal. Las normas de conflicto del Convenio tienen alcance universal, como es habitual en todos los Convenios de La Haya, es decir, se aplican incluso si la ley designada por ellas fuera la de un Estado no contratante (art. 18).

Exclusión del reenvío. Asimismo, se excluye el reenvío (art. 19) en el sentido de que se entenderá por ley el derecho vigente en un Estado, con exclusión de sus normas de conflicto de leyes.

Remisión a sistemas plurilegislativos. Cuando en un Estado parte convivan diferentes legislaciones en materia de protección de la persona y bienes del adulto, el Estado contratante no viene obligado a aplicar las normas de conflicto del Convenio. Es decir, *el Convenio no se aplica a los conflictos internos* (art. 44). En relación con los *conflictos interterritoriales*, el Convenio indica cómo aplicarlo. Se trata de un expediente técnico (art. 45) que da las pautas interpretativas y de aplicación en el ámbito territorial de los conceptos y nociones del Convenio concebidos para su aplicación internacional. De igual modo, el Convenio introduce normas especiales sobre la ley aplicable en los sistemas con unidades territoriales diferentes (art. 46). Finalmente, el art. 47 se refiere a los conflictos interpersonales (Estados que comprendan distintos

27 Cabe señalar que el precepto no será de aplicación cuando el tercero haya tratado con el propio adulto ignorando que éste había sido privado del poder de gestionar sus propios asuntos. Esta exclusión se justifica porque ya tenía cobertura por el Convenio de Roma de 1980 sobre ley aplicable a las obligaciones contractuales del que son parte todos los Estados miembros de la UE (el R. 593/2008 sobre la misma materia toma el mismo precepto en su art. 13).

sistemas jurídicos o conjuntos de normas aplicables a diferentes categorías de personas). El Convenio se remite a las disposiciones que cada país tenga al respecto y, en el caso de que no tuviera una norma específica se aplicará la ley del sistema o del conjunto normativo con el que el adulto presente la relación más estrecha.

Aplicación de las normas imperativas. Las normas imperativas del Estado en que deba protegerse al adulto se aplicarán incluso cuando la ley designada no sea la de ese Estado. Este precepto se pensó como un contrapeso a la facultad de elección de ley aplicable a los poderes de representación y teniendo especial consideración en el ámbito médico (art. 20).

El juego del orden público. La ley designada por las disposiciones del Convenio no se aplicará (solo podrá excluirse) si es manifiestamente contraria al orden público (art. 21). Esta cláusula, también tradicional en los Convenios de La Haya, no hace referencia «al interés superior del adulto». De acuerdo con el Informe Lagarde, la expresión no existe en ningún texto de Derecho internacional público, a diferencia de la expresión *interés superior del menor* que sí figura en la Convención de las Naciones Unidas sobre los derechos del niño de 20 de noviembre de 1989[28].

V. Reconocimiento y ejecución de medidas protectoras. Certificado internacional

V.1. Reconocimiento

De conformidad con el Convenio, las medidas de protección dirigidas a la persona o a los bienes de un adulto que se adopten en un Estado contratante se reconocerán de oficio en todos los demás Estados contratantes. Existen, no obstante, motivos limitados por los que puede denegarse el reconocimiento (arts. 22 a 24). El CH2000 al igual que el CH1996 prevé de una parte la declaración de ejecutividad o exequatur o el registro a efectos de la ejecución (arts. 25 y 26) y la separa de la ejecución propiamente dicha.

El reconocimiento *será de pleno derecho* o por ministerio de ley (art. 22.1). Es decir, que su efecto en el Estado o país de reconocimiento deberá ser idéntico o tal y como se ha adoptado la medida en el Estado de origen y sin necesidad de acudir a ningún procedimiento, siempre que no se solicite la ejecución de la medida. El art. 22 incluye en su ámbito de aplicación el reconocimiento de los poderes de representación conferidos por la medida. Ahora bien, la medida adoptada ha de ser probada. Lo normal es que se pruebe mediante escrito procedente de la autoridad de origen en donde conste la medida. También puede probarse mediante un fax o un correo elec-

28 Instrumento de ratificación BOE 313, de 31 de diciembre de 1990.

trónico en casos de urgencia. Como correlación al reconocimiento de oficio o por ministerio de ley, el art. 23 establece una *acción preventiva* de reconocimiento o de no reconocimiento que se regirá por la ley del Estado requerido. Esta acción permite a cualquier persona interesada solicitar a las autoridades competentes de un Estado contratante una decisión sobre el reconocimiento o no reconocimiento de una medida adoptada en otro Estado contratante.

El reconocimiento *podrá denegarse* (art. 22.2). Dada la redacción del precepto, la denegación no es obligatoria sino posible cuando se actualicen alguno de los motivos de denegación tasados. Se prohíbe la revisión en cuanto al fondo (art. 24) y los motivos de denegación son cinco: (1) si la medida hubiera sido adoptada por una autoridad que no tuviera competencia de acuerdo con los criterios antes mencionados. El Convenio faculta por tanto a comprobar la competencia indirecta de la autoridad de origen; (2) cuando la medida se adoptó, salvo en los casos de urgencia, en el contexto de un procedimiento judicial o administrativo, sin haber brindado al adulto la posibilidad de ser oído y contraviniendo los principios fundamentales del procedimiento del Estado requerido. Esta causa de denegación opera como norma especial de orden público procesal, no se aplica en casos de urgencia y no establece una obligación de escuchar al adulto sino de «ofrecerle la posibilidad» de ser escuchado; (3) cuando su reconocimiento fuera manifiestamente contrario al orden público del Estado requerido o fuera contrario a una disposición imperativa de acuerdo con la ley del Estado requerido; (4) cuando la medida fuera incompatible con una medida posteriormente adoptada por una autoridad de un Estado no contratante que tuviera competencia para adoptarla según los arts. 5 a 9 del Convenio y siempre que reúna los requisitos de reconocimiento en el Estado requerido. La idea es evitar dos medidas incompatibles dando preferencia a la segunda por ser más reciente y por ser adoptada por una autoridad más cercana al adulto y en mejor situación de valorar la situación de este; y, (5) cuando no se haya respetado el *procedimiento* del art. 33 (el precepto obliga a los Estados parte a establecer un *procedimiento de consulta previo* a la adopción de cualquier medida de internamiento de un adulto en otro Estado contratante).

V.2. Declaración de ejecutoriedad o registro y ejecución

Cuando en un Estado contratante las medidas adoptadas sean ejecutorias y se requiera su ejecución en otro Estado contratante, cualquier parte interesada puede pedir que sean declaradas ejecutorias o registradas a afectos de ejecución en es otro Estado (art. 25). La diferencia con el reconocimiento del art. 22.1 reside en que en el reconocimiento basta permitir que la medida produzca sus efectos si no existe ningún motivo de denegación. Pero si la medida exige actos de ejecución deberá ser declarada ejecutoria en el segundo Estado o, si así lo exigiera la ley de ese otro Estado, ser registrada a efectos de ejecución, según el procedimiento previsto en la ley interna de ese Estado. El párrafo 2 del art. 25 señala que cada Estado aplicará un *procedimiento simple y rápido* y que la denegación o el registro podrán denegarse únicamente de acuerdo con los motivos previstos en el art. 22.2, sin que pueda revisarse el fondo del asunto (art. 26).

Finalmente, la ejecución de las medidas adoptadas en un Estado contratante y declaradas ejecutorias o registradas a efectos de ejecución en otro Estado contratante, serán ejecutadas en ese Estado como si hubieran sido adoptadas por las autoridades de ese otro Estado. Ahora bien, la ejecución se realizará de conformidad con la ley del Estado requerido y tal y como prevé su legislación interna (art. 27).

V.3. Circulación de certificados

El art. 38.1 establece que las autoridades del Estado contratante podrán expedir a petición de la persona a la que se le haya conferido la protección de un adulto o de sus bienes que se le expida un certificado donde se acredite la calidad en que dicha persona puede actuar y los poderes conferidos bien para la protección del adulto o bien para la de su patrimonio. El Anexo 1 del Convenio contiene el formulario modelo del certificado.

La utilidad práctica del certificado es evidente no solo por la seguridad jurídica que implica para el apoderado y terceros de buena fe, sino también porque el certificado está dotado de fuerza probatoria en el resto de los Estados contratantes. La fuerza probatoria se limita a la fecha de expedición del certificado (art. 38.2). Esto significa que el certificado no garantiza que los poderes que existían en el momento de su expedición seguirán vigentes en el futuro. Salvo prueba en contrario, la condición y poderes que consten en el certificado se presumirán conferidos a esa persona en la fecha del certificado. En este sentido, cabe pensar que cualquier interesado podrá impugnar las menciones que figuren en el certificado.

La autoridad competente para expedirlo es únicamente aquella del país en el que se haya adoptado la medida o se haya conformado el poder de representación (art. 38.3). Es decir, el Convenio no ha optado por establecer una regla de competencia vinculada a la residencia habitual como sucede en el Convenio de protección de menores de 1996. Cada Estado contratante designará a las autoridades competentes para expedir el certificado.

VI. Cooperación de autoridades

Al igual que otros Convenios de la Conferencia de la Haya, el CH2000 establece disposiciones acerca de la cooperación entre los Estados, con el propósito de mejorar y facilitar la protección de los adultos (Capítulo V, arts. 28-37).

El mecanismo de cooperación permite utilizar los canales existentes en cada Estado y se refiere, entre otros, al intercambio de información, a la intermediación en caso de discusión sobre las soluciones adoptadas y, también, a la localización de los adultos desaparecidos. Los Estados contratantes deben designar a una Autoridad Central para dar cumplimiento a estas obligaciones que impone el Convenio. Principalmente, que la comunicación sea eficaz entre los Estados contratantes y que exista una verdadera asistencia mutua.

El Convenio sigue la estela del CH1996. Y así, prevé una institución, la Autoridad Central, que en cada Estado contratante sea el eje al que podrán dirigir sus peticiones o solicitudes las autoridades de los demás estados contratantes. En los Estados con sistemas no unificados se puede nombrar a más de una Autoridad Central[29] (art. 28 a 30). Asimismo, prevé que se puedan realizar comunicaciones y solicitudes directas de información entre las Autoridades Centrales (arts. 31 a 35) e incluso la posibilidad de celebrar entre ellas acuerdos para facilitar la cooperación (art. 37).

VI.1. Funciones generales de las Autoridades Centrales

La función principal es la *cooperación e información previa petición*. Esta información versará sobre la legislación y los servicios disponibles en cada Estado en materia de protección de adultos (art. 29). Además, las Autoridades Centrales tienen encomendadas algunas tareas enumeradas en el artículo 30. La primera tarea consiste en «facilitar las comunicaciones, por cualquier medio, entre las autoridades competentes en las situaciones a las que se aplica el Convenio». Los medios utilizados podrán ser medios electrónicos. Aunque nada se opone en el Convenio a que la comunicación sea directa entre autoridades distintas a las centrales[30]. La segunda tarea se refiere a la localización del adulto cuando presumiblemente este se encuentre en el

29 Esta previsión es la misma que la contenida en los Convenios de La Haya de 25 de octubre de 1980 (sustracción internacional de menores) y de 29 de mayo de 1993 (adopción internacional).

30 Para Forcada Miranda, nada obsta, de acuerdo con el Convenio, para que la cooperación internacional a que se refiere este precepto se realice mediante comunicaciones judiciales directas en aquellas situaciones en que se aplique el Convenio. Por ejemplo, en el ámbito del art. 8, las comunicaciones de la autoridad competente a las autoridades de otro Estado contratante de tomar medidas de protección del adulto o de sus bienes; en el ámbito del art. 11.1, las comunicaciones para adopción de medidas urgentes; o, en el ámbito del art. 32, las comunicaciones para requerir información útil (para la protección del adulto) que posea cualquier autoridad de otro Estado contratante. *Vid.*, F. J. Forcada Miranda, *op. cit.*, p. 15. Del mismo autor, su extenso estudio y su aplicación en materia de protección de menores en la normativa española (sustracción internacional de menores) puede verse en: *Las comunicaciones judiciales directas en la cooperación jurídica internacional,* Tirant lo Blanch, 2017, pp. 306-309.

territorio del Estado requerido y necesite protección. La ayuda se prestará a petición de la autoridad competente de otro Estado contratante (art. 30).

Es posible igualmente la mediación (art. 31). Esta tarea no se encomienda a las Autoridades Centrales directamente, sino que se insta a que promuevan el uso de la mediación, la conciliación u otros medios similares para conseguir acuerdos amistosos en las situaciones en que resulte aplicable el convenio para la protección de los bienes o de la persona adulta concernida.

VI.2. Funciones referidas a un adulto concreto

El art. 32 se refiere a solicitudes concretas de información y de asistencia relacionadas con un adulto determinado y permite que las autoridades competentes de un Estado contratante que vayan a adoptar una medida de protección puedan pedir a cualquier autoridad de otro Estado contratante (que posea información útil para la protección del adulto) que les comunique dicha información. Es evidente que se trata de peticiones de autoridades públicas a autoridades públicas que son las únicas que pueden adoptar medidas de protección. Esta posibilidad que ofrece el convenio puede resultar útil en caso de traslado de la residencia habitual del adulto a otro Estado, así como en los casos en que la protección esté encomendada a las autoridades nacionales, que podrían consultar a las autoridades del Estado de la residencia habitual[31].

Colocación de un adulto en un centro u otro lugar en el que pueda prestársele protección. Cuando la colocación vaya a tener lugar en otro Estado contratante, habrá de consultarse necesariamente a la Autoridad Central competente de este último Estado, adjúntense un informe valorativo sobre esta medida de *internamiento transfronterizo* (art. 33.1). Conviene recordar que el art. 22.2 analizado anteriormente, instituye un procedimiento único y obligatorio de consulta que se activa cuando la autoridad competente (según los arts. 5 a 8) esté contemplando la posibilidad de colocar al adulto en un centro o en otro lugar en el extranjero. La finalidad de la consulta a la Autoridad Central del Estado de destino o de acogida permite regular por anticipado las condiciones de permanencia del adulto en dicho país y centro de acogida y, en particular, sobre las leyes de extranjería y normativa migratoria vigentes en ese Estado.

La Autoridad Central o cualquier otra autoridad competente del Estado requerido tiene el derecho a oponerse a la decisión de internamiento. En este punto, el Convenio de protección de adultos se aparta del Convenio de protección de menores que no prevé el derecho de oposición a la decisión de internamiento, sino que la subordina a «la previa aprobación del Estado requerido». El incumplimiento de este procedimiento de consulta previa se sanciona con la denegación del reconocimiento de la medida de internamiento (art. 22. 2 letra e).

31 Informe LAGARDE, v.2017, p. 91.

Finalmente, cuando un adulto determinado esté expuesto a un peligro grave y las autoridades competentes del Estado contratante estén considerando tomar una medida de protección o la hayan tomado ya, si se les informa de que el adulto ha cambiado de residencia a otro Estado o que se encuentra en otro Estado, deberán informar a las autoridades de ese otro Estado acerca del peligro y de las medidas adoptadas o en vías de adopción. Esta obligación de información se aplicará incluso si el adulto está en un estado no contratante (art. 34).

VII. Valoraciones conclusivas

En esta contribución hemos constatado la importancia que desde instancias institucionales europeas se otorga al CH2000 y a la adhesión al mismo por parte de los Estados miembros de la UE. Tres argumentos o dimensiones han quedado asentadas: (1) la dimensión relativa a **los principios**, en virtud de los apartados 3 y 4 del art. 12 de la Convención de Nueva York de 2006; (2) la dimensión relativa a los **objetivos de la UE** y, en concreto, el correcto funcionamiento del mercado interior (art. 3 TFUE); y (3) la dimensión de la **acción política** en el Espacio de Libertad, Seguridad y Justicia pues el principio de subsidiariedad en las materias del ELSJ exigiría la intervención normativa de la UE cuando el objetivo de la armonización no se pueda logar sin esta intervención (arts. 81 y 216 TFUE).

En línea con la doctrina más autorizada, es altamente recomendable que España firme y ratifique el Convenio de La Haya de 2000. Parece acreditado que se lograría un marco legal homogéneo respecto de las soluciones a los problemas de competencia judicial internacional y de ley aplicable. Junto a lo anterior, siendo España un país con una alta tasa de residentes extranjeros mayores, la firma del Convenio, y la adaptación de nuestro ordenamiento jurídico a las previsiones del Certificado sobre los poderes de representación, facilitará el reconocimiento y ejecución de decisiones procedentes de los países de origen y la toma de decisiones en España de sus apoderados.

Se valoran positivamente los siguientes aspectos del CH2000.

En *sede de competencia de autoridades*, los foros del Convenio utilizan criterios de atribución que toman en consideración las necesidades de protección del adulto y/o de sus bienes mucho mejor organizadas y amplias que las de la LOPJ (art. 22 *quáter* y *sexies*). El criterio de atribución de competencia toma como base la residencia habitual de la persona (excepción hecha de la adopción de medidas provisionales o urgentes que hayan de tomarse en España). Los artículos 5 a 12 del Convenio ofrecen una panoplia de foros de competencia que buscan proteger al adulto y sus bienes en múltiples situaciones, sean ordinarias (residencia habitual) o sean urgentes y dan cabida al traslado de la competencia a favor de otras autoridades (por ejemplo, las de la nacionalidad o las de la residencia habitual anterior, entre otras) exigiendo un plus de cooperación entre las autoridades concernidas.

En *sede de ley aplicable*, las conexiones son más amplias que las de los arts. 9.6 y 10.11 del Código civil, lo que redunda a favor de la previsibilidad y de la seguridad jurídica en general y, también, frente a terceros de buena fe cuando el adulto haya tomado disposiciones con antelación para su cuidado o representación y estas deban reconocerse o ejercitarse en otro país (poderes de representación). En la medida en que estos poderes son manifestación de la voluntad del adulto el traspaso de la frontera no puede significar un obstáculo para su efectividad. En este sentido, las soluciones del Convenio son respetuosas con los principios de la Convención de Nueva York de 2006.

En el *sector del reconocimiento y ejecución de decisiones* tomadas en un Estado parte que deban reconocerse en otro Estado parte, o incluso en un Estado no parte, las respuestas del Convenio son coherentes con la exigencia de protección internacional que postula la Convención de Nueva York de 2006. Como manifestación relevante de esta protección destacamos la exigencia de un procedimiento simple y rápido para declarar la ejecutoriedad de una decisión extranjera y el registro del certificado acreditativo de las medidas de protección. En nuestro DIPr de fuente interna las soluciones son complejas ya que es la calificación de la decisión extranjera que establece la medida de apoyo la que va a determinar el régimen jurídico aplicable a su reconocimiento en España. Por ejemplo, si la medida dimana de un proceso (judicial) contencioso se aplicará el régimen jurídico de la Ley de Cooperación Jurídica Internacional en materia civil (LCJI) que solo exige el exequatur cuando el efecto pretendido sea el ejecutivo. Pero cuando la decisión emana de un procedimiento que se califique como de jurisdicción voluntaria el control seguirá los trámites y requisitos de la Ley de Jurisdicción Voluntaria (LJV). Aunque esta ley tiene un esquema «parecido» al de la LCJI la intensidad del control no es igual pues dependerá del efecto que quiera darse a la decisión en España.

Finalmente, el sistema de *cooperación de autoridades* del CH2000 es de naturaleza transversal y se observa a lo largo de muchos artículos del texto normativo. Esto significa que el CH200o no se limita a indicar que las autoridades centrales deben cooperar. Y es que, siendo uno de los objetivos del Convenio establecer una cooperación entre las autoridades de los Estados contratantes, la articulación de esta cooperación es amplísima y no solo informativa. Resultan relevantes las funciones de apoyo o localización (arts. 29 y 30) así como la amplitud de medios de comunicación, incluyendo las *comunicaciones judiciales directas*.

Sería deseable que España retomase e impulsase los trabajos ya emprendidos para que la adhesión al CH2000 sea pronto una realidad.

VIII. Referencias bibliográficas

Adroher Biosca, S.: «La protección de adultos en el Derecho internacional privado español», *Revista Española de Derecho Internacional*, enero-junio, 2019, vol. 71/1, pp. 163-185.

— *ID.*, «El Convenio de La Haya de 2000 en materia de protección de adultos: argumentos en torno a su eventual ratificación». Ponencia 23 marzo 2022. Jornada sobre *El apoyo a las personas con discapacidad en situaciones internacionales*, Institut de Dret internacional Privat (INDIP). Disponible en: https://www.youtube.com/watch?v=VKkvBje8cqY [Consultado 22-03-2023]

— *ID.*, «La protección de adultos en el Derecho internacional privado español: desafíos y puesta al día», Ponencia 6 de julio de 2022. Curso sobre *La protección de adultos vulnerables en situaciones transfronterizas y de las garantías procesales de los adultos vulnerables en procesos penales.* Escuela Judicial y Consejo General del Poder Judicial (inédito)

Álvarez Torné, M.: «Current issues in the protection of adults from the perspective of Private international law», *Revista Electrónica de Estudios Internacionales*, n.º 32, 2016.

Bellido, C.: «La capacidad jurídica de las personas con discapacidad: análisis del artículo 12 de la Convención Internacional de Nueva York», *Instituto de Derecho Iberoamericano*, sección Tribuna, marzo, 2022. Disponible en: https://idibe.org/tribuna/la-capacidad-juridica-las-personas-discapacidad-analisis-del-articulo-12-la-convencion-internacional-nueva-york/ [Consultado 22-03-2023]

Borrás Rodríguez, A.: «La protección internacional del niño y del adulto como expresión de la materialización del derecho internacional privado: similitudes y contrastes», *Pacis Artes — Obra Homenaje al profesor J. D. González Campos*, Edisofer-REDI, 2005, pp. 1287-1308.

Calvo Caravaca, A. L. y **Carrascosa González, J.**: «Ley aplicable a la protección de personas mayores de edad en Derecho internacional privado español. Reflexiones críticas sobre la modificación del artículo 9.6, párrafo segundo, del Código civil», *La reforma de la discapacidad*, vol. I, Cap. XI. Fundación Notariado-Dykinson, 2022.

Chéliz Inglés, M. C.: «Medidas de protección a los mayores de edad discapacitados en un entorno internacional», *Diario La Ley*, n.º 9541 (20/12/2019).

Consejo De La Unión Europea: Conclusiones sobre la protección de los adultos vulnerables en el conjunto de la Unión Europea (DO C 330 de 17.8.2021). Disponible en: https://fernandezrozas.com/2021/08/19/conclusiones-del-consejo-sobre-la-proteccion-de-los-adultos-vulnerables-en-el-conjunto-de-la-union-europea/ [Consultado 22-03-2023]

Diago Diago, P.: «El apoyo a las personas con discapacidad y el Derecho internacional privado español: la regulación actual». Ponencia 23 marzo 2022. Jornada sobre *El apoyo a las personas con discapacidad en situaciones internacionales*, Institut de Dret internacional Privat (INDIP). Disponible en: https://www.youtube.com/watch?v=VKkvBje8cqY [Consultado 22-03-2023]

Durán Ayago, A.: «Nuevos escenarios en la protección internacional de adultos», *Protección jurídica de los mayores* (Martínez Gallego, E. M., coord.), *La Ley*, 2004, pp. 443-460.

European Association of Private International Law (Eapil): Position paper de 26 marzo 2022 en: *Discussion launched by the European Commission's public consultation on an EU-wide protection for vulnerable adults*. Disponible en: https://ec.europa.eu/info/law/better-regulation/have-your-say/initiatives/12965-Civil-judicial-cooperation-EU-wide-protection-for-vulnerable-adults_en [Consultado 22-03-2023]

Forcada Miranda, F. J.: «La protección jurídica transfronteriza de los adultos vulnerables en la Unión Europea», Ponencia 4 de julio de 2022. Curso sobre *La protección de adultos vulnerables en situaciones transfronterizas y de las garantías procesales de los adultos vulnerables en procesos penales*, Escuela Judicial y Consejo General del Poder Judicial (inédito)

Francina, P.: «La protección internacional de adultos vulnerables: un llamamiento a la acción a nivel de la Unión Europea», *Anuario Español de Derecho Internacional Privado*, t. XVI, 2016, pp. 127-145.

Karjalainen, K.: «Ancianos, movilidad y Derecho internacional privado. El punto de vista de la Unión Europea», en *Working Papers* 2/2016, Jean Monet Chair, European Private Law and Universitat de Barcelona. Disponible en: http://diposit.ub.edu/dspace/handle/2445/104557 [Consultado 22-03-2023]

Lagarde, P.: *Informe explicativo al Convenio de La Haya de protección sobre protección internacional de adultos* (abril 2017), Publicaciones de la HCCH. Disponible en: https://www.hcch.net/es/publications-and-studies/details4/?pid=2951&dtid=3 [Consultado 22-03-2023]

MUÑOZ, A.: «Notas sobre el Informe del Instituto de Derecho Europeo acerca de la protección de adultos en situaciones internacionales», *Cuadernos de Derecho Trasnacional* (octubre 2020), vol. 12, n.º 2, pp. 1099-1105. Disponible en: https://www.europeanlawinstitute.eu/projects-publications/completed-projects-old/protection-of-adults/ [Consultado 22-03-2023]

PÉREZ VERA, E.: *La protección de los mayores en el ámbito internacional*, en *Elisa Pérez Vera Opera Selecta: Estudios de Derecho internacional* (J. A. CARRILLO SALCEDO / J. M. ESPINAR VICENTE, Dirs.), UNED, 2012, pp. 684-705.

SANCHO GARGALLO, I.: «El sistema de provisión judicial de apoyos ideado por la Ley 8/2021» Ponencia 6 de julio de 2022. Curso sobre *La protección de adultos vulnerables en situaciones transfronterizas y de las garantías procesales de los adultos vulnerables en procesos penales.* Escuela Judicial y Consejo General del Poder Judicial (inédito)

VAQUERO LÓPEZ, C.: «Nuevas normas de Derecho Internacional Privado estatal en materia de protección de adultos y de menores», *Anuario Español de Derecho Internacional Privado*, t. XVI, 2016, pp. 395-414.

VARGAS GÓMEZ-URRUTIA, M.: «Una aproximación al Convenio de 13 de enero de sobre la protección internacional de los adultos: fortalezas y debilidades». Ponencia 6 de julio de 2022. Curso sobre *La protección de adultos vulnerables en situaciones transfronterizas y de las garantías procesales de los adultos vulnerables en procesos penales.* Escuela Judicial y Consejo General del Poder Judicial (inédito)

VICENTE BLANCO, D. J.: «La protección de los adultos en el Derecho internacional privado codificado por la Conferencia de La Haya», *Oñati Socio-Legal Series — Instituto Internacional de Sociología*, vol. 1, n.º 8, 2011, pp. 1-23.

LAS MANIFESTACIONES DE VIOLENCIA HACIA LA PERSONA ADULTA MAYOR EN SITUACIÓN DE DISCAPACIDAD EN CUBA. UNA MIRADA A SUS FACTORES DE RIESGO DESDE EL LENTE CRIMINOLÓGICO

Iracema Gálvez Puebla
Profesora Titular de Derecho Penal, Criminologia y Derecho Procesal Penal
Universidad de la Habana
iracema@lex.uh.cu

Joanna Pereira Pérez
Profesora Titular de Derecho Civil y Sucesiones
Universidad de la Habana
joannapp17@gmail.com.

Dariana Lázara Martínez Hernández
Profesora Adiestrada de Derecho Penal
Universidad de la Habana
daritamh99@gmail.com

I. Consideraciones generales sobre la violencia. Aproximación conceptual al maltrato del anciano en situación de discapacidad

Al abordar el tema de los adultos mayores en situación de discapacidad, es necesario precisar que, situando el análisis sobre el factor de vulnerabilidad de la discapacidad, en ámbitos científicos o institucionales, se tiende a vincular acertadamente la cuestión con los términos de prevención, detección, rehabilitación, entre otros, que tienen como sujetos que se pretenden proteger como destinatarios, a aquellas personas que, debido a alguna condición física o psicológica, tienen necesidades especiales. Todo ello tributa directamente al modelo social sobre derechos humanos que introdujo la Convención sobre los Derechos de las Personas con Discapacidad aprobada en 2006 por la Organización de Naciones Unidas y ratificada por Cuba en el año 2007. Dicho modelo tiene como pilares fundamentales, la eliminación de barreras para el ejercicio efectivo de los derechos de las personas en situación de discapacidad, el respeto a sus voluntades y preferencias, y el apoyo al ejercicio de la capacidad jurídica, los que de conjunto le permitirán la igualdad y no discriminación como persona en sociedad.

En cuanto al concepto y contenido de la violencia como comportamiento, este ha sido ampliamente abordado por autores de varias esferas de las ciencias sociales y médicas[1], con predominio de conceptos psicológicos, psiquiátricos, bioéticos, sociológicos, criminológicos, etc.

En una aproximación a su contenido, autores como MARTÍNEZ PACHECO[2], refieren que su estudio se debe abordar desde cuatro campos principales de investigación, el primero de ellos atiende a los orígenes y causas de la misma; el segundo se ocupa de las formas que asume, sus características y dinámicas de desarrollo; el tercero se centra principalmente en las consecuencias y efectos que genera; por último, el cuarto grupo —que se relaciona con los anteriores— se basa en una preocupación valorativa correspondiente a la

1 Desde las ciencias médicas, autores como: AA. VV.: «Violencia intrafamiliar en el adulto mayor», *Revista Archivo Médico Camagüey*, Volumen 22, n.° 2, pp. 204-213, Villa Clara, Cuba, 2018. AA. VV.: «La violencia intrafamiliar y los grupos de riesgo victimal», *Derecho y Cambio Social*, n.° 62, p. 184-203, 2018. Desde las ciencias sociales autores como GARCÍA MAGNA, D.: «Nuevos conceptos de violencia: el delito de sexting como parte de otras conductas delictivas», *Revista Electrónica de Estudios penales y de la Seguridad: REEPS*, Volumen 1, 2019. ARCINIEGA ROSAS, K. G.: *La estrategia de prevención del delito en México: análisis del Programa Nacional para la Prevención social de la Violencia y la Delincuencia 2014-1018*. Tesis para obtener el título de Licenciado en Derecho, Ciudad de México, 2017.

2 MARTÍNEZ PACHECO, A.: «La violencia. Conceptualización y elementos para su estudio», *Política y Cultura*, Volumen 201, n.° 46, 2016. p. 20.

moral media de la sociedad en un momento determinado, tendente a calificar las situaciones de violencia teniendo en cuenta diferentes elementos[3].

Siendo este un problema de interés para la medicina[4], la Organización Mundial de la Salud[5], define la violencia como *el uso deliberado de la fuerza física o el poder, ya sea en grado de amenaza o afectivo, contra uno mismo, otra persona, o un grupo o comunidad, que cause o tenga muchas probabilidades de causar lesiones, muerte, daños psicológicos, trastornos del desarrollo o privaciones*[6]. En el concepto anterior, es posible detectar una ampliación de los elementos y actos que configuran el fenómeno violento, línea que se sigue, en un concepto más abarcador de carácter jurídico penal, por autores como García Magna[7] que al no especificar el tipo de daño necesario para considerarse al acto como violento, se acoge a un criterio extensivo del término, que incluirá daños físicos, psicológicos y de cualquier otra índole.

Un enfoque criminológico del tema, en palabras de Pérez Nájera, define a la violencia como *un fenómeno sociocultural e histórico consistente en el ejercicio del poder en la solución de conflictos interpersonales y en la configuración de determinadas relaciones sociales, mediante el empleo de la fuerza, la coacción o cualquier otro recurso, pudiéndose manifestar tanto a nivel individual, grupal o social*[8].

Concretamente, nuestra posición conceptual es cercana a los criterios formulados por Pérez Nájera y Martínez Pacheco, de modo que consideramos a la violencia como un fenómeno multifacético, sociocultural e histórico en su origen, que radica en el ejercicio innecesario e injustificado del

---

3 Dígase los sujetos que intervienen, situaciones axiológicas que influyen en el fenómeno en un momento determinado, contextos en que se manifiesta, etc. *Idem.*

4 El interés de la medicina por la violencia se deriva de las enormes consecuencias que posee el fenómeno en lo social y en la salud física y mental de las personas, que van desde la muerte hasta las lesiones, las adicciones, las enfermedades mentales, etc. Además, es de vital importancia su estudio para su prevención desde el sector de la Salud Pública. *Violencia: una preocupación de Salud Pública*. Disponible en; http://www.scielo.org.pe/scielo.php?script=sci_arttext&pid=S0034-85972018000100001, consultado 22-08-2022.

5 En lo adelante se denominará OMS por sus siglas.

6 Organización Mundial de la Salud, *Informe Mundial de la Organización Mundial de la Salud sobre la Violencia y la Salud: resumen*. Washington D. C., Organización Panamericana de la salud, Oficina Regional para las Américas de la OMS, 2002. Disponible en; https://www.google.com/url?sa=t&rct=j&q=&esrc=s&source=web&cd=&cad=rja&uact=8&ved=2ahUKEwj-_eCoq4_6AhVyj2oFHSqxD7gQFnoECA0QAQ&url=http%3A%2F%2Fapps.who.int%2Firis%2Fbitstream%2F10665%2F67411%2F1%2Fa77102_spa.pdf&usg=AOvVaw0ntRb0ojauiip-GvScEOiT, consultado 22-08-2022.

7 Lo conceptualiza como *cualquier conducta que cause un daño a determinados sujetos*. García Magna, D.: «Nuevos conceptos de...», *op. cit.*, p. 6.

8 Pérez Nájera, C.: «El fenómeno de la violencia contra el adulto mayor», *Criminogenésis, Revista Especializada en Criminología y Derecho Penal*, n.° 9, 2012. Disponible en; https://www.researchgate.net/publication/349624986, consultado 22-08-2022, p. 4.

poder mediante el empleo de la fuerza o cualquier otro medio de coacción, pudiendo adoptar una pluralidad de formas en correspondencia con los contextos de interacción o agentes involucrados y trayendo consigo consecuencias tanto individuales como sociales y tanto inmediatas como mediatas.

Reducir el problema de la violencia a una cuestión únicamente entre víctimas y victimarios le resta mucha de su trascendencia como problema social y jurídico, estigmatizándola, e impidiendo percibir su verdadera complejidad y dimensiones. Debe concebirse como una acción negativa deliberada que daña o amenaza con dañar a una persona o grupo de ellas.

En adición la propia Convención de Nueva York, en su artículo 16.2 define que, los Estados Partes adoptarán todas las medidas para impedir cualquier forma de violencia y abuso asegurando, que existan formas adecuadas de asistencia y apoyo que tengan en cuenta el género y la edad para las personas con discapacidad y sus familiares y cuidadores, proporcionando información y educación sobre la manera de prevenir, reconocer y denunciar estos casos. Los Estados Partes asegurarán que los servicios de protección tengan en cuenta la edad, el género y la discapacidad. Lo anterior es evidencia de como conectan, discapacidad y adultez mayor en torno a la violencia, ya sea porque se agrava o presenta particularidades que serán analizadas a continuación.

Por su parte, la violencia dirigida al grupo victimal de las personas mayores posee sus propias características y factores de riesgo. Lo cierto es que, con independencia de cuales sean estos últimos, el fenómeno que nos ocupa era ya un problema social grave con posibilidades de incrementarse exponencialmente cuando se desarrolló el Informe Mundial de la Organización Mundial de la Salud sobre la Salud y la Violencia en el año 2002, dado el crecimiento de este grupo de población previsto para las siguientes décadas[9].

En este contexto, muchas personas perciben la vejez como una desgracia, angustia, carga o vergüenza, identificando la ancianidad con inactividad e inutilidad y sosteniendo conductas de rechazo a este sector, lo que conduce a lo que algunos investigadores han denominado como gerontofobia[10] y gerascofobia[11]. Esto ha dado lugar al nacimiento del fenómeno nombrado como edadismo, que surge de la tendencia que existe a discriminar al adulto mayor en razón de su edad[12].

---

9 ORGANIZACIÓN MUNDIAL DE LA SALUD, *Informe Mundial de la Organización Mundial de la Salud... op. cit*, p 34.

10 Miedo irracional, desprecio a las personas mayores. AGNIESZKA BOZANIC, L.: «Escribir sin edadismo, escribir con geroactivismo». *Guía de estilo para comunicar de forma responsable, objetiva y realista sobre las personas mayores en Chile*, Fundación GeroActivismo. Disponible en; www.geroactivismo.com, consultado 4 -09-2022, p. 5.

11 Miedo irracional a envejecer. *Idem.*

12 LATHROP, F.: «Protección jurídica de los adultos mayores...» *op. cit*, p. 84.

La propia definición del maltrato en la ancianidad implica dificultades al conocimiento de su situación real en la actualidad, cuestión que ha sido arrastrada desde los inicios del tratamiento doctrinal del tema, con independencia de la variedad de disciplinas en que se ha abordado. Esta conceptualización ha evolucionado con el tiempo, el término abuela apalizada o *Granny Battering*[13] fue el primero con el que se identificó el fenómeno, a mediados de la década de los 70 del pasado siglo, cuya primera referencia se encuentra en una carta publicada en el año 1975 con dicho término como título. Años después, le siguió una obra titulada: *Why survive? Being old in America*, donde se describe por primera vez el síndrome de la persona anciana apaleada, en una perspectiva un poco más avanzada[14].

Más tarde el fenómeno pasó a conocerse como abuso, maltrato o violencia en la vejez, en cuya conceptualización no existen demasiados criterios encontrados. Según la OMS, el mismo se define como *«cualquier acto aislado o repetitivo o la falta de acción apropiada, ocurrida en cualquier relación de la que se espera confianza, que causa daño o malestar a la persona mayor»*[15], esta definición sigue la línea de la ofrecida en su momento por la AEA (*Action on Elder Abuse*)[16] en Reino Unido en el año 1995[17].

Por su parte, la criminóloga Pérez Nájera, sin alejarse del criterio anterior, concibe la victimización sobre los adultos mayores, como *«todo aquel maltrato o agresión física, psíquica, sexual y patrimonial que se desarrolla de forma habitual o esporádica y trae como consecuencia un daño o una amenaza para la salud o la integridad del geronte»*[18]. Solo alejándose de la definición ofrecida por la OMS en cuanto a que no considera necesaria la existencia de un vínculo de confianza entre al ofensor y el adulto mayor afectado, cuestión con la que coincidimos en esta investigación, pues el denominador común existente en el fenómeno descrito es el acto violento en contra de estas personas, aprovechando la situación de las mismas resultante del normal envejecimiento por el transcurso de los años.

---

13 Burston G. R.: «Letter: Granny-battering», Br Medical Journals, september 6, pp. 591-592, 1975. Disponible en; https://www.ncbi.nlm.nih.gov/pmc/articles/PMC1674523/?page=1, consultado 24-08-2022.

14 Colomar Pueyo, G.: *«Abuso y maltrato al anciano: análisis y revisión de sentencias judiciales en España»*, tesis doctoral, Universidad Autónoma de Barcelona, España, 2018, p. 23.

15 Organización Mundial de la Salud: *Declaración de Toronto para la prevención global del maltrato a las personas mayores 2002*. Disponible en; http://www.inpea.net/images/TorontoDeclaracion_Espanol.pdf, consultado 22-08-2022.

16 Es una organización especializada con sede en el Reino Unido, creada en 1993, que se caracteriza por tener en el maltrato a la persona adulta mayor el centro de su labor y de su razón de ser. Colomar Pueyo, G.: «Abuso y maltrato al anciano», *op. cit,* p. 23.

17 *Ibidem,* p. 24.

18 Pérez Nájera, C.: «El fenómeno de la violencia contra el...», *op. cit,* p. 132.

II. Fundamentos de la ocurrencia del maltrato hacia los ancianos en situación de discapacidad. Factores criminológicos y victimológicos

Al analizar el maltrato por violencia contra los ancianos en situación de discapacidad desde la criminología, es necesario dirigir la mirada a dos elementos fundamentales que vienen ligados a la conducta dañosa: primeramente, los factores criminógenos que aumentan el riesgo de su ocurrencia, entre los que se incluyen los relacionados con las características de las partes de la situación —víctima y victimario— denominados factores individuales, y los relativos al medio en que se produce la misma, considerados factores situacionales; en segundo lugar, deben valorarse las consecuencias de esta, que pueden ser de índole tan diversa como variadas son sus manifestaciones[19].

El primer elemento permitirá conocer el fondo de la situación, a través de la detección de las notas características de ambas partes en la conducta, lo que permite identificarla y prevenirla. Observar la voluntad del agresor en este espacio permite evidenciar si en el suceso ha existido intencionalidad o no, determinando la presencia de intención o culpa según corresponda, en caso de considerarse un fenómeno delictivo. De forma general, estudiar los factores criminógenos que potencian la ocurrencia del fenómeno, posibilita profundizar en las fuentes, procedencia y fundamentos en los que basan las agresiones teniendo en cuenta un número considerable de componentes psicológicos, sociales, económicos que interrelacionan en el asunto debido a su naturaleza variada[20].

II.1. Características del adulto mayor como víctima de la violencia. Apuntes sobre la discapacidad, dependencia y vulnerabilidad en la persona adulta mayor

En términos de comprender el fenómeno en toda su dimensión consideramos acertado valorar cada una de sus partes y los entornos en que puede ocurrir, dando comienzo por la víctima, como aquel sujeto sobre el que recae de forma pasiva el actuar violento, que desarrolla una relación compleja respecto al sujeto contrario en la situación, o sea, el victimario[21].

---

19 Según el criterio, que compartimos, de la criminóloga PÉREZ NÁJERA. *Idem,* p. 9.

20 *Idem.*

21 GÁLVEZ PUEBLA, I. y DE LA GUARDIA ORIOL, M C.: «Un acercamiento a la política criminal desde una perspectiva criminológica», en AA. VV.: *Criminología*, tomo II, Editorial Félix Varela, La Habana, 2016, p. 132.

Esta figura merece estudio y reconocimiento en pos de la prevención, pues en ocasiones, la misma colabora en su propia victimización; de ahí que sea necesaria la tarea de identificar los factores de riesgo —en este caso de tipo individual— que predisponen a un individuo o sector poblacional a verse afectado por la violencia. Es por ello que consideramos importante hacer alusión a los rasgos propios del adulto mayor como factores que lo hacen susceptible a ser violentado.

En palabras de GÓMEZ PÉREZ, *el concepto de víctima de delitos, debe además generalizarse a las personas morales y a la sociedad misma, no puede identificarse su definición con el marco estrecho de la persona natural que ha sufrido un daño, pues también sus familiares, dependientes, grupos sociales y comunidades, sufren las consecuencias de ese daño y de alguna manera resultan victimizadas*[22]. El adulto mayor se caracteriza por haber pasado por un fenómeno especial, parte del ciclo de vida: el envejecimiento, que se puede entender como aquel proceso natural, universal, dinámico, continuo e irreversible a través del tiempo, en el que se expresa externamente una secuencia de cambios y transformaciones como resultado de la interrelación entre factores genéticos y ambientales, que pueden generar a lo largo de la vida de la persona, situaciones de especial protección, y por otro extremo, situaciones de riesgo inminente[23].

En este contexto, es necesario precisar qué se considera como vejez, cuestión que, sobre la base jurídica, presenta una seria dispersión en el Derecho internacional y comparado, pues no se ha establecido una edad uniforme para considerar a una persona como adulto mayor, lo que se arrastra en el ordenamiento jurídico interno. A efectos estadísticos en algunos casos, se ha tomado como punto de inicio para esta etapa de la vida la edad de 65 años.

Teniendo en cuenta lo anterior, puede alegarse que el período de vejez, más allá de una cuestión de cifras por edades, se caracteriza por la presencia de síntomas de involución en varios aspectos como el somático, el psíquico, el económico, produciéndose un proceso que dura por amplio período de tiempo, determinado de cierta forma por las condiciones del organismo de la persona que envejece y su estado previo de salud física y mental.

La adopción del término adulto mayor, se atribuye al Plan de Acción Internacional de Viena sobre el envejecimiento, y su noción fue seguida por la Organización Mundial de la Salud, que lo ha conceptualizado como *aquel individuo cuyo estado de salud se considera no en términos de déficit, sino*

22 GÓMEZ PÉREZ, Á.: «Aspectos puntuales sobre victimología», en AVILAR VALDÉS, D. (compilador): *Estudios varios sobre Victimología*, Editora Grupo de Investigaciones EUMED (SEJ 309), Universidad de Málaga, España, 2010, p. 17.

23 DELGADO VERGARA, T.: «Vulnerabilidad y dependencia en la madurez de la vida: apuntes sobre la protección a las personas de la tercera edad en Cuba», *IUS. Revista del Instituto de Ciencias Jurídicas de Puebla A. C.*, Volumen IV, n.° 26, pp. 140-155, Puebla, México, 2010, p. 144.

de mantenimiento de capacidades funcionales y que arriba a los 60 años[24]. Por otra parte, la propia organización ha reconocido que, a medida del crecimiento en la longevidad de las personas gracias a los procesos de la ciencia, el límite de dicho período podrá extenderse con el paso del tiempo.

El Ministerio cubano de Salud Pública ha tomado como base la definición anterior, reconociendo a la persona adulta mayor a partir de cumplidos los 60 años de edad[25], criterio que prevalece, con independencia de que la persona presente algún deterioro en su salud mental o física. La tercera edad es un término que, desde la óptica del Sistema de Salud Cubano, se utiliza para valorar a las personas comprendidas entre los 60 años y 74 años de edad, o sea, denota el período de vida en el que están comprendidos los adultos mayores.

Una definición completa de adulto mayor, no debe dejar de referirse a la situación de vulnerabilidad que le es propia, condición que se deriva de las percepciones sociales negativas, y de otros elementos que dan lugar a barreras entre los grupos que conviven en la sociedad, expresadas en forma de discriminación, limitación e impugnación de los derechos fundamentales que se le reconocen a esta figura. De esto se colige que no es la propia condición de vejez de la persona la que perjudica el ejercicio y protección de sus derechos, sino la concepción social negativa que de la vejez se ha creado.

De esta manera, el envejecimiento de cada persona, aunque no equivale necesariamente a enfermedad, comúnmente se acompaña de un incremento de patologías crónicas que contribuyen al deterioro de la funcionalidad produciendo discapacidad por enfermedad y afecta la calidad de vida de las personas mayores[26]. Esta cuestión, muchas veces inevitable, implica limitaciones en la independencia para realizar actividades de la vida cotidiana y su participación en la vida familiar y social[27].

El término discapacidad constituye un vocablo general, que abarca cuestiones como deficiencia (problemas que afectan a una estructura o función corporal), limitaciones de la actividad (dificultades para ejecutar acciones o tareas) y restricciones de la participación (problemas para participar en situa-

---

24 Asamblea General De Las Naciones Unidas. *Resolución 37/51 Plan de Acción Internacional de Viena Sobre el Envejecimiento*: adoptada en el marco de la Asamblea Mundial Sobre el Envejecimiento en fecha 26 julio a 6 de agosto de 1982 Viena, Austria. Disponible en; https://www.gerontologia.org/portal/archivosUpload/Plan_Viena_sobre_Envejecimiento_1982.pdf, consultado 11-09-2022.

25 Según el Ministerio de Salud Pública, las personas de más de 60 años de edad son considerados población de alto riesgo, debido a su condición de vulnerabilidad por la vejez. *Vid.* Dirección Nacional Asistencia Social, *Programa de Atención Integral al Adulto Mayor*. Disponible en; https://files.sld.cu/redenfermeriacomunitaria/files/2015/01/programa-de-atencion-integral-al-adulto-mayor.pdf, consultado 11-09-2022.

26 AA. VV.: «Discapacidad en personas mayores», *Revista Cubana de Medicina General Integral*, Volumen 37, n.º 2, 2021, p. 3.

27 *Idem.*

ciones vitales). Por lo tanto, constituye un fenómeno complejo que refleja una interacción constante entre las características del organismo humano y las características de la sociedad en la que vive, en base a los criterios sociales[28].

Aunque no se es persona con discapacidad, ni dependiente por ser anciano, durante este período que tienden a agravarse muchas de las dificultades en el ámbito familiar, social, comunitario —cuestiones que se abordarán a profundidad *a posteriori* en la presente investigación— lo cual genera una disminución del apoyo del afectado a la economía familiar y trae consigo, por el contrario, requerimientos de asistencia, ya sea durante su convivencia con otros miembros de su familia o allegados o aún más en los casos de residencia en solitario y en compañía de otras personas vulnerables.

Para el Derecho, la vulnerabilidad significa entonces que la fragilidad de unapersona pueda afectar el cabal ejercicio de sus derechos y colocarla en una posición jurídica desventajosa[29]. La vulnerabilidad podría considerarse un factor directamente proporcional a la dependencia de un sujeto. Visto de esta manera, un estado de dependencia en una persona lo convierte, en consecuencia, en vulnerable[30]. La vulnerabilidad y la dependencia son, por lo tanto, factores de riesgo individuales propios del sujeto pasivo de la violencia en el adulto mayor.

Siendo así las cosas, la conceptualización de adulto mayor a la que se acogen nuestros criterios es la que lo concibe como una persona que, arribando una edad determinada sobre la base de criterios sociales, sanitarios y demográficos, presenta debido a sus patologías rasgos de dependencia, lo que supone la existencia de vulnerabilidad, resultante de limitaciones que podrán ser de índole tanto física como psicológica y social, todo lo cual se deriva del paso del tiempo.

Son entonces las propias características de la persona anciana la que lo sitúan en una posición de riesgo victimal ante la violencia, cuestión que no debe identificarse necesariamente con los procesos patológicos que enfrenta la misma, sino con la percepción negativa que puede llegar a tener la sociedad al respecto, bajo criterios de discriminación.

Por otra parte, es válido señalar como variable predictora de este tipo de violencia al género. Si bien las investigaciones apuntan a que tanto hombres como mujeres que atraviesan la adultez mayor son susceptibles a sufrir la violencia en alguna de sus manifestaciones, según LATHROP, las estadísticas apuntan que el grupo femenino las vive en mayor medida, entre otras cuestiones porque confluye en este espacio la violencia del edadismo con la violencia de género[31].

28 *Idem.*

29 DELGADO VERGARA, T.: «Vulnerabilidad y dependencia en la madurez...», *op. cit*, p. 142.

30 *Ibidem,* p. 143.

31 LATHROP, F.: «Protección jurídica de los adultos mayores...», *op. cit,* p. 88.

Estos, si bien podrían considerarse como los principales factores de riesgo que circundan a la víctima, no son los únicos, pues existen tantos como la realidad lo permita.

II.2. Factores criminológicos individuales del victimario

El victimario no es más que la persona que agrede, que violenta[32], en los casos de violencia al adulto mayor, la detección de sujetos que llevan a cabo las conductas es en extremo difícil, pues en muchos supuestos no se definen como personas violentas o problemáticas, sino que su perfil se mantiene camuflado por las buenas apariencias sociales y por el hecho de que aún en tiempos actuales, muchos consideran difícil —si no imposible— que una persona cercana mantenga actitudes de maltrato hacia una persona mayor, o simplemente neutralizan muchas actitudes que son técnicamente constitutivas de violencia, viéndolas como si no lo fueran.

En palabras del criminólogo RODRÍGUEZ MANZANERA: *Surge la duda si el victimario se identifica con el delincuente o criminal. Proponemos que no sea así, pues se puede ser victimario por una acción u omisión que no sea antisocial o delictiva, es decir «victimario» sería el género, los otros términos son la especie*[33].

Son varios los ángulos que puede adoptar el perfil del agresor, el primero de ellos y más fácil de detectar, aunque resulta de menor incidencia en estos casos, es el de la persona de personalidad agresiva.

Vale destacar que, en la mayor parte de los casos, la violencia se manifiesta en el entorno hogareño, pues las mismas patologías que posee el anciano le dificultan su movilidad a otros entornos a los que asisten el resto de los grupos sociales. En este espacio, existe una figura que trae consigo factores tanto positivos como negativos respecto a la violencia: el cuidador. A esta figura por su importancia se le estará dedicando un epígrafe del presente trabajo, pero sería razonable valorar uno de sus perfiles: el cuidador como posible agresor del anciano, en pos de reconocer los factores individuales propios de la parte que violenta.

Tornándose victimario, la figura del cuidador pierde toda su finalidad, pues está orientada, como su nombre lo implica, a cuidar y asistir al anciano en la satisfacción de sus necesidades básicas[34], y debe funcio-

---

32 RODRÍGUEZ MANZANERA, L., *Victimología,* séptima edición, Editorial Porrúa, Ciudad de México, México, 2002, p. 91

33 *Idem.*

34 AA. VV.: «Valoración sociojurídica del cuidador de la persona mayor», *Revista Estudios Socio-Jurídicos,* Editorial Universidad del Rosario, Volumen 23, n.° 2, 2021. Disponible en; https://doi.org/10.12804/revistas.urosario.edu.co/sociojuridicos/a.9082, consultado 15-08-2022.

nar incluso como ente que permita la prevención de la violencia hacia el mismo, no lo contrario. Existen varios factores que pueden ubicar al cuidador familiar en una posición desfavorable respecto al adulto mayor, adoptando conductas violentas hacia el mismo, entre ellos el hecho de ejercer de cuidador de una persona mayor dependiente durante períodos largos sin ayudas y la falta de formación de los cuidadores en el desempeño de su tarea como tal[35].

Además, influyen negativamente y potencian las probabilidades de violencia factores como la falta de ayuda recibida por quien cuida, la falta de socialización, la existencia de dificultades familiares en el ámbito económico, situaciones de paro laboral, la falta de respeto, de espacio y de privacidad debido al déficit habitacional, el agotamiento, la calidad anterior y actual de la relación entre ambas partes de la situación, la baja autoestima y estrés de las mismas, la falta de relaciones sociales extrafamiliares, el exceso de responsabilidad familiar con hijos y trabajo, el desgaste de los vínculos intergeneracionales, acontecimientos vitales desfavorables (como separaciones, divorcios, fallecimientos), entre otros, empeoran aún más la situación, haciendo que las personas recurran a la violencia en una forma de desquite, para aliviar sus penas.

La mayor parte de los adultos mayores maltratados lo son por un miembro de su familia (esposo o hijos), seguido de una persona de confianza[36], y además concomitantes con el padecimiento de enfermedades mentales que constituyen una forma de discapacidad.

Además, otras figuras podrían influir acentuando la situación del maltrato a la persona adulta mayor, como aquellas a las que su cargo o responsabilidad les permite conocer, intuir o detectar acciones regulares en la vida de la misma, susceptibles de ser consideradas como abusivas o negligentes, si no ponen en marcha las acciones precisas para poner fin a dicha situación, entre los que se pueden mencionar a trabajadores sociales, notarios, delegados, jefes de sector y tutores. También se incluyen aquellas personas (como vecinos o amigos) que son o han sido testigos de malos tratos y no dan a conocer la situación, debido a la normalización social del fenómeno.

---

35 AA. VV.: *Prevenir y actuar contra los malos tratos a las personas mayores*, Fundación Viure i Conviure, Cataluña, España, 2007. Disponible en; https://www.bing.com/ck/a?!&&p=bd10b7e114187585JmltdHM9MTY2NDQwOTYwMCZpZ3VpZD0yOTMxOGQ1MC0yNzZkLTYxYzktMTlmYi05ZjdlMjY3NzYwODImaW5zaWQ9NTE0Nw&ptn=3&hsh=3&fclid=29318d50-276d-61c9-19fb-9f7e26776082&u=a1aHR0cHM6Ly9lcy5zY3JpYmQuY29tL2RvY3VtZW50LzQ4MDY5OTU1Mi9QcmV2ZW5pci15LWFjdHVhci1jb250cmEtbG9zLW1hbG9zLXRyYXRvcy1hLWxhcy1wZXJzb25hcy1tYXlvcmVz&ntb=1, consultado 27-08-2022.

36 *Ibidem,* p. 47.

II.3. De los factores criminológicos propios del medio en que se produce

El espacio donde se desarrollan determinadas relaciones, puede influir decisivamente en que las mismas se tornen violentas. Los factores propios del entorno se relacionan estrechamente con la concepción social de la vejez relacionada con el edadismo, aún muy ligada a la vulnerabilidad e inutilidad de la persona por el paso de los años, estas concepciones erróneas respecto al envejecimiento favorecen una visión deshumanizada de las personas ancianas, potenciando las actitudes discriminatorias hacia ellas.

Para un análisis más profundo sobre el tema resulta producente analizar los factores que radican en los diferentes medios en que es susceptible de producirse la violencia, partiendo de lo general a lo específico.

II.3.1. Medio social o estructural

El ámbito social o estructural es de todos los medios el más amplio y, encontrándose a tan alto nivel en la escala, es el que mayores influencias posee respecto al resto. Las expresiones de violencia en este medio gozan de un alto grado de neutralización, de modo que resultan sumamente difíciles de detectar y aun más de prevenir[37], pues las mismas se camuflan detrás de todo el aparato cultural y administrativo existente en una sociedad, por lo que además potencia la existencia del fenómeno en el resto de los medios.

La violencia en este espacio incluye todas aquellas acciones que de una forma u otra dañen, o validen el daño en cualquiera de sus manifestaciones hacia los diferentes grupos sociales, poniéndose de manifiesto de forma multidimensional, ya que en la misma confluyen varias esferas de la sociedad entre las cuales se encuentran la política, la cultura, la economía y comercio, el espacio estructural, entre otras[38].

De esta manera, un desglose de las diferentes expresiones de la violencia social, incluye de forma homogénea y entrelazada varias manifestaciones de la misma, así, en la sociedad interactúan directamente disímiles expresiones de la violencia a este nivel, tales como: la violencia política, la violencia económica, la violencia estructural, la violencia cultural, etc.[39].

Este entorno hace referencia a todas aquellas expresiones de maltrato que provienen de las diferentes áreas de la administración social, dígase la ausen-

37 *Ibidem,* p. 30.

38 PÉREZ NÁJERA, C.: *«Estudio criminológico de la violencia intrafamiliar ejercida sobre los ancianos en Cuba»,* Tesis presentada en opción al grado de Especialista en Derecho Penal, Ciego de Ávila, 2008, p. 25.

39 *Idem.*

cia de políticas adecuadamente dirigidas para el tratamiento de las personas mayores que sufren el maltrato o para su debida prevención; la tendencia de algunas instituciones que en su trato al público marginan y discriminan a la persona mayor, etc.

Tomando como referencia el caso cubano, el proceso de envejecimiento y sus encrucijadas se desarrollan respondiendo a causas sociales y culturales de diversa índole propias de nuestro país, de las cuales no ha sido fácil deshacerse y aún queda trabajo por hacer, como los residuos de la cultura patriarcal, los imaginarios sociales, las migraciones en masas, la realidad económica que nos ocupa, etc. La realidad de Cuba, sin embargo, muestra un escenario a gran medida positivo en cuanto a elementos protectores de la persona frente al proceso de envejecimiento, entre ellos los más importantes son la gratuidad de los servicios médicos, la infraestructura comunitaria, los programas de atención al adulto mayor, las ofertas de superación educacional y cultural, la vida en convivencia, la ayuda mutua y la red amplia de intercambios sociales[40].

II.3.2. Medio comunitario

El espacio comunitario es junto al familiar, uno de los entornos en los que más se relaciona una persona; aun así, no se desliga del ámbito social, pues la comunidad como entorno de violencia se ve afectada directamente por los cambios políticos, sociales, culturales, económicos que descienden de la esfera social, existiendo entre ambas una retroalimentación derivada de su relación entre género y especie.

A criterio de PÉREZ NÁJERA[41], el cual se comparte en esta investigación, la violencia comunitaria consiste en ese conjunto de relaciones sociales existentes dentro de la comunidad caracterizadas por el empleo de medios agresivos en la solución de conflictos y la existencia de estilos de vida marcados por la coacción en cualquiera de sus manifestaciones. Por supuesto, si se estudia el fenómeno en una comunidad que presente estas características es mucho más probable la existencia de maltrato, no solo al adulto mayor, discapacitado o no, sino a todos los miembros que la conforman.

Igualmente, los distintos escenarios existentes en la comunidad pueden caracterizar la violencia en la misma, así se habla, por ejemplo, de violencia escolar, violencia laboral (ambos entornos se alejan de la dinámica de vida del adulto mayor, pero existen excepciones, pues algunos estudian o trabajan).

En este contexto, la violencia no necesariamente se concentra en un área, estrato social, edad o raza determinados, ya sea en cuanto al agresor como

40 ARÉS MUZIO, P.: «Familias y adultos mayores en Cuba», *Revista Temas Cultura Ideología Sociedad*, n.° 100-101, octubre 2019-marzo 2020, pp. 21 y 22.

41 PÉREZ NÁJERA, C.: «El fenómeno de la violencia contra el ...», *op. cit,* pp. 29-30.

en cuanto a la víctima. El auge del fenómeno obedece a otros factores de riesgo en la comunidad, como pueden ser: la elevada tasa de delincuencia, la marginalidad, los fallos en los servicios sociales y de prevención, la desvinculación laboral y de estudio de los miembros, entre otros[42], que requieren un crecimiento del trabajo en la prevención, en un intento por controlar y disminuir las situaciones violentas en estos niveles.

II.3.3. Medio familiar

Como su nombre lo indica, este medio es el que se desarrolla en el seno de las relaciones internas de una familia. Podría decirse que la misma constituye el núcleo social básico de las relaciones humanas, se caracteriza como la fuente primera de amor y protección que percibe la persona, además de ser el contexto primario de socialización y aprendizaje de la misma[43].

La familia se comporta de manera tal que refleja los elementos fundamentales del medio social y comunitario, al igual que la sociedad y comunidad se encuentran influenciadas por las costumbres de la misma. Siendo así, podría decirse que existe entre estos medios una retroalimentación importante. Por lo tanto, el espacio familiar se transforma como respuesta a los factores que en el influyen provenientes del contexto social y comunitario.

Lo cierto es que, en el caso del adulto mayor en situación de discapacidad, el núcleo doméstico es el que proporciona las principales actividades relacionadas con el cuidado, apoyo y amparo, esto sucede así para todos los miembros que componen dicho núcleo, pero tiene mayor trascendencia en la situación de las personas vulnerables como es el caso. Debido al envejecimiento poblacional que vive el país, puede considerarse que un amplio por ciento de las familias cubanas tienen entre sus miembros a un adulto mayor que convive con el resto debido al déficit habitacional.

Por otra parte, la falta de privacidad y de espacio, unido a otros problemas que acarrean las crisis económicas que se viven en Cuba sobrecargan la vida familiar, lo que trae consigo un conjunto de factores de riesgo que atentan contra el bienestar de la familia y del anciano como miembro de ella, potenciando la posibilidad de aparición del fenómeno violento, entre ellos se encuentran: los conflictos entre los miembros, la rigidez en la organización doméstica, las dificultades en el sostenimiento económico del hogar, la falta de control de impulsos, la carencia afectiva y la incapacidad para resolver problemas adecuadamente; además en algunas personas podrían aparecer variables de abuso de alcohol y drogas. En este escenario pueden surgir tensiones intergeneracionales, en particular sobre las personas mayores, al ser de los miembros más dependientes y por tanto vulnerables en el seno familiar.

---

42 *Ibidem,* p. 30.

43 AA. VV.: «Violencia intrafamiliar en el adulto...» *op. cit*, p. 206.

Podemos definir que *«el término de violencia en la Familia sobre los ancianos es toda aquella acción u omisión desarrollada de forma habitual o con frecuencia, realizada dentro del ámbito familiar, que conlleve un daño o amenaza de daño para la salud o el bienestar de una persona mayor»*[44].

La violencia al interior de las familias llega a convertirse en un espacio silencioso de actores repetitivos, es así que por las características peculiares que presenta y las consecuencias que acarrea para los integrantes del grupo familiar, su detección y prevención requieren de respuestas inmediatas, con enfoques multidisciplinarios encaminados a la protección de la célula fundamental de la sociedad[45].

III. A modo de conclusiones

1. Consideramos a la violencia como un fenómeno multifacético, sociocultural e histórico en su origen, que radica en el ejercicio innecesario e injustificado del poder mediante el empleo de la fuerza o cualquier otro medio de coacción, pudiendo adoptar una pluralidad de formas en correspondencia con los contextos de interacción o agentes involucrados y trayendo consigo consecuencias tanto individuales como sociales y tanto inmediatas como mediatas.

2. Los presupuestos del fenómeno de la violencia hacia el adulto mayor en situación de discapacidad se denominan factores de riesgo, pues la violencia se manifiesta como resultado de la confluencia de un conjunto de elementos, pero el catálogo de los mismos es tan amplio y variado que hace muy difícil su precisión. De hecho, incluso con la aparición de varios de estos factores puede no manifestarse la violencia en determinados casos, lo cual revela la complejidad del problema.

3. A grandes rasgos, los factores que posibilitan la ocurrencia del maltrato al adulto mayor en situación de discapacidad, entre otros pueden ser:

- Relativos a la víctima: la situación de dependencia y vulnerabilidad, unido al apego al agresor, que conllevan a que ocurra la justificación del comportamiento del mismo.

---

44 Zamora Hernández, A. y Rodríguez Febles, J.: «La violencia intrafamiliar: su connotación victimógena», en García Montoya, L. y Pérez Nájera, C. (coords): *Violencia en grupos vulnerables: una mirada desde una perspectiva jurídica y criminológica*, Ediciones Universidad de Salamanca, Salamanca, España, 2021, p. 90.

45 Según la *Constitución de la República de Cuba* proclamada el 10 de abril de 2019 en Gaceta Oficial n.° 5 Extraordinaria de 2019. Disponible en; https://www.gacetaoficial.gob.cu/es/gaceta-oficial-no-5-extraordinaria-de-2019 consultada 11-09-2022. *Artículo 81: Toda persona tiene derecho a fundar una familia. el Estado reconoce y protege a las familias, cualquiera sea su forma de organización, como célula fundamental de la sociedad y crea las condiciones para garantizar que se favorezca integralmente la consecución de sus fines.*

- Relativos al victimario: enfermedad mental y/o drogodependencia, baja autoestima y depresión, falta de preparación y capacidad, inmadurez, situación de vulnerabilidad, etc.
- Relativos al medio en que se produce.
  - Medio social: expresiones de maltrato que provienen de las diferentes áreas de la administración social, dígase la ausencia de políticas adecuadamente dirigidas para el tratamiento de las personas mayores que sufren el maltrato o para su debida prevención; la tendencia de algunas instituciones que en su trato al público marginan y discriminan a la persona mayor, etc.
  - Medio comunitario: la elevada tasa de delincuencia, la marginalidad, los fallos en los servicios sociales y de prevención, la desvinculación laboral y de estudio de los miembros, entre otros.
  - Medio familiar: la necesidad inminente de convivencia intergeneracional, cuestiones de género, la falta de privacidad y de espacio, los conflictos entre los miembros de la familia, la rigidez en la organización doméstica, las dificultades en el sostenimiento económico del hogar, la falta de control de impulsos, la carencia afectiva y la incapacidad para resolver problemas adecuadamente, abuso de alcohol y drogas de los miembros.

IV. Referencias bibliográficas

AA. VV.: «Discapacidad en personas mayores», *Revista Cubana de Medicina General Integral*, vol. 37, n.º 2, 2021.

AA. VV.: «Valoración sociojurídica del cuidador de la persona mayor», *Revista Estudios Socio-Jurídicos,* Editorial Universidad del Rosario, vol. 23, n.º 2, 2021. Disponible en; https://doi.org/10.12804/revistas.urosario.edu.co/sociojuridicos/a.9082.

AA. VV.: «Violencia intrafamiliar en el adulto mayor», *Revista Archivo Médico Camagüey*, vol. 22, n.º 2, Villa Clara, Cuba, 2018.

AA. VV.: *Prevenir y actuar contra los malos tratos a las personas mayores*, Fundación Viure i Conviure, Cataluña, España, 2007. Disponible en; https://www.bing.com/ck/a?!&&p=bd10b7e114187585JmltdHM9MTY2NDQwOTYwMCZpZ3VpZD0yOTMxOGQ1MC0yNzZkLTYxYzktMTlmYi05ZjdlMjY3NzYwODImaW5zaWQ9NTE0Nw&ptn=3&hsh=3&fclid=29318d50-276d-61c9-19fb-9f7e26776082&u=a1aHR0cHM6Ly9lcy5zY3JpYmQuY29tL2RvY3VtZW50LzQ4MDY5OTU1Mi9QcmV2ZW5pci15LWFjdHVhci1jb250cmEtbG9zLW1hbG9zLXRyYXRvcy1hLWxhcy1wZXJzb25hcy1tYXlvcmVz&ntb=1.

AA. VV.: «La violencia intrafamiliar y los grupos de riesgo victimal», *Derecho y Cambio Social,* n.° 62, 2018.

Agnieszka Bozanic, L.: *«Escribir sin edadismo, escribir con geroactivismo». Guía de estilo para comunicar de forma responsable, objetiva y realista sobre las personas mayores en Chile*, Fundación GeroActivismo. Disponible en; www.geroactivismo.com.

Arciniega Rosas, K. G.: *La estrategia de prevención del delito en México: análisis del Programa Nacional para la Prevención social de la Violencia y la Delincuencia 2014-1018.* Tesis para obtener el título de Licenciado en Derecho, Ciudad de México, 2017.

Arés Muzio, P.: «Familias y adultos mayores en Cuba», *Revista Temas Cultura Ideología Sociedad*, n.° 100-101, octubre 2019-marzo 2020.

Asamblea General de las Naciones Unidas: *Resolución 37/51 Plan de Acción Internacional de Viena Sobre el Envejecimiento*: adoptada en el marco de la Asamblea Mundial Sobre el Envejecimiento en fecha 26 julio a 6 de agosto de 1982 Viena, Austria. Disponible en; https://www.gerontologia.org/portal/archivosUpload/Plan_Viena_sobre_Envejecimiento_1982.pdf.

Burston G. R.: «Letter: Granny-battering», *Br Medical Journals*, september 6, pp. 591-592, 1975. Disponible en; https://www.ncbi.nlm.nih.gov/pmc/articles/PMC1674523/?page=1, consultado 24-08-2022.

Colomar Pueyo, G.: «Abuso y maltrato al anciano: análisis y revisión de sentencias judiciales en España», Tesis Doctoral, Universidad Autónoma de Barcelona, España, 2018.

Constitución de la República de Cuba proclamada el 10 de abril de 2019 en Gaceta Oficial n.° 5 Extraordinaria de 2019. Disponible en; https://www.gacetaoficial.gob.cu/es/gaceta-oficial-no-5-extraordinaria-de-2019.

Delgado Vergara, T.: «Vulnerabilidad y dependencia en la madurez de la vida: apuntes sobre la protección a las personas de la tercera edad en Cuba», *IUS. Revista del Instituto de Ciencias Jurídicas de Puebla A. C.*, vol. IV, n.° 26, Puebla, México, 2010.

Dirección Nacional Asistencia Social: *Programa de Atención Integral al Adulto Mayor*. Disponible en; https://files.sld.cu/redenfermeriacomunitaria/files/2015/01/programa-de-atencion-integral-al-adulto-mayor.pdf.

Gálvez Puebla, I. y **De La Guardia Oriol, M. C.**: «Un acercamiento a la política criminal desde una perspectiva criminológica», en AA. VV.: *Criminología*, tomo II, Editorial Félix Varela, La Habana, 2016.

García Magna, D.: «Nuevos conceptos de violencia: el delito de sexting como parte de otras conductas delictivas», *Revista Electrónica de Estudios penales y de la Seguridad: REEPS*, vol. 1, 2019.

Gómez Pérez, Á.: «Aspectos puntuales sobre victimología», en Avilar Valdés, D. (compilador): *Estudios varios sobre Victimología*, Editora Grupo de Investigaciones EUMED (SEJ 309), Universidad de Málaga, España, 2010.

Lathrop, F.: «Protección jurídica de los adultos mayores en Chile», *Revista Chilena de Derecho,* vol. 36 n.º 1, pp. 77-113, Pontificia Universidad Católica de Chile, Santiago, Chile, 2009. Disponible en; http://www.redalyc.org/articulo.oa?id=177014521005.

López Rojas, D. G.: «A propósito del esquema general de los tipos penales», en Mejías Rodríguez, C. A. (coordinador): *Temas de Derecho Penal Parte General, Libro Homenaje al Profesor Renén Quirós Pírez*, primera edición, Editora My. Gral. Ignacio Agramonte y Loynaz, La Habana, Cuba, 2015.

Martínez Pacheco, A.: «La violencia. Conceptualización y elementos para su estudio», *Política y Cultura*, vol. 201, n.º 46, 2016.

Organización Mundial de la Salud: Informe Mundial de la Organización Mundial de la Salud sobre la Violencia y la Salud: resumen. Washington D. C., Organización Panamericana de la salud, Oficina Regional para las Américas de la OMS, 2002. Disponible en; https://www.google.com/url?sa=t&rct=j&q=&esrc=s&source=web&cd=&cad=rja&uact=8&ved=2ahUKEwj-_eCoq4_6AhVyj2oFHS-qxD7gQFnoECA0QAQ&url=http%3A%2F%2Fapps.who.int%2Firis%2Fbitstream%2F10665%2F67411%2F1%2Fa77102_spa.pdf&usg=AOvVaw0ntRb0ojauiip-GvScEOiT.

Organización Mundial De La Salud: *Declaración de Toronto para la prevención global del maltrato a las personas mayores 2002.* Disponible en; http://www.inpea.net/images/TorontoDeclaracion_Espanol.pdf.

Pérez Duharte, A.: «La conducta omisiva y la determinación de autores» en Mejías Rodríguez, C. A. (coordinador): *Temas de Derecho Penal Parte General, Libro Homenaje al Profesor Renén Quirós Pírez,* primera edición, Editora My. Gral. Ignacio Agramonte y Loynaz, La Habana, Cuba, 2015.

Pérez Nájera, C.: «El fenómeno de la violencia contra el adulto mayor», *Criminogenésis, Revista Especializada en Criminología y Derecho Penal,* n.º 9, 2012. Disponible en; https://www.researchgate.net/publication/349624986.

Pérez Nájera, C.: *«Estudio criminológico de la violencia intrafamiliar ejercida sobre los ancianos en cuba»*, Tesis presentada en opción al grado de Especialista en Derecho Penal, Ciego de Ávila, 2008.

Rodríguez Manzanera, L.: *Victimología,* séptima edición, Editorial Porrúa, Ciudad de México, México, 2002.

Zamora Hernández, A. y **Rodríguez Febles, J.**: «La violencia intrafamiliar: su connotación victimógena», en García Montoya, L. y Pérez Nájera, C. (coordinadoras): *Violencia en grupos vulnerables: una mirada desde una perspectiva jurídica y criminológica*, Ediciones Universidad de Salamanca, Salamanca, España, 2021.

Made in United States
Troutdale, OR
11/03/2026

56844370R00120